高等职业教育智能交通专业系列教材

智能交通网络构建与管理

ZHINENG JIAOTONG WANGLUO GOUJIAN YU GUANLI

主　编　吴　昊　易　星
副主编　张延年　王强林　张　云
参　编　朱　萍　吴阳明

ITS

西安交通大学出版社
XI'AN JIAOTONG UNIVERSITY PRESS

图书在版编目(CIP)数据

智能交通网络构建与管理 / 吴昊,易星主编. —西安：西安交通大学出版社,2023.5
 ISBN 978-7-5693-2951-3

Ⅰ.①智… Ⅱ.①吴… ②易… Ⅲ.①交通网-交通运输管理-智能系统 Ⅳ.①U491.1

中国版本图书馆 CIP 数据核字(2022)第 233084 号

ZHINENG JIAOTONG WANGLUO GOUJIAN YU GUANLI

书　　名	智能交通网络构建与管理
主　　编	吴　昊　易　星
副 主 编	张延年　王强林　张　云
参　　编	朱　萍　吴阳明
策划编辑	杨　璠
责任编辑	柳　晨　王玉叶
责任校对	杨　璠
出版发行	西安交通大学出版社 (西安市兴庆南路1号　邮政编码 710048)
网　　址	http://www.xjtupress.com
电　　话	(029)82668357　82667874(市场营销中心) (029)82668315(总编办)
传　　真	(029)82668280
印　　刷	西安五星印刷有限公司
开　　本	787 mm×1092 mm　1/16　印张 24.25　字数 501千字
版次印次	2023 年 5 月第 1 版　2023 年 5 月第 1 次印刷
书　　号	ISBN 978-7-5693-2951-3
定　　价	49.60 元

如发现印装质量问题,请与本社市场营销中心联系。
订购热线:(029)82665248　(029)82667874
投稿热线:(029)82668804
读者信箱:phoe@qq.com

版权所有　侵权必究

前言
Foreword

随着移动互联网、云计算、物联网等新兴技术的蓬勃发展,网络设备数量呈几何级数增长,企业网络构建与管理也面临新的挑战。

本书面向高中起点、零基础的高职高专院校的智能交通技术运用及相关专业的学生。教材内容涉及网络基础、网络设备配置、服务器搭建与管理等,从工程技能角度将企业网络构建流程与维护管理融入项目化课程中,使初学者更加全面地了解网络结构的知识,同时为初级网络管理者构建企业网络及信息化建设提供帮助。

本书采用活页式设计,以项目化教学、任务驱动的方式,将企业网络构建的知识点与实践技能融合。本书由四个综合项目组成,每个项目又拆解成前后关联的多个任务,以智能场站计算机网络的部署、局域网设备安全与管理、Windows 和 Linux 环境下常用服务器的搭建为主线,通过大量的实训项目来加深学生对相关知识的理解。

为方便学习使用,本书配备了内容丰富的教学资源包,包括课件、虚拟仿真实训等,读者可扫描下方的二维码获取。书中各任务也附有二维码,可扫描后观看相应的教学视频或动画。

课件

虚拟仿真实训

本书由吴昊、易星主编,在编写过程中,得到了南京交通职业技术学院电信学院诸多同事的帮助和支持,在此表示感谢。本书项目一和项目三由易星编写;项目二由吴昊编写;项目四由张延年编写;王强林负责实训项目的测试与验证;张云、朱萍、吴阳明等承担了多媒体课件制作等工作。

书中涉及的软件的官方网站下载地址如下:

◇ Packet Tracer(https://www.netacad.com/zh-hans/courses/packet-tracer)

◇ VMware(https://www.vmware.com/cn/worldwide.html)

◇ Windows Server 2019(https://www.microsoft.com/zh-CN/windows-server/trial)

◇ Linux(https://www.centos.org/download/)

由于编者水平有限,书中难免存在疏漏之处,敬请各位教师和同学提出宝贵的意见和建议。编者联系方式:52090516@qq.com。

编　者
2022 年 12 月

目 录
Contents

项目一　智能场站局域网部署 ……………………………………………………（ 1 ）
　1.1　任务一　智能场站网络设备部署 …………………………………………（ 2 ）
　1.2　任务二　网络设备部署连线 ………………………………………………（ 21 ）
　1.3　任务三　网络地址配置 ……………………………………………………（ 39 ）
　1.4　任务四　网络连通性测试 …………………………………………………（ 77 ）
　1.5　任务五　静态路由配置 ……………………………………………………（ 94 ）
　1.6　任务六　动态路由配置 ……………………………………………………（ 115 ）

项目二　局域网安全与管理 ………………………………………………………（ 145 ）
　2.1　任务一　使用 CTY 和 VTY 管理网络设备 ………………………………（ 146 ）
　2.2　任务二　使用 VLAN 管理网络设备 ………………………………………（ 160 ）
　2.3　任务三　使用 NAT 接入广域网 ……………………………………………（ 190 ）
　2.4　任务四　使用 ACL 进行安全管理 …………………………………………（ 204 ）

项目三　Windows Server 2019 服务器搭建 ……………………………………（ 223 ）
　3.1　任务一　Windows Server 2019 安装与基本配置 …………………………（ 224 ）
　3.2　任务二　配置与管理 DNS 服务器 …………………………………………（ 244 ）
　3.3　任务三　配置与管理 Web 和 FTP 服务器 …………………………………（ 257 ）
　3.4　任务四　配置与管理 DHCP 服务器 ………………………………………（ 284 ）

项目四　Linux 服务器搭建 ………………………………………………………（ 305 ）
　4.1　任务一　Linux 环境部署 ……………………………………………………（ 306 ）
　4.2　任务二　DNS 服务器配置 …………………………………………………（ 332 ）
　4.3　任务三　Web 服务器配置 …………………………………………………（ 349 ）
　4.4　任务四　FTP 服务器配置 …………………………………………………（ 367 ）

项目一
智能场站局域网部署

项目背景

随着网络和信息技术的高速发展和普及,信息化已经成为现代企业生存和发展的必备条件。智能场站的管理基础是网络构建与管理,绝大多数单位局域网的构建与管理都是由本单位系统管理员与系统集成公司共同完成。而局域网部署是网络构建和管理的基础。所以,局域网部署既是计算机网络管理的基础,又是网络管理员和网络工程师必须掌握的技术基础。

学习目标

1. 了解网络分层结构和网络拓扑结构;
2. 了解网络设备、网络介质的分类和选型;
3. 能运用 Packet Tracer 软件进行网络互连设备部署和配置;
4. 掌握局域网搭建的基本方法;
5. 掌握交换机、路由器的基本配置方法。

1.1 任务一　智能场站网络设备部署

课前学习任务单

学号：　　　　　　　姓名：　　　　　　　日期：

学习目标

1. 了解局域网核心层、汇聚层和接入层的网络互连设备；
2. 熟练掌握 Packet Tracer 软件的基本使用；
3. 操作 Packet Tracer 软件进行网络互连设备布置。

引导问题

1. 列出 3 个常见的网络设备，并简述其主要功能及工作层次。

2. 简述三层网络结构中核心层、汇聚层、接入层的主要功能。

3. 简述常见无线网的构成及相关网络设备。

任务评价

相关知识

1.1.1 局域网

局域网(local area network,LAN)是计算机通信网络的重要组成部分,它是在一个较小的范围(一间办公室、一幢楼、一所学校等)内利用通信线路将众多的计算机及外设连接起来,以达到资源共享、信息传递和远程数据通信的目的。

局域网大体由计算机设备、网络互连设备、网络传输介质三大部分构成。其中,计算机设备包括服务器与工作站,网络互连设备主要包含交换机、路由器,网络传输介质包括有线介质和无线介质(其中有线介质主要包括同轴电缆、双绞线及光缆三类)。

局域网在设计和部署时,通常采用三层网络结构,包括核心层、汇聚层和接入层。

核心层是网络的高速交换主干,主要选用高档路由器和高带宽(千兆以上)的交换机,其特性包括可靠性、高效性、冗余性、容错性、可管理性、适应性、低延时性等。

汇聚层一般选用支持三层交换技术和 VLAN 的交换机,它在工作站接入核心层前先做汇聚,以减少核心层端口数量,具有实施策略、安全控制、工作组接入、虚拟局域网(VLAN)间路由、源地址或目的地址过滤等多种功能。

接入层向本地网络提供工作站接入,一般选用普通交换机,用于减少同一网段的工作站数量,并为工作组提供带宽。

1.1.2 网络层次划分

为了使不同厂家生产的计算机能够相互通信,以便在更大的范围内建立计算机网络,国际标准化组织 ISO(International Organization for Standardization)在 1978 年提出了"开放系统互连参考模型",即著名的 OSI-RM 模型(open systems interconnection reference model)。它将计算机网络体系结构的通信协议划分为七层,自下而上依次为:

(1)物理层(physical layer):实现比特流传输,单位:比特流(bit stream);
(2)数据链路层(data link layer):提供介质访问、链路管理等,单位:帧(frame);
(3)网络层(network layer):寻址和路由选择,单位:包(packet);
(4)传输层(transport layer):建立主机端到端连接,单位:段(segment);
(5)会话层(session layer):建立、维护和管理会话,单位:报文(message);
(6)表示层(presentation layer):处理数据格式、数据加密等,单位:报文;
(7)应用层(application layer):提供应用程序间通信,单位:报文。

为了简化模型,通常将标准 OSI 七层模型中的应用层、表示层、会话层合并为应用层,从而形成了简化的五层模型。此外,常见的网络层次划分还有 TCP/IP 四层模型,即将五层模型的数据链路层和物理层合并为网络接口层,将网络层定义为网际层。

OSI 简化五层模型和 TCP/IP 四层模型如图 1.1.1 所示。

常见网络互连设备按层次划分，包括工作在物理层的中继器、集线器；工作在数据链路层的网桥、交换机；工作在网络层的路由器和三层交换机；以及工作在传输层和应用层的网关。中继器、集线器和网桥现在已经很少使用，在网络互连中使用较多的是路由器和交换机(含三层交换机)。

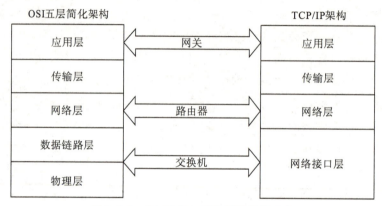

图 1.1.1　OSI 简化五层模型及通信设备

1.1.3　交换机(switch)

交换机是一种高性能、多端口的基于 MAC 地址识别的网络设备，具有自动寻址、数据交换等功能。标准的二层交换机工作在数据链路层，三层交换机工作在网络层。

1. 交换机的工作原理

当交换机收到数据时，会自动检查它的目的 MAC 地址，然后把数据从目的主机所在的接口转发出去。交换机之所以能实现这一功能，是因为交换机内部有一个 MAC 地址表，MAC 地址表记录了接入该交换机的所有终端设备的 MAC 地址与该交换机各端口的对应信息。某一数据帧需要转发时，交换机根据该数据帧的目的 MAC 地址来查找 MAC 地址表，从而得到该地址对应的端口(即知道具有该 MAC 地址的设备是连接在交换机的哪个端口上)，然后把数据帧从该端口转发出去。

(1)交换机根据收到数据帧中的源 MAC 地址建立该地址同交换机端口的映射，并将其写入 MAC 地址表中。

(2)交换机将数据帧中的目的 MAC 地址同已建立的 MAC 地址表进行比较，以决定由哪个端口进行转发。

(3)如数据帧中的目的 MAC 地址不在 MAC 地址表中，则向所有端口转发。这一过程称为泛洪(flooding)。

(4)广播帧和组播帧向所有的端口转发。

例：某网络如图 1.1.2 所示。

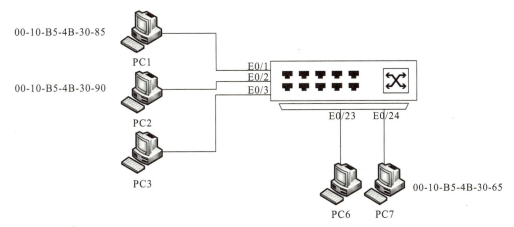

图 1.1.2　交换机 MAC 地址表

假设主机 PC1 向主机 PC7 发送一个数据帧,该数据帧被送到交换机后,交换机首先查 MAC 地址表(表 1.1.1),发现主机 PC7 连接在 E0/24 接口上,就将数据帧从 E0/24 接口转发出去。

表 1.1.1　端口/MAC 地址映射表

MAC 地址	端口
00-10-B5-4B-30-85	E0/1
00-10-B5-4B-30-90	E0/2
00-10-B5-4B-30-65	E0/24

2. MAC 地址表的构建过程——逆向学习法

为快速转发报文,以太网交换机需要建立和维护 MAC 地址表。交换机采用源 MAC 地址学习的方法建立 MAC 地址表。

1) 交换机初始状态

交换机初始状态的 MAC 地址表为空,如图 1.1.3 所示。

2) 地址表源 MAC 地址学习

当计算机 PC1 要发送数据帧给计算机 PC7 时,因此时地址表是空的,交换机将向除 PC1 连接端口 E0/1 以外的其他所有端口转发数据帧。在转发之前,首先检查该数据帧的源 MAC 地址(00-10-B5-4B-30-85),并在交换机的 MAC 地址表中添加一条记录(00-10-B5-4B-30-85,E0/1),使之和端口 E0/1 相对应。

3) 计算机 PC7 接收数据帧

计算机 PC7 收到发送的数据帧后,用该数据帧的目的 MAC 地址和本机的 MAC 地址比较,发现 PC1 找的正是它,则接收该数据帧,其他计算机丢弃数据帧。

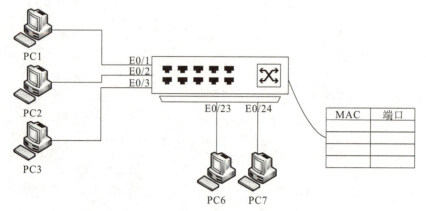

图 1.1.3　交换机 MAC 地址表初始状态

计算机 PC7 回复 PC1 时,交换机直接向端口 E0/1 转发,并学习到(00-10-B5-4B-30-65)为 PC7 连接的端口,将其添加到地址表中,如图 1.1.4 所示。

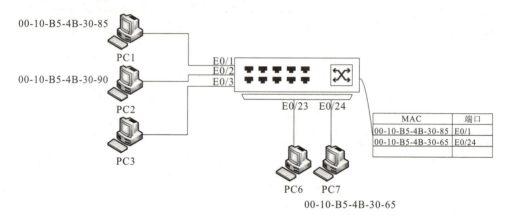

图 1.1.4　地址表源 MAC 地址学习

交换机的其他端口利用源 MAC 地址学习的方法在 MAC 地址表中不断添加新的 MAC 地址与端口号的对应信息,直到 MAC 地址表添加完整为止。

为了保证 MAC 地址表中的信息能够实时地反映网络情况,每个学习到的记录都有一个老化时间。如果在老化时间内收到来自该地址的信息则刷新记录;没有收到来自该地址的信息则删除该记录。例如,计算机 PC7 停止了和交换机通信,达到老化时间后,交换机会将其对应的记录从 MAC 地址表中删除。

也可以手工添加交换机 MAC 地址表的静态记录,手工配置的静态记录没有老化时间的限制。由于 MAC 地址表中对于同一个 MAC 地址只能有一条记录,因此如果手工配置了 MAC 地址和端口号对应关系,那么交换机就不再动态学习这台计算机的 MAC 地址了。

3. 交换机的带宽

交换机可以为每个端口提供专用的带宽，并允许多对节点同时按端口的带宽传递信息，每个端口都可视为独立网络，相互通信的双方独享全部带宽。

例如，由一个 16 口 100 Mb/s 交换机组成的交换式以太网，可以为每个端口提供 100 Mb/s 的专用带宽，则该交换机的最大数据流通量为 16×100 Mb/s＝1600 Mb/s；若该交换机为全双工工作方式，则该交换机的最大数据流通量为 16×2×100 Mb/s＝3200 Mb/s。

4. 交换机的性能参数

(1) 端口：分为单 MAC 地址端口和多 MAC 地址端口。单 MAC 地址端口交换机只连接一台计算机或服务器；而多 MAC 地址端口交换机则可以用来连接集线器或交换机等共享设备，这类端口就被称为共享端口。

端口密度是指交换机提供的端口的数目，交换机的端口密度一般为 8 的倍数，例如 8 口、24 口等，如图 1.1.5 所示。

图 1.1.5 交换机端口

某些交换机上有管理端口（Console 口或 AUX 口），用户可以通过管理端口对交换机进行配置。端口的介质类型有 RJ-45 接口、单模或多模光纤接口等。

(2) 业务接口：分为普通接口和上行汇聚端口。

(3) 主板（背板）：主板（背板）交换容量的大小决定交换机的最大交换容量，它是交换机性能的一个重要指标。

(4) 主处理器：主处理器（CPU）是交换机运算的核心部件，CPU 的主频决定了交换机的运算速度。

(5) Flash：Flash 能提供永久存储功能，用于保存交换机的配置文件和系统文件。

(6) MAC 地址的数量：交换机能够记住连接到各端口的计算机网卡的物理（MAC）地址，不同的交换机能记住的 MAC 地址数量也不同。

单 MAC 地址端口只能记住一个地址，多 MAC 地址端口的交换机一个端口记住的地址较多。中高档交换机可以有 16 KB～1 MB 的地址空间。

5. 交换机的分类

1) 根据网络覆盖范围分类

交换机可分为广域网交换机和局域网交换机两类。广域网交换机主要应用于电信领域。局域网交换机又可以分为以太网交换机、快速以太网交换机、FDDI 交换机、ATM 交换机和令牌环交换机等多种，它们分别适用于以太网、快速以太网、FDDI、ATM 和令牌环网等环境。

2) 根据架构特点分类

交换机可分为机架式、带扩展槽固定配置式、不带扩展槽固定配置式三种。

3) 根据应用规模分类

交换机可分为企业级交换机、部门级交换机和工作组交换机等，各厂商划分的标准并不完全一致。一般支持 500 个以上信息点的交换机为企业级交换机，支持 300 个信息点以下的交换机为部门级交换机，而支持 100 个信息点以内的交换机为工作组交换机。

4) 根据局域网应用层次分类

交换机可分为核心层交换机、汇聚层交换机和接入层交换机。

核心层是所有流量的最终承受者和汇聚者；汇聚层的功能主要是连接接入层节点和核心层中心；网络中直接面向用户连接或访问网络的部分为接入层。

5) 根据可管理性分类

交换机可分为可管理型交换机和不可管理型交换机，区别在于其对 SNMP、RMON 等网管协议是否支持。

6) 按照 OSI 七层网络模型分类

交换机可分为二层、三层、四层，一直到七层交换机。

基于 MAC 地址工作的二层交换机最为普遍。二层交换机识别的是数据链路层的 PDU(protocol data unit)，也就是帧(frame)，用于网络接入层和汇聚层。

基于 IP 地址和协议进行交换的三层交换机普遍应用于网络的核心层，也少量应用于汇聚层，识别的是网络层的 PDU，也就是数据包(packet)。

四层以上的交换机称为内容型交换机，主要用于互联网数据中心。

选择交换机时需考虑交换容量、背板带宽、处理能力、吞吐量、MAC 地址的数量和是否支持全双工等参数。

传统交换机不能避免广播风暴。以太网交换机缩小了冲突域，但对 MAC 帧的寻址采用了广播方式，因此使用交换机连接的网络仍是同一个广播域。冲突域和广播域是两个不同的概念。使用三层交换机和划分虚拟局域网可以抑制广播风暴。

1.1.4 路由器(router)

路由器工作在 OSI 参考模型的网络层，是属于网络层的一种互连设备。如果两个网络的网络层协议相同，则路由器主要解决路由选择问题；如果协议不同，则其主要解决协议转换问题。一般说来，异种网络互连与多个子网互连都是采用路由器来完成的，如图 1.1.6 所示。

图 1.1.6 路由器

1. 路由表

路由表中存放所连接子网的状态信息。例如，网络上路由器的数目、邻居路由器的名字、路由器的网络地址和相邻路由器之间的距离等信息。而路由协议的作用是根据路由算法生成路由表。

(1)静态(static)路由表：由网络管理员根据网络配置的情况，事先设置的固定不变的路由表。

(2)动态(dynamic)路由表：能根据网络拓扑、负载的改变等情况自动调整的路由表。通常都是使用动态路由表，静态路由表较少使用。

路由器中的路由表举例

2. 常用路由协议

(1)路由信息协议(RIP)：最简单的路由协议，它采用距离向量算法来选择路由。RIP 收集所有可到达目的地的不同路径，并且保存到达每个目的地经过的站点数最少的路径信息，除到达目的地的最佳路径外，其余信息均予以丢弃。同时，路由器也把所收集的路由信息通知相邻的其他路由器。RIP 的优点是简单、可靠，便于配置，但它只适用于小型的同构网络，而且该协议容易造成网络广播风暴。

(2)最短路径优先协议(OSPF)：一种基于链路状态的路由协议，它需要每个路由器向在其同一管理域的所有其他路由器发送链路状态广播信息，包括所有接口信息、量度和其他一些变量等。然后再根据一定的路由选择算法计算出到达每个站点的最短路径。OSPF 有两种路由选择方式，区内路由选择和区间路由选择。这两种路由选择方式有效地减少了网络开销，增强了网络的稳定性，并给网络的管理、维护带来了方便。

3. 路由器的工作原理

路由器工作在网络层，它将数据链路层的数据帧"封装"到含有路由和控制信息的数据包中，并在公共数据网中传输。当路由器收到一个数据包后，读出其中的源和目标网络地址（如 IP 地址），然后根据路由表中的信息，利用复杂的路由算法，为数据包选择合适的路由，并转发该数据包。数据包到达目标节点前的路由器后，路由器将其分解为数据链路层所认识的数据帧，并把它传输到目标节点。

路由就是根据路由表中的信息自动选择其中的一条最佳路径，而路由表是根据路由算法生成的。

路由器将网络分割成若干个子网，从而缩小了其底层以太网的广播域，抑制了广播风暴。

1.1.5 网关（gateway）

网关又称网间连接器、协议转换器。网关在网络层以上实现网络互连，是复杂的网络互连设备。它用于两个异构网络的互连，所连的网络可以使用不同的格式、通信协议或结构。不能完全将网关归为一种网络硬件，它是能够连接不同网络的软硬件结合的产品。安装了防火墙软件的计算机就是一种网关。

1. 网关分类

网关可分为电子邮件网关、局域网协议转换网关、Internet 网关、支付网关、IBM 主机网关、公用网关接口（CGI）、VoIP（Voice over IP）语音网关、安全网关、综合网关等。

2. TCP/IP 协议的网关

TCP/IP 协议里的网关实质上是一个网络通向其他网络的 IP 地址。比如有网络 A 和网络 B，网络 A 的 IP 地址范围为 192.168.1.1～192.168.1.254，子网掩码为 255.255.255.0；网络 B 的 IP 地址范围为 192.168.2.1～192.168.2.254，子网掩码为 255.255.255.0。在没有路由器的情况下，两个网络之间是不能进行 TCP/IP 通信的，即使两个网络连接在同一台交换机上，TCP/IP 协议也会根据子网掩码（255.255.255.0）与主机的 IP 地址作"与"运算的结果不同判定两个网络中的主机处在不同的网络里。

而要实现网络 AB 之间的通信，必须通过网关。如果网络 A 中的主机发现数据包的目的主机不在本地网络中，就把数据包发给它自己的网关，再由网关转发给网络 B 的网关，由网络 B 的网关再转发给网络 B 中的某个主机，如图 1.1.7 所示。

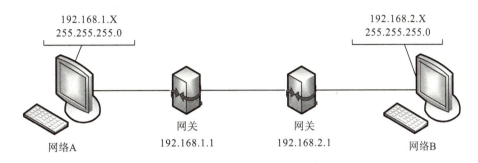

图 1.1.7　网络 A 向网络 B 转发数据包的过程

1.1.6　无线局域网

无线局域网(wireless local area networks,WLAN)指应用无线通信技术将计算机设备互连起来,所构成的可以互相通信和实现资源共享的网络体系。无线局域网本质的特点是不使用通信电缆,而是通过无线的方式将计算机与网络连接起来,从而使网络的构建和终端的移动更加灵活。

1. 无线网络的分类

(1)无线个人网 WPAN,标准是 IEEE 802.15,其代表是蓝牙。

(2)无线局域网 WLAN,标准是 IEEE 802.11 系列。WLAN 是局域网(LAN)的重要补充和延伸,并逐渐成为计算机网络中一个至关重要的组成部分。大多无线局域网使用 2.4 GHz 波段,该波段是全世界通用的无线频段。

(3)无线城域网 WMAN,标准是 IEEE 802.16。

(4)无线广域网 WWAN,标准是 IEEE 802.20,其代表是移动、联通的无线网络,发展速度很快。

2. WLAN 的互连

(1)网桥连接型:由无线网桥提供物理层、数据链路层连接和路由选择等,实现点对点连接。

(2)基站接入型:移动站通过 AP(access point)自行组网,也可以通过广域网与远地站点组建网络。

(3)无中心结构:网络中任意两个站点可直接通信,使用公用广播信道。

3. WLAN 硬件设备

1)无线网卡

无线网卡和以太网网卡的作用基本相同,它作为计算机连接 WLAN 的接口,在无线信号覆盖区域中,以无线电信号方式接入到 WLAN。

2)无线 AP 和无线路由器

AP 有点对点、点对多点、中继连接三种工作方式。

无线 AP 和无线路由器的作用类似于有线网络中的集线器或网桥。无线路由器具有路由功能，用于连接两个或多个独立的网络段，如图 1.1.8 所示。

图 1.1.8　无线路由器

理论上一个 AP 可以支持一个 C 类地址（可连接 254 个无线站点），但建议一个 AP 以连接 15～25 台无线工作站为宜。

单纯型 AP 无路由功能，相当于无线集线器；而扩展型 AP 就是无线路由器，它功能比较全面。大多数扩展型 AP 具有路由、DHCP 和防火墙等功能。

 拓展知识

1.1.7　OSI 七层网络模型

（1）物理层：物理层为上层协议提供了一个传输数据的可靠的物理媒体。简单地说，物理层确保原始的数据可在各种物理媒体上传输。

（2）数据链路层：数据链路层在物理层提供的服务的基础上向网络层提供服务，其最基本的服务是将源自网络层的数据可靠地传输到相邻节点的目标机网络层。为达到这一目的，数据链路必须具备一系列相应的功能：将数据组合成数据块，控制帧在物理信道上的传输，在两个网络实体之间提供数据链路通路的建立、维持和释放的管理。

（3）网络层：网络层实现两个端系统之间数据的透明传送，具体功能包括寻址、路由选择，以及连接的建立、保持和终止等。它提供的服务使传输层无须了解网络中的数据传输和交换技术。

（4）传输层：传输层负责将上层数据分段并提供端到端可靠的数据传输。此外，传输层还要处理端到端的差错控制和流量控制问题。传输层根据通信子网的特性，为两个端系统的会话层之间提供建立、维护和取消传输连接的功能。在这一层，信息传送的协议数据单元称为段或传输层报文。

网络层只是根据网络地址将源节点发出的数据包传送到目的节点，而传输层则负责将数据可靠地传送到相应的端口。

(5)会话层：会话层管理主机之间的会话进程，即负责建立、管理、终止进程之间的会话。会话层还利用在数据中插入校验点来实现数据的同步。

(6)表示层：表示层对上层数据或信息进行变换以保证一个主机应用层信息可以被另一个主机的应用程序理解。表示层的数据转换包括数据的加密、压缩、格式转换等。

(7)应用层：应用层为操作系统或网络应用程序提供访问网络服务的接口。

OSI模型的通信过程

1.1.8 TCP/IP 协议

1. TCP/IP 概述

TCP/IP（transmission control protocol/internet protocol，传输控制协议/网际协议）是能够在多个不同网络间实现信息传输的协议簇，而 TCP 和 IP 是其中的两个主要协议。TCP/IP 使用范围广，既可用于广域网，又可用于局域网、内部网和外部网等各种网络中，TCP/IP 协议已成为事实上的国际标准和工业标准。

2. TCP/IP 体系结构

TCP/IP 协议在一定程度上参考了 OSI 的体系结构。OSI 模型共有七层，显然是有些复杂的，所以在 TCP/IP 协议中，它们被简化为了四层，如图 1.1.9 所示。但 TCP/IP 协议只定义了网际层、传输层和应用层三层，网络接口层实际上并不是 TCP/IP 中的一部分。常见各层协议如下：

(1)网络接口层：Ethernet、ATM、FDDI、X.25、PPP、Token-Ring。

(2)网际层：IP、ARP、RARP、ICMP、IGMP。

(3)传输层：TCP、UDP、SET、SSL。

(4)应用层：HTTP、FTP、TFTP、SMTP、SNMP、Telnet、RPC、DNS、Ping。

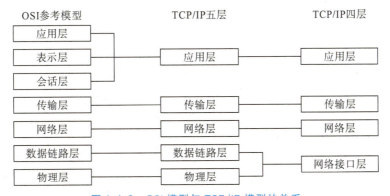

图 1.1.9 OSI 模型与 TCP/IP 模型的关系

1.1.9 IEEE 802 局域网标准

1980 年，DEC、Intel 和 Xerox 三家公司组成的企业联盟 DIX，共同起草制订了以太网（ethernet）规范，后来作为 802.3 标准被 IEEE 所采纳，成为国际标准。

1. IEEE 802 局域网标准概述

OSI/RM 和 TCP/IP 都是针对广域网制定的，而 IEEE 802 针对的是局域网。IEEE 802 的发展不同于广域网标准，局域网厂商一开始就使其依照标准化、互相兼容的方向发展。局域网的拓扑结构非常简单，数据传输不经过中间节点的转发。

IEEE 802 只定义了物理层和数据链路层两层，而没有定义网络层。流量控制、差错控制等功能，在数据链路层中的逻辑链路控制（LLC）中实现，而高层协议主要由操作系统去处理。

2. IEEE 802 局域网体系结构

（1）物理层：主要完成编码、解码、时钟同步、发送和接收数据、载波检测，以及提供与数据链路层的接口。

（2）数据链路层：分为 LLC 子层和 MAC（介质访问控制）子层。

LLC 子层是局域网中数据链路层的上层部分，IEEE 802.2 中定义了逻辑链路控制协议。用户的数据链路服务通过 LLC 子层为网络层提供统一的接口。在 LLC 子层下面是 MAC 子层。

LLC 提供了两种无连接和一种面向连接共三种操作方式。

方式一：无回复的无连接方式，允许发送帧：

——给单一的目的地址（点到点协议或单点传输）；

——给相同网络中的多个目的地址（多点传输）；

——给网络中的所有地址（广播传输）。

多点传输和广播传输在同一信息需要发送到整个网络的情况下可以减少网络流量。单点传输不能保证接收端收到帧的次序和发送时的次序相同。发送端甚至无法确定接收端是否收到了帧。

方式二：面向连接的操作方式。给每个帧进行编号，接收端就能保证按发送的次序接收它们，并且没有帧丢失。利用滑动窗口流控制协议可以让快的发送端和慢的接收端正常通信。

方式三：有回复的无连接方式。它仅限于点到点通信。

MAC 子层是用于解决当局域网中共用信道的使用产生竞争时，如何分配信道的使用权问题。它定义了数据帧怎样在介质上进行传输。在共享同一个带宽的链路中，对连接介质的访问是"先来先服务"的。物理寻址在此处被定义，逻辑拓扑（信号通过物理拓扑的路径）也在此处被定义。线路控制、出错通知（不纠正）、帧的传递顺序和可选择的流量控制也在这一子层实现。

项目一

智能场站局域网部署

  实训项目

智能场站网络设备部署

 （1）了解局域网三层结构的特点。
（2）掌握利用 Packet Tracer 部署设备的方法。

视频

任务1-1 智能场站局域网部署实训

项目环境

安装 Packet Tracer（简称 PT）软件。（本书选用 Cisco Packet Tracer 6.0 进行演示说明）

操作步骤

（1）打开 Packet Tracer 软件，点击 File 菜单下的 Open 按钮，如图 1.1.10 所示，打开文件 1-1.pka，按操作步骤将不同设备分别添加到核心层、汇聚层和接入层。

图 1.1.10 打开文件

· 15 ·

(2)点击屏幕下方的 WAN Emulation 设备，如图 1.1.11 所示，单击第一个设备 Generic，将其放置在核心层；单击已放置的设备 Cloud0，点击左上角的 Config，将 Display Name 由 Cloud0 改为 WAN，如图 1.1.12 所示。

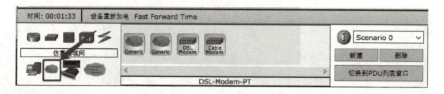

图 1.1.11　核心层设备布置 1

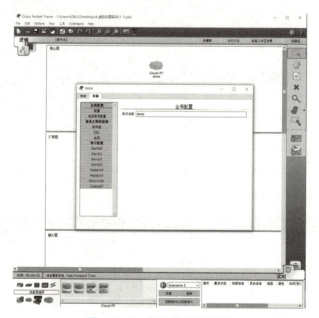

图 1.1.12　修改设备显示名

(3)点击 Custom Made Devices，如图 1.1.13 所示，将一台 2811 放置在核心层，将 Display Name 改为 C1。

图 1.1.13　核心层设备布置 2

(4)点击 Routers，将一台 1841 放置在汇聚层，将 Display Name 改为 R1，按住 Ctrl 键拖动 R1，复制一台同样的设备，放置在汇聚层，将 Display Name 改为 R2。

(5)点击 Switches，将两台 3560 交换机放置在汇聚层，将 Display Name 分别改为 S0 和 S1；将三台 2960 交换机放置在接入层，将 Display Name 分别改为 S01、S02 和 S11，如图 1.1.14 所示。

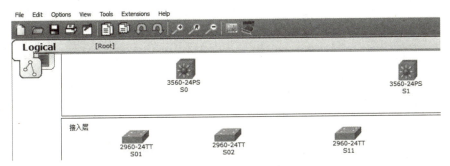

图 1.1.14　接入层设备部署

(6)点击 Wireless Devices，将一台 Linksys 放置在接入层，将 Display Name 改为 WR0。

(7)点击 End Devices，依次将电脑、笔记本电脑、服务器、打印机、IP 电话、电脑、VoIP 电话、电话、平板电脑、PDA、无线终端设备放置在接入层，如图 1.1.15 所示；点击 IP Phone0，将下方电源线插入电源接口。

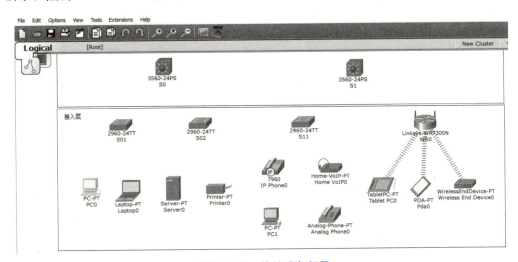

图 1.1.15　终端设备部署

(8)打开 PT Activity(PT 活动)窗口，点击窗口下方的 Check Results(检验结果)按钮，点击 Assessment Items(评价项目)，可以查看当前实训结果是否完成，如图 1.1.16 所示。

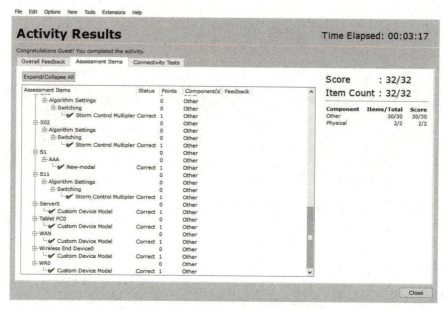

图 1.1.16　检验结果

实训总结

任务评价

智能交通网络**构建与管理**

1.1 任务一　智能场站网络设备部署

课后任务单

学号：　　　　　　姓名：　　　　　　日期：

问题1：简述OSI/RM参考模型的层次及功能。

问题2：简述TCP/IP体系结构的层次及功能。

问题3：对两类参考模型进行比较，说说网络分层的优点。

任务评价

评价考核					
序号	评价项目	自我评价	互相评价	教师评价	综合评价
1	是否预习				
2	引导问题				
3	团队协同				
4	实训任务				
5	课后问题				

注：评价统一采用A(优)、B(良)、C(合格)、D(尚需努力)四个等级。

1.2 任务二　网络设备部署连线

课前学习任务单

| 学号： | 姓名： | 日期： |

实训目的

1. 了解局域网拓扑结构的分类；
2. 了解传输介质的分类和应用场合；
3. 掌握局域网设备之间的线路连接方法。

引导问题

1. 简述局域网主要拓扑结构的特点。

2. 简述光纤的分类。

3. 简述 RJ-45 双绞线中直通线和交叉线的应用场合。

任务评价

相关知识

1.2.1 局域网拓扑结构

计算机网络拓扑结构(computer network topology)是指组成网络的设备(计算机、交换机等网络单元)的分布情况以及连接状态,要标明设备所处的位置、设备的名称和类型,以及设备间的连接介质类型。把网络中的具体设备抽象为节点,传输介质抽象为线,这样从拓扑学的角度看,计算机网络就变成了由点和线组成的几何图形,即通信链路和节点的几何排列或物理图形布局。

局域网主要拓扑结构包括星形、树形、总线型、环形和网状,当前主要使用的是星形、树形、网状结构,以及无线拓扑结构和混合型拓扑结构。

1. 星形拓扑结构

星形拓扑结构是目前局域网中应用最为普遍的一种结构,如图 1.2.1 所示。星形结构有一个中心节点,其他节点通过各自的线路与中心节点相连,形成辐射型结构,各节点间通信必须通过中心节点的作用。当前主流的交换网络就是利用交换机将网络连接起来的星形结构网络。星形结构中任一节点处的故障都容易查找并修复。

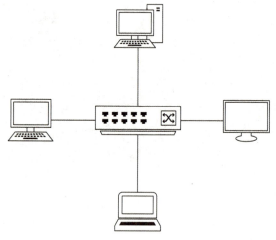

图 1.2.1 星形拓扑结构

2. 树形拓扑结构

树形拓扑可以认为是由多级星形结构级联而成,自上而下呈三角形分布,因其形似树冠而得名,如图 1.2.2 所示。树形拓扑的最下端相当于网络中的接入层,树的中间部分相当于网络中的汇聚层,而树的顶端则相当于网络中的核心层。它采用分级的集中控制方式,其传输介质可有多条分支,但不形成闭合回路,每条通信线路都必须支持双向传输,具有一定容错能力。

当前主流的企业局域网结构是在树形结构的基础上，在核心层和汇聚层增加了部分冗余链路，以实现负载均衡。

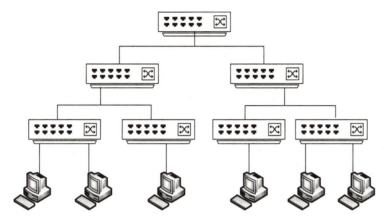

图 1.2.2　树形拓扑结构

3. 网状拓扑结构

在网状拓扑结构中，节点之间的连接是任意的，每个节点都有多条线路与其他节点相连，这样使得节点之间存在多条路径可选，从而将多个子网或多个局域网连接起来。

如图 1.2.3 所示网状拓扑结构，从 A 到 C 可以是 A-C1-C2-C3-C 也可以是 A-C1-S-C3-C，在传输数据时可以灵活地选用空闲路径或者避开故障线路。

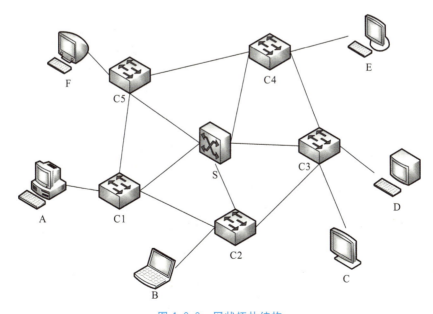

图 1.2.3　网状拓扑结构

4. 无线拓扑结构

无线拓扑结构分为有中心拓扑结构和无中心拓扑结构。常见的由家用无线路由器与手机、电脑和电视等设备构成的无线网络是有中心拓扑结构，如图1.2.4所示。

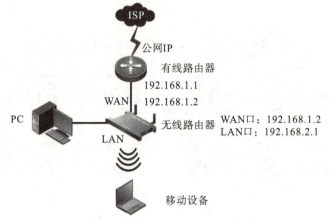

图1.2.4　有中心无线拓扑结构

5. 混合型拓扑结构

实际组建网络时，网络的拓扑结构通常是几种基本网络拓扑结构的组合。比如，将树形与星形结合起来就形成了树形/星形拓扑结构；用一条或多条总线把多组设备连接起来，相连的每组设备呈星形分布，如图1.2.5所示。

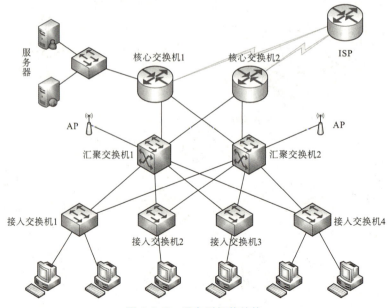

图1.2.5　混合型拓扑结构

项目一
智能场站局域网部署

在选择网络拓扑结构时，不必拘泥于拓扑结构的形状，应根据实际情况，综合考虑可靠性、费用、灵活性、响应时间和吞吐量等因素。

1.2.2 有线传输介质

网络传输介质是指在网络中传输信息的载体，不同的传输介质，其特性各不相同，对网络中数据通信质量和通信速度也有较大影响。需要注意的是，传输介质不属于物理层，物理层只是定义如何在这些介质上实现数据传输，而非具体的传输介质。

传输介质是构成信道的主要部分，信号的传输质量不但与传输的数据信号和收/发特性有关，而且与传输介质的特性有关，常用的传输介质分为有线传输介质和无线传输介质两大类。

有线传输技术是通信工程中重要的技术手段之一，它可以在保障通信信号传输稳定的同时，增加信号传输的准确度与速度。目前常用的网络有线传输介质有双绞线、同轴电缆、光纤等。

1. 双绞线(TP)

双绞线(twisted pair，TP)，也称为双扭线，其价格便宜、易于安装，是综合布线工程中最常用的传输介质之一，其性能(传输距离、带宽和数据速率等)较光纤要差。

将一对绝缘铜导线扭绞在一起，形成有规则的螺旋形后，可减少一根导线中的电流能量对另一根导线的干扰，也减少其他导线中的信号对这对导线中的信号的干扰。当两根导线靠得很近但相互垂直时，一根导线中的电流变化几乎不会在另一根导线上产生电流。所以，一对导线扭绞或不扭绞、扭绞时的扭矩是多少，带来的效果都大不一样。扭绞得越密，价格越贵，性能也越好。

1) UTP 和 STP

TP 可分为非屏蔽双绞线(unshielded twisted pair，UTP)和屏蔽双绞线(shielded twisted pair，STP)两种，UTP 如图 1.2.6 所示，STP 如图 1.2.7 所示。

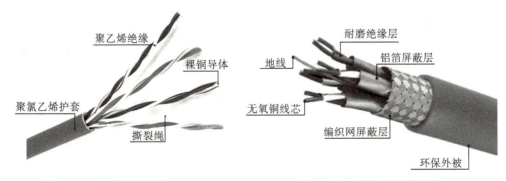

图 1.2.6　非屏蔽双绞线(UTP)　　　　图 1.2.7　屏蔽双绞线(STP)

· 25 ·

STP 外面环绕了一圈保护层，可提高抗干扰能力，但增加了成本；UTP 易受各种电信号的干扰，但成本较低。

2）双绞线标准

双绞线的传输介质标准从最初的 1 类线发展到 7 类线，传输带宽和速率不断提高。不同类型线的标注方法不同，标准类型按 CATx 方式标注，而改进版按 xe 方式标注。通常电话系统使用的双绞线是一对双绞线，而计算机网络使用的双绞线一般是四对。各类双绞线的标准如表 1.2.1 所示。

表 1.2.1　各类双绞线一览表

名称	标准	应用场合
1/2/3/4 类线	CAT1/2/3/4	目前已淘汰
5 类线	CAT5	用于 100 Mb/s 以太网
超 5 类线	CAT5e	5 类改进版，用于 1000 Mb/s 以太网
6 类线	CAT6	用于 1000 Mb/s 以太网
超 6 类	CAT6e	6 类改进版，用于 10000 Mb/s 以太网
7 类线	CAT7	STP，用于更高标准，大于 1 Gb/s 以太网

3）双绞线的线序

UTP 连接到网络设备（集线器、交换机）的连接器，是类似电话线插头的咬接式插头，称为 RJ-45，俗称水晶头。RJ-45 是综合布线系统中信息插座（即通信引出端）连接器的一种，连接器由插头（接头、水晶头）和插座（模块）组成，信息模块或 RJ-45 插头与双绞线端的连接有 T568A 和 T568B 两种结构，如图 1.2.8 所示。

RJ-45 水晶头针脚顺序号应按照如下方法进行观察：将 RJ-45 插头正面（有铜针的一面）朝自己，有铜针一头朝上方，连接线缆的一头朝下方，从左至右将 8 个铜针依次编号为 1~8。

T568A 的排线顺序为：绿白、绿、橙白、蓝、蓝白、橙、棕白、棕。

T568B 的排线顺序为：橙白、橙、绿白、蓝、蓝白、绿、棕白、棕。

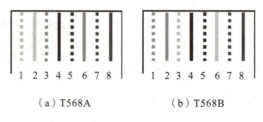

图 1.2.8　T568A 和 T568B 排线顺序

4）直通线和交叉线

双绞线按连接方式可分为直通线和交叉线。

直通线两端采用相同的排线顺序，为达到最佳兼容性，制作直通线时一般两端均采用 T568B 标准，通常用于异构设备互连，如：

- PC 连接交换机；
- PC 连接路由器；
- 交换机连接路由器。

交叉线的两端一端采用 T568A 标准，另一端采用 T568B 标准，通常用于同构设备互连，如：

- PC 连接 PC；
- 交换机连接交换机；
- 路由器连接路由器。

2. 同轴电缆

同轴电缆的中心是实心硬质铜缆，包裹一层圆筒形的绝缘皮；外导体为硬金属（金属箔）或金属网，既作为屏蔽层又作为导体的一部分，形成一个完整的回路；外导体外还有一层绝缘体，最外面包裹一层塑料皮，如图 1.2.9 所示。

图 1.2.9　同轴电缆

同轴电缆具有较强的抗干扰能力，可用于模拟信号和数字信号的传输，有着各种各样的应用，其中较重要的有电视传播、长途电话传输、计算机系统之间的短距离连接（包括局域网）等。通过同轴电缆将电视信号传播到千家万户，这就是有线电视。一个有线电视系统可以负载几十个甚至上百个电视频道，其传播范围可以达几十千米。长期以来同轴电缆也是长途电话网的重要组成部分。

同轴电缆根据无线电波控制（RG）级别可分为以下几类：

RG-8：用于粗缆以太网；

RG-9：用于粗缆以太网；

RG-11：用于粗缆以太网；

RG-58：用于细缆以太网；

RG-75：用于电视系统。

同轴电缆的优点是可以在相对长的无中继线路上支持高带宽通信，而其缺点也是显而易见的：一是体积大，细缆的直径就有约 5 mm，要占用电缆管道的大量空间；二是不能承受缠结、压力和严重的弯曲，这些都会损坏电缆结构，阻碍信号的传输；三是成本高。而所有这些缺点正是双绞线能克服的，因此在现在的局域网环境中，同轴电缆基本已被基于双绞线的以太网物理层规范所取代。

3. 光纤

光纤是光导纤维的简写，是一种由玻璃或塑料制成的纤维，可作为光传导工具，其传输原理是"光的全反射"。光纤裸纤一般分为三层：中心为高折射率玻璃芯，中间为低折射率硅玻璃包层，最外是加强用的树脂涂层。光线在纤芯传送，当光线射到纤芯和外层界面的角度大于产生全反射的临界角时，光线透不过界面，会全部反射回来，继续在纤芯内向前传送，而包层主要起到保护的作用，如图 1.2.10 所示。

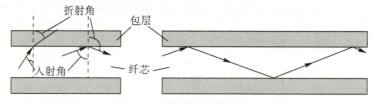

图 1.2.10 光纤的传播原理

入射到光纤端面的光并不能全部被光纤所传输，只有在某个角度范围内的入射光才可以，这个角度范围就称为光纤的数值孔径。光纤的数值孔径大，对于光纤的对接是有利的。

1）光纤的传播模式

光纤分为单模光纤（SMF，single-mode fiber）和多模光纤（MMF，multi-mode fiber）两种，如图 1.2.11 所示，传播模式也分为单模传播和多模传播两种。

图 1.2.11 室内单芯单模和多芯多模光缆

2）单模光纤与多模光纤的区别

（1）单模光纤的纤径细，价格高；通常采用激光器作为光源，成本较高；传输信号通常为单一频率的光波，适合远距离、高带宽、高品质传输。

（2）多模光纤通常使用便宜的 LED 作为光源，可同时传输多个频率的光波，适合近距离、低成本传输。

3）光纤接口

光纤收发器是一种将电信号和光信号进行互换的传输转换单元，也被称为光电转换器或光纤模块，如图 1.2.12 所示。

ST 和 SC 是光纤连接器的两种接口类型。10Base - F 的连接器通常是 ST 类型的，而 100Base - FX 连接器大部分为 SC 类型的。

图 1.2.12　光纤接口

4）光纤的优越性

与双绞线和同轴电缆相比，光纤有着巨大的优越性：

- 通信容量大；
- 损耗低、中继距离长；
- 抗电磁干扰能力强；
- 保密性能好。

此外，光纤还有线径细、质量轻、防腐、防火、耐高温等特点，已成为现代通信技术的重要组成部分。

1.2.3　无线传输

无线传输（wireless transmission）是指利用无线技术进行数据传输的一种方式，可以突破有线网的限制，利用空间电磁波实现站点之间的通信，可以为广大用户提供移动通信。无线数据传输可分为公网数据传输和专网数据传输。

公网无线传输包括 GPRS、2G、3G、4G、5G 等。

专网无线传输包括 MDS 数传电台、Wi-Fi、ZigBee 等。

无线网络技术目前已较为成熟与完善，已广泛应用于金融、教育、医疗、能源、文旅、交通等需要可移动数据处理或无法进行物理传输介质布线的领域。

无线网络的传输技术可分为两大类：光学传输和无线电波传输。目前以光为传输介质的技术有红外线（IR）通信和激光通信，利用无线电波传输的技术则包括窄频微波、直接序列展频、跳频式展频、无线电射频（RF）及蓝牙等多项技术。

WLAN 一般采用无线电射频技术和红外线技术，其中 RF 使用的更多一点，因为其覆盖范围更广、传输速率更高。

1. 无线电波段分配

无线电波是指在自由空间（包括空气和真空）传播的射频频段的电磁波。无线电技术是通过无线电波传播声音或其他信号的技术。

无线电技术的原理在于，导体中电流强弱的改变会产生无线电波。利用这一现象，通过调制，可将信息加载于无线电波之上。当电波通过空间传播到达收信端，电波引起的电磁场变化又会在导体中产生电流。通过解调可将信息从电流变化中提取出来，从而达到传递信息的目的。

2. 微波通信

微波是无线电波中一个有限频带的简称，指频率为 300 MHz～300 GHz，波长在 1 m（不含 1 m）～1 mm 之间的电磁波，也是分米波、厘米波、毫米波的统称。微波频率比一般的无线电波频率高，通常也称为"超高频电磁波"。

3. 卫星通信

卫星通信就是地球上（包括地面和低层大气中）的无线电通信站间利用卫星作为中继而进行的通信。卫星通信系统由卫星和地球站两部分组成。

卫星通信的特点是：只要在卫星发射的电波所覆盖的范围内，任何两点之间都可进行通信（通信范围大）；不易受陆地灾害的影响（可靠性高）；只要设置地球站电路即可开通（开通电路迅速）；可在多处同时接收，能经济地实现广播、多址通信（多址连接）；电路设置非常灵活，可随时分散过于集中的话务量（机动灵活）；同一信道可用于不同方向或不同区间（通信容量大）。

4. 红外线通信

红外线是太阳光线中众多不可见光线中的一种，红外线通信有两个最突出的优点：
① 不易被人发现和截获，保密性强；
② 几乎不会受到电气、天电、人为干扰，抗干扰性强。

此外，红外线通信机体积小、重量轻、结构简单、价格低廉。但是红外线通信必须在直视距离内进行，且传播易受天气的影响。在不能架设有线线路，而使用无线电又怕暴露自己的情况下，使用红外线通信是比较好的选择。

拓展知识

1.2.4 IEEE 802.11 标准

IEEE 802.11 标准是 1997 年 IEEE 最初制定的一个 WLAN 标准，工作在 2.4 GHz 开放频段，支持 1 Mb/s 和 2 Mb/s 的数据传输速率，定义了物理层和 MAC 层规范，允许无线局域网及无线设备制造商建立互操作网络设备。

IEEE 802.11a 是 IEEE 802.11 原始标准的一个修订标准，于 1999 年获得批准。

IEEE 802.11a 标准采用了与原始标准相同的核心协议，工作频率为 5 GHz，使用 52 个正交频分多路复用副载波，最大原始数据传输速率为 54 Mb/s，达到了现实网络中等吞吐量(20 Mb/s)的要求。

IEEE 802.11b 是无线局域网的一个标准，其载波的频率为 2.4 GHz，可提供 1 Mb/s、2 Mb/s、5.5 Mb/s 及 11 Mb/s 的多重传送速度。它有时也被(错误地)标为 Wi-Fi。实际上 Wi-Fi 是 Wi-Fi 联盟的一个商标，该商标仅保障使用该商标的商品之间可以互相合作，与标准本身并没有关系。在 2.4 GHz 的 ISM 频段共有 11 个频宽为 22 MHz 的频道可供使用，它是 11 个相互重叠的频段。IEEE 802.11b 的后继标准是 IEEE 802.11g。

IEEE 802.11g 在 2003 年 7 月被通过。其载波的频率为 2.4 GHz(与 IEEE 802.11b 相同)，共 14 个频段，原始传送速度为 54 Mb/s，净传输速度约为 24.7 Mb/s(与 IEEE 802.11a 相同)。IEEE 802.11g 的设备可向下与 802.11b 兼容。

由于 2.4 GHz 频段日益拥挤，使用 5 GHz 频段是 IEEE 802.11a 的一个重要的改进。但是，这也带来了问题。IEEE 802.11a 在传输距离上不及 IEEE 802.11 b/g；理论上 5 GHz 信号也更容易被墙阻挡吸收，所以 IEEE 802.11a 的覆盖能力不及 IEEE 802.11b。IEEE 802.11a 同样会被干扰，但由于附近干扰信号不多，因此 IEEE 802.11a 通常吞吐量比较好。

其后，有些无线路由器厂商因应市场需要而在 IEEE 802.11g 的标准上另行开发新标准，并将理论传输速率提升至 108 Mb/s 或 125 Mb/s。

IEEE 802.11ac 是一个正在发展中的 802.11 无线计算机网上通信标准，它通过 6 GHz 频带(也就是一般所说的 5 GHz 频带)进行无线局域网(WLAN)通信。理论上，它能够以最少 1 Gb/s 的速率进行多站式无线局域网(WLAN)通信，或是以最少 500 Mb/s 的单一连线传输速率工作。

无线千兆联盟(wireless gigabit alliance，WiGig)，是一家致力于推动在无执照的 60 GHz 频带上，进行数千兆比特(multi-gigabit)速率的无线设备数据传输技术的工业组织。此联盟于 2009 年 5 月 7 日宣布成立，于 2009 年 12 月推出第一版 1.0 WiGig 技术规格(802.11ad)。

2017 年，Broadcom 率先推出 802.11ax 无线芯片。由于先前 802.11ad 主要工作在 60 GHz 频段，虽然增加了传输速率，但是其覆盖范围受到限制，便成为辅助 802.11ac 的功能性技术。依照 IEEE 的官方项目，继承 802.11ac 的第六代 Wi-Fi 为 802.11ax。

智能交通网络构建与管理

 实训项目

网络设备部署连线

任务1-2 网络设备部署连线实训

实训目的

(1)掌握直通线、交叉线、串口线的连接方法。
(2)掌握各种设备端口之间的连接方法。
(3)掌握通过Packet Tracer连线的方法。

操作步骤

（1）打开 Packet Tracer 软件，点击 File 菜单下的 Open 按钮，打开文件 1-2.pka（如图 1.2.13 所示），按操作步骤对不同设备进行线路的连接。

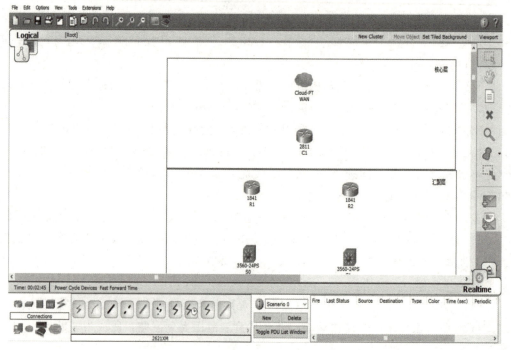

图 1.2.13　打开 1-2.pka 文件

（2）根据表 1.2.2 的要求，点击左下角的 Connections，选择 Serial DCE，点击 WAN，选择 Serial0，再点击 C1，选择 Serial0/0/0，如图 1.2.14 所示。

· 32 ·

表 1.2.2　设备连接

设备	端口	设备	端口
WAN	Serial0(DCE)	C1	Serial0/0/0(DTE)

> 注意：串口线的两端一端是 DCE，另一端是 DTE；在模拟器上连接时，如果选取的是 DCE，则先连接的端口是 DCE，后连接的端口自动成为 DTE。DCE 端需要配置同步时钟，DTE 端基于 DCE 端的时钟进行同步，所以连线的时候，需要注意 DCE 端连接的端口，以备后续配置时钟。

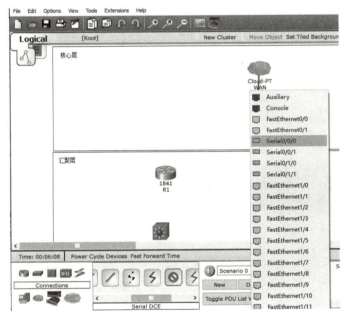

图 1.2.14　连接串口线

(3) 按照表 1.2.3 的要求进行设备连线，常用连接线如图 1.2.15 所示。

表 1.2.3　设备连接

设备	端口	设备	端口	线型
C1	FastEthernet0/0	R1	FastEthernet0/0	交叉线
C1	FastEthernet0/1	R2	FastEthernet0/0	交叉线
R1	FastEthernet0/1	S0	FastEthernet0/24	直通线
R2	FastEthernet0/1	S1	FastEthernet0/24	直通线
S0	FastEthernet0/1	S01	FastEthernet0/1	交叉线
S0	FastEthernet0/2	S02	FastEthernet0/1	交叉线

续表

设备	端口	设备	端口	线型
S1	FastEthernet0/1	S11	FastEthernet0/1	交叉线
S1	FastEthernet0/2	WR0	Internet	交叉线
S01	FastEthernet0/2	PC0	FastEthernet0	直通线
S01	FastEthernet0/3	Laptop0	FastEthernet0	直通线
S02	FastEthernet0/2	Server0	FastEthernet0	直通线
S02	FastEthernet0/3	Printer0	FastEthernet0	直通线
S11	FastEthernet0/2	IP Phone0	Switch	直通线
S11	FastEthernet0/3	Home VoIP0	Ethernet	直通线
PC1	FastEthernet0	IP Phone0	PC	直通线
Home VoIP0	Phone	Analog IP Phone0	Port0	电话线

图 1.2.15 PT 常用连接线

注意：双绞线中直通线和交叉线的使用规则。

（4）打开路由器的端口。

注意：路由器和交换机的端口默认是关闭的，交换机正确连线后，会自动打开端口，路由器的端口需要使用命令手动打开（在模拟器中提供了快速打开的方法）。

①单击 C1，选择 Config，点击 Serial0/0/0，勾选 On，打开 C1 的 Serial0/0/0 端口，如图 1.2.16 所示。

②以同样方法打开 C1 的 FastEthernet0/0、FastEthernet0/1 端口，打开 R1 的 FastEthernet0/0、FastEthernet0/1 端口，打开 R2 的 FastEthernet0/0、FastEthernet0/1 端口，如表 1.2.4 所示。

项目一

智能场站局域网部署

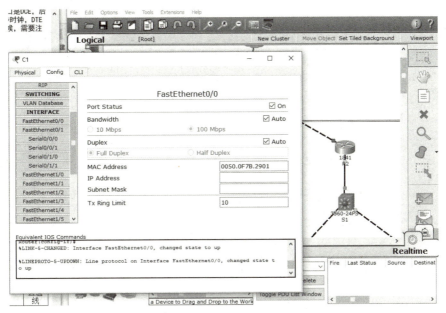

图 1.2.16 打开端口

表 1.2.4 端口状态表

设备	端口	状态
C1	Serial0/0/0	ON
C1	FastEthernet0/0	ON
C1	FastEthernet0/1	ON
R1	FastEthernet0/0	ON
R1	FastEthernet0/1	ON
R2	FastEthernet0/0	ON
R2	FastEthernet0/1	ON

（5）打开 PT Activity(PT 活动窗口），点击窗口下方的 Check Results(检验结果)按钮，点击 Assessment Items(评价项目），可以查看当前实训结果是否完成，如图1.2.17 所示。

· 35 ·

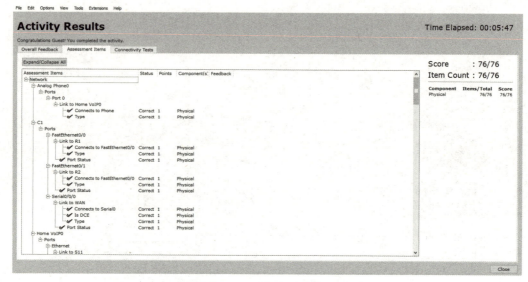

图 1.2.17 检验实训结果

实训总结

任务评价

1.2 任务二　网络设备部署连线

课后任务单

| 学号： | 姓名： | 日期： |

问题1：如何制作交叉线？

问题2：简述 DCE 和 DTE 的区别。

问题3：为什么要打开路由器端口？交换机端口需要打开吗？

任务评价

评价考核				
序号	评价项目	自我评价	互相评价	教师评价	综合评价
1	是否预习				
2	引导问题				
3	团队协同				
4	实训任务				
5	课后问题				

注：评价统一采用 A(优)、B(良)、C(合格)、D(尚需努力)四个等级。

项目一
智能场站局域网部署

1.3 任务三　网络地址配置

课前学习任务单

| 学号： | 姓名： | 日期： |

学习目标

1. 掌握网络层协议 IP 及 IP 数据报头部格式；
2. 掌握 TCP/IP 的地址、子网掩码和网关等概念；
3. 掌握子网划分技术和划分方法。

引导问题

1. 简述 IP 地址分类及网络地址范围。

2. 写出 A、B、C 类的私有地址。

3. 简述子网掩码和网关的作用。

任务评价

· 39 ·

智能交通网络构建与管理

1.3.1 IP 地址

网络地址(network address)是互联网上的节点在网络中具有的逻辑地址,可通过网络地址对节点进行寻址。IP 地址是在互联网上给主机编址的一种方式,可以为每台计算机分配一个逻辑地址,这样不但能够对计算机进行识别,还能进行信息共享。

1. 物理地址

物理地址指网卡(NIC)地址,也称为 MAC 地址或硬件地址,工作在数据链路层,如图 1.3.1 所示。物理地址是由生产厂家通过编码烧制在网卡的硬件电路上的,不管它位于什么地方,物理地址总是恒定不变的。

网卡地址由 48 位二进制数字组成(用 12 位十六进制数表示,例如:00-AA-00-3F-89-4A),其中,高 24 位是由 IEEE 分配的厂商地址,低 24 位是由生产厂商自己管理的地址(序列号),每一个网卡的物理地址在全球都是唯一的。

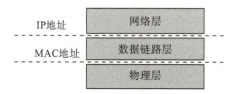

图 1.3.1 OSI 中 IP 地址和 MAC 地址对应层

2. IP 地址的结构

在 TCP/IP 协议中,使用 IP 协议传输数据的包被称为 IP 数据包,每个数据包都包含 IP 协议规定的内容。IP 协议规定的这些内容被称为 IP 数据报文(IP datagram)或者 IP 数据报。

IP 数据报文由头部(称为报头)和数据两部分组成。头部的前一部分长度固定,共 20B,是所有 IP 数据报必须具有的,如图 1.3.2 所示。在头部固定部分的后面是一些可选字段,其长度是可变的。

图 1.3.2 IP 数据报的结构

每个 IP 数据报都以一个 IP 报头开始。源计算机构造这个 IP 报头,而目的计算机利用 IP 报头中封装的信息处理数据。IP 报头中包含大量的信息，如源 IP 地址、目的 IP 地址、数据报长度、IP 版本号等，每个信息都被称为一个字段，如图 1.3.3 所示。

（1）版本号(version)：标明了 IP 协议的版本号，目前为 IPv4，下一代为 IPv6。

（2）头部长度(header length)：指 IP 报头部长度，占 4 b，可表示 0～15 b，以 4 个字节为单位故头部最长为 60 B。

（3）服务类型(DS field)：用于标识 IP 包期望获得的服务等级，常用于 QoS(quality of service，质量服务)中。

版本号(4 b)	头部长度(4 b)	服务类型(8 b)	数据报总长度(16 b)	
标识(16 b)			标志(3 b)	段偏移(13 b)
生存周期(8 b)		协议(8 b)	头部校验和(16 b)	
源 IP 地址(32 b)				
目标 IP 地址(32 b)				
可选项(32 b)				

图 1.3.3 IPv4 报头

（4）总长度(total length)：整个 IP 报的长度，包括数据部分，以字节为单位。根据首部长度字段和总长度字段，就可以知道 IP 数据报中数据内容的起始位置和长度。由于该字段长 16 b，所以 IP 数据包理论上最长可达 65536 B。

（5）标识(identification)：唯一地标识主机发送的每一个 IP 包。

（6）生存时间(time to live，TTL)：设置了数据包可以经过的路由器数目。每经过一个路由器，TTL 值就会减 1，当该字段值为 0 时，数据包将会被丢弃。

（7）标志(flags)：长度 3 b。该字段第一位不使用。第二位是 DF(don't fragment)位，DF 位设为 1 时表明路由器不能对该上层数据包分段。如果一个上层数据包无法在不分段的情况下进行转发，则路由器会丢弃该上层数据包并返回一个错误信息。第三位是 MF(more fragments)位，当路由器对一个上层数据包分段，路由器会将最后一个分段的 MF 位置 0，其余分段的 MF 位置 1。

（8）段偏移(fragment offset)：长度 13 b。表示该 IP 包在该组分片包中的位置，接收端靠此来组装还原 IP 包。

（9）协议(protocol)：标识数据包内传送的数据所属的上层协议。

（10）头校验和(header checksum)：IP 头部的校验和，用于检查包头的完整性。

（11）源地址(source IP address)和目的地址(destination IP address)：分别标识数据包的源节点和目的节点的 IP 地址。

（12）可选项(options)：这是一个可变长的字段。该字段属于可选项，由起源设备根据需要改写。

3. IP 地址的组成

IP 地址以 32 位二进制位的形式存储于计算机中。32 位的 IP 地址结构由网络 ID 和主机 ID 两部分组成，如图 1.3.4 所示。

图 1.3.4　IP 地址组成

网络 ID(又称为网络标识、网络号)用于标识互联网中的一个特定网络，标识该主机所在的网络。

主机 ID(又称为主机号)标识该网络中的一个特定连接，在一个网段内部，主机 ID 必须是唯一的。

IP 地址的编址方式携带了位置信息。通过一个具体的 IP 地址，立刻就能知道它位于哪个网络。借助网络标识所给出的网络位置信息，路由器能够在通信子网中为 IP 分组选择一条合适的路径。寻找网络地址对于 IP 数据报文在互联网中进行路由选择极为重要。地址的选择过程就是通过互连网络为 IP 数据报文选择目标地址的过程。

由于 IP 地址包含了主机本身和主机所在的网络的地址信息，因此在将一个主机从一个网络移到另一个网络时，必须对主机 IP 地址进行修改，否则，该主机就不能与互联网上的其他主机正常通信。

4. IP 地址的表示

在计算机内部，IP 地址使用 32 位二进制数表示。

例如：11000000.10101000.00000001.01100100。

为了方便表示，国际上使用"点分十进制表示法"(dotted decimal notation)。即将 32 位的 IP 地址按字节分为 4 段，高字节在前，每个字节均用十进制数表示，各字节之间用圆点"."隔开，表示成 w.x.y.z。这样 IP 地址表示成了一组用点号隔开的 4 个数字，每个数字的取值范围是 0～255。上面利用二进制表示的 IP 地址可以用点分十进制 192.168.1.100 表示，如图 1.3.5 所示。

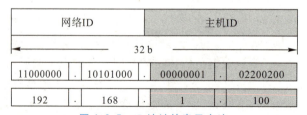

图 1.3.5　IP 地址的表示方法

4. IP 地址分类

为适应不同规模的网络，可将 IP 地址分类，以 32 位 IP 地址的最高位或起始几位标识地址的类别。互连网络信息中心（InterNIC）将 IP 地址分为 A、B、C、D 和 E 五类，如图 1.3.6 所示。其中 A、B、C 类被用作普通的主机地址，D 类用于提供网络组播服务或用于网络测试，E 类保留给未来扩充使用。每类地址都定义了它们的网络 ID 和主机 ID 各占用 32 位地址中的多少位，也就是说每一类地址都规定了可以容纳多少个网络，以及这样的网络中可以容纳多少台主机。

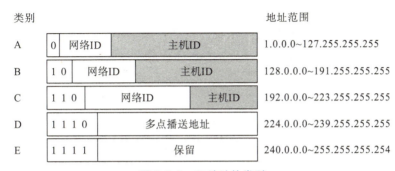

图 1.3.6 IP 地址的类别

1) A 类地址

A 类地址用来支持超大型网络。如图 1.3.6 所示，用二进制表示时，A 类地址的第 1 位（最左边）总是 0。因此，第 1 个 8 位组的最小值为 00000000（十进制数为 0），最大值为 01111111（十进制数为 127）。其中 0 和 127 两个数保留，不能用作网络地址。任何第 1 个 8 位组取值属于 1～126 的 IP 地址都是 A 类地址。

2) B 类地址

B 类地址用来支持中大型网络。如图 1.3.6 所示，用二进制表示时，B 类地址的前 2 位（最左边）总是 10。因此，第 1 个 8 位组的最小值为 10000000（十进制数为 128），最大值为 10111111（十进制数为 191）。任何第 1 个 8 位组取值属于 128～191 的 IP 地址都是 B 类地址。

3) C 类地址

C 类地址用来支持小型网络。如图 1.3.6 所示，用二进制表示时，C 类地址的前 3 位（最左边）总是 110。因此，第 1 个 8 位组的最小值为 11000000（十进制数为 192），最大值为 11011111（十进制数为 223）。任何第 1 个 8 位组取值属于 192～223 的 IP 地址都是 C 类地址。

4) D 类地址

D 类地址用来支持组播（多点播送）。如图 1.3.6 所示，组播地址是唯一的网络地址，用来转发目的地址为预先定义的一组 IP 地址的分组。因此，一台工作站可以将单一的数据流传送给多个接收者。用二进制表示时，D 类地址的前 4 位（最左边）总是 1110。D 类 IP 地址第 1 个 8 位组的取值范围是 11100000～11101111，即十进制数 224～239。任何第 1 个 8 位组取值属于 224～239 的 IP 地址都是 D 类地址。

5) E 类地址

如图 1.3.6 所示，E 类地址被保留。用二进制表示时，E 类地址的前 4 位（最左边）总是 1111。E 类 IP 地址第 1 个 8 位组的取值范围是 11110000～11111111，即十进制数 240～255。任何第 1 个 8 位组取值属于 240～255 的 IP 地址都是 E 类地址。

6. IP 地址的特点

(1) IP 地址是一种非等级的地址结构，这和电话号码的结构不一样，也就是说，IP 地址不能反映任何有关主机位置的物理地理信息。

(2) 当一个主机同时连接到两个网络上时（如作路由器用的主机），该主机就必须同时具有两个相应的 IP 地址，其网络 ID 是不同的，这种主机称为多地址主机（multi-homed host）。

(3) 按照 Internet 的观点，用交换机或路由器连接起来的若干个局域网视为一个网络，因此，这些局域网都具有同样的网络 ID。

(4) 在 IP 地址中，所有分配到同一网络号码的网络，不管是小的局域网还是很大的广域网，都是平等的。

7. 保留 IP 地址

在 IP 地址中，有些 IP 地址是被保留作为特殊之用的，不能用于标识网络设备。这些保留地址如下。

1) 网络地址

用于表示网络本身，具有正常的网络 ID，主机 ID 为全"0"的 IP 地址代表一个特定的网络，即作为网络标识之用，如 102.0.0.0、137.1.0.0 和 197.10.1.0 分别代表了一个 A 类、B 类和 C 类网络。

2) 广播地址

IP 协议规定，主机 ID 为全"1"的 IP 地址是保留给广播用的。广播地址又分为两种：直接广播地址（directed broadcasting）和有限广播地址（limited broadcasting）。

如果广播地址包含一个有效的网络号和一个全"1"的主机号，那么称之为直接广播地址。在互联网中，任意一台主机均可通过直接广播地址向其他网络进行直接广播。例如，C 类地址 211.91.192.255 就是一个直接广播地址，互联网上的某台主机如果使用该 IP 地址为数据报的目的 IP 地址，那么这个数据报会同时发送到 211.91.192.0 网络上的所有主机。直接广播在发送前必须知道目的网络的网络 ID。

32 位全为"1"的 IP 地址(255.255.255.255)用于本网广播，该地址叫做有限广播地址。有限广播将广播限制在最小的范围内。在主机不知道本机所处的网络时（如主机的启动过程中），只能采用有限广播方式，通常是无盘工作站启动时使用，希望从网络 IP 地址服务器处获得一个 IP 地址。

3) 回送地址

A 类网络地址 127.0.0.0 是保留地址，也就是说，任何一个以 127 开头的 IP 地址

(127.0.0.1～127.255.255.255)都是一个保留地址,用于网络软件测试以及本地机器进程间通信。这些 IP 地址叫做回送地址(loop back address),最常见的表示形式为 127.0.0.1。

每台主机对应于 IP 地址 127.0.0.1 都有个接口,称为回送接口(loop back interface)。IP 协议规定,无论什么程序,使用回送地址作为目的地址时,协议软件不会把该数据包向网络上发送,而是把数据包直接返回给本机。

4) 所有地址

0.0.0.0 代表所有的主机,路由器用 0.0.0.0 地址指定默认路由。

表 1.3.1 列出了所有特殊用途地址。

表 1.3.1 特殊用途地址

网络部分	主机部分	地址类型	用途	举例
任意值	全"0"	网络地址	代表一个网段	61.0.0.0
任意值	全"1"	广播地址	特殊网段的所有节点	129.21.255.255
127	任意值	回环地址	回环测试	127.0.0.1
全"0"		所有网络	路由器指定默认路由	0.0.0.0
全"1"		广播地址	本网段所有节点	255.255.255.255

由此可见,每一个网段都会有一些 IP 地址不能用作主机的 IP 地址。例如 C 类网段 211.81.192.0,有 8 个主机位,因此有 2^8 个 IP 地址,去掉一个网络地址 211.81.192.0 和一个广播地址 211.81.192.255 不能用作标识主机,那么共有 2^8-2 个可用地址。A、B、C 类地址的最大网络数目和可以容纳的主机数信息参见表 1.3.2。

表 1.3.2 A、B、C 类地址的最大网络数和可容纳的主机数

地址类	最大网络数	每个网络可容纳的最大主机数目
A	$2^7-2=126$	$2^{24}-2=16\ 777\ 214$
B	$2^{14}=16\ 384$	$2^{16}-2=65\ 534$
C	$2^{21}=2\ 097\ 152$	$2^8-2=254$

8. 公有地址和私有地址

公有 IP 地址是唯一的,因为公有 IP 地址是全局的和标准的,所以没有任何两台连到公共网络的主机拥有相同的 IP 地址。所有连入 Internet 的主机都遵循此规则。公有 IP 地址从 Internet 服务供应商(ISP)或地址注册处获得。

另外,在 IP 地址资源中,还保留了一部分被称为私有地址(private address)的地址资源供内部 IP 网络使用。RFC1918 留出 3 块 IP 地址空间(1 个 A 类地址段、16 个 B 类地址段、256 个 C 类地址段)作为内部使用的私有地址,见表 1.3.3。根据规定,所有

以私有地址为目标地址的 IP 数据包都不能被路由至外部的因特网上，这些以私有地址作为逻辑标识的主机若要访问外部的因特网，必须采用网络地址转换（network address translation，NAT）或应用代理（proxy）方式。

表 1.3.3　私有 IP 地址

网络号	IP 地址	用途
A 类私有地址	10.0.0.0～10.255.255.255	保留的内部地址
B 类私有地址	172.16.0.0～172.31.255.255	保留的内部地址
C 类私有地址	192.168.0.0～192.168.255.255	保留的内部地址

9. IP 地址的规划与分配

在网络层采用 IP 协议组建 IP 网络时，必须为网络中的每一台主机分配一个唯一的 IP 地址，这就涉及 IP 地址的规划问题。IP 地址规划通常要参照下面的步骤进行：

首先，分析网络规模，包括相互独立的网段数量和每个网段中可能拥有的最大主机数。

其次，根据网络规模确定所需要的网络号类别，并确定使用公用地址还是私有地址，若采用公有地址还需要向网络信息中心（network information center，NIC）提出申请来获得地址使用权。

最后，根据可用的地址资源进行主机 IP 地址的分配。

在为互联网上的主机和路由器分配具体 IP 时需要注意：

（1）连接到同一网络上的所有主机的 IP 地址的网络标识要相同。

（2）路由器可以连接多个物理网络，每个连接都应该拥有自己的 IP 地址，而且该 IP 地址的网络标识应与分配给该网络的网络标识相同。每个连接要具有不同的网络标识。

IP 地址的分配可以分为静态分配和动态分配两种方式。所谓静态分配是指由网络管理员为用户指定一个固定不变的 IP 地址并手工配置到主机上；而动态分配则通常以客户机/服务器模式通过动态主机控制协议（dynamic host control protocol，DHCP）来实现。无论选择何种地址分配方法，都不允许有任何两个接口拥有相同的 IP 地址，否则将导致冲突，使得两台主机都不能正常运行。每种操作系统都有自己配置 TCP/IP 的方法，如 Windows 系列在初始化时会发送 ARP 请求来检测是否有重复的 IP 地址，如果发现存在重复的地址，操作系统不会初始化 TCP/IP，而是发送错误消息。

某些类型的设备需要维护静态的 IP 地址，如 Web 服务器、DNS 服务器、FTP 服务器、电子邮件服务器、网络打印机和路由器等都需要固定的 IP 地址。

1.3.2　子网划分

为了解决 IP 地址资源短缺的问题，同时也为了提高 IP 地址资源的利用率，引入了子网划分技术。

1. 子网编址模式下的地址结构

子网划分(sub networking)是指由网络管理员将一个给定的网络分为若干个更小的部分，这些更小的部分被称为子网(subnet)。当网络中的主机总数未超出所给定的某类网络可容纳的最大主机数，但内部又要划分成若干个分段(segment)进行管理时，就可以采用子网划分的方法。为了创建子网，网络管理员需要从原有 IP 地址的主机位中借出连续的高若干位作为子网络 ID，如图 1.3.7 所示。也就是说，经过划分后的子网因为其主机数量减少，已经不需要原来那么多位作为主机 ID 了，从而可以将这些多余的主机位用作子网 ID。

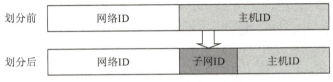

图 1.3.7　子网划分的示意图

2. 子网掩码

子网掩码(subnet mask)通常与 IP 地址配对出现，其功能是告知主机或路由设备，IP 地址的哪一部分代表网络号部分，哪一部分代表主机号部分。子网掩码使用与 IP 地址相同的编址格式，即 32 位长度的二进制比特位，也可分为 4 个 8 位组并采用点分十进制来表示。但在子网掩码中，与 IP 地址中的网络位部分对应的位取值为"1"，而与 IP 地址主机部分对应的位取值为"0"。这样通过将子网掩码与相应的 IP 地址进行求"与"操作，就可决定给定的 IP 地址所属的网络号(包括子网络信息)。

对于传统的 A、B 和 C 类网络，其对应的默认子网掩码见表 1.3.4。

表 1.3.4　默认子网掩码

网络类别	子网掩码(二进制)	子网掩码(十进制)
A	11111111.00000000.00000000.00000000	255.0.0.0
B	11111111.11111111.00000000.00000000	255.255.0.0
C	11111111.11111111.11111111.00000000	255.255.255.0

前面讲过，网络标识对于网络通信非常重要。但引入子网划分技术后，带来的一个重要问题就是主机或路由设备如何区分一个给定的 IP 地址是否已被子网划分，从而能正确地从中分离出有效的网络标识，包括子网络号的信息。通常，将未引进子网划分的 A、B、C 类地址称为有类别(classful)的 IP 地址，对于有类别的 IP 地址，可以通过 IP 地址中的标识位直接判定其所属的网络类别并进一步确定其网络标识。但引入子

网划分技术后，这个方法显然是行不通了。

例如，一个 IP 地址为 102.2.3.3，不能简单地将其视为一个 A 类地址而认为其网络标识为 102.0.0.0。因为若是进行了 8 位的子网划分，则其就相当于是一个 B 类地址且网络标识为 102.2.0.0。若是进行了 16 位的子网划分，则又相当于是一个 C 类地址并且网络标识为 102.2.3.0。若是其他位数的子网划分，则甚至不能将其归入任何一个传统的 IP 地址类中，可能既不是 A 类地址，也不是 B 类或 C 类地址。换言之，引入子网划分技术后，一个给定的 IP 地址中，用来表示网络标识和主机号的位数可以是变化的，具体位数取决于子网划分的情况，那么 IP 地址类的概念就不复存在了。因此，将引入子网技术后的 IP 地址称为无类别的(classless) IP 地址，并引入子网掩码的概念来描述 IP 地址中网络标识和主机号位数的组成情况。

例如，102.2.3.3/255.0.0.0 表示该地址的前 8 位为网络标识部分，后 24 位为主机部分，因此网络号为 102.0.0.0。而 102.2.3.3/255.255.248.0 表示该地址中的前 21 位为网络标识部分，后 11 位为主机部分。

为了方便表达，在书写上还可以采用"X.X.X.X/Y"的方式来表示 IP 地址与子网掩码，其中每个"X"分别表示一个与 IP 地址中的一个 8 位组对应的十进制值，而"Y"表示子网掩码中与网络标识对应的位数。如上面提到的 102.2.3.3/255.0.0.0，也可表示为 102.2.3.3/8，102.2.3.3/255.255.248.0 也可表示为 102.2.3.3/21。

3. 子网划分的方法

在子网划分时，首先要明确划分后要得到的子网数量和每个子网中所拥有的主机数，然后才能确定需要从原主机位借出的子网络标识位数。原则上要保留两位作为主机位。A、B、C 类网络最多可借出的子网络位是不同的，A 类可达 22 位、B 类为 14 位、C 类则为 6 位。显然，当借出的子网络位数不同时，得到的子网络数量以及每个子网中所能容纳的主机数也是不同的。表 1.3.5 给出了 A、B、C 这 3 类网络的子网络位数和子网络数量、有效子网络数量之间的对应关系(有效子网络是指除去子网络位为全"0"或全"1"的子网后所留下的可用子网)。

表 1.3.5　子网划分与子网掩码对应表

网络	占用主机号位数	子网数量	子网掩码	子网中可容纳的主机数
A 类	1	$2^1=2$	255.128.0.0	8 388 606
	2	$2^2=4$	255.192.0.0	4 194 302
	3	$2^3=8$	255.224.0.0	2 097 150
	4	$2^4=16$	255.240.0.0	1 048 574
	5	$2^5=32$	255.248.0.0	524 286
	6	$2^6=64$	255.252.0.0	262 142

续表

网络	占用主机号位数	子网数量	子网掩码	子网中可容纳的主机数
A 类	7	$2^7=128$	255.254.0.0	131 070
	8	$2^8=256$	255.255.0.0	65 534
B 类	1	$2^1=2$	255.255.128.0	32 766
	2	$2^2=4$	255.255.192.0	16 382
	3	$2^3=8$	255.255.224.0	8 190
	4	$2^4=16$	255.255.240.0	4 094
	5	$2^5=32$	255.255.248.0	2 046
	6	$2^6=64$	255.255.252.0	1 022
	7	$2^7=128$	255.255.254.0	510
	8	$2^8=256$	255.255.255.0	254
C 类	1	$2^1=2$	255.255.255.128	126
	2	$2^2=4$	255.255.255.192	62
	3	$2^3=8$	255.255.255.224	30
	4	$2^4=16$	255.255.255.240	14
	5	$2^5=32$	255.255.255.248	6
	6	$2^6=64$	255.255.255.252	2

4. 可变长子网掩码(VLSM)

如果想把网络分成多个不同大小的子网,可以使用可变长子网掩码,每个子网使用不同长度的子网掩码。例如,如果按部门划分网络,一些网络的掩码可以为 255.255.255.0(多数部门),其他的可为 255.255.252.0(较大的部门)。

在使用有类别路由协议时,因为不能跨主网络交流掩码,所以必须连续寻址且要求同一个主网络只能用一个网络掩码。对于大小不同的子网,只能按最大子网的要求设置子网掩码,这造成了浪费。尤其是网络连接路由器时,两个串口只需要两个 IP 地址,分配的地址却和最大的子网一样。使用可变长子网掩码 VLSM(variable length subnet masking),可以改变同一主网络的子网掩码的长度。

在使用无类别路由协议(classless routing protocol),如 OSPF、RIPv2、EIGRP 等协议时,就可以使用 VLSM。使用可变长子网掩码可以使位于不同端口的同一网络 ID 采用不同的子网掩码,能节省大量的地址空间,而允许非连续寻址则使网络的规划更灵活。

5. 无类别域间路由(CIDR)

路由器的增多不但让路由表变大,增加了查找的时间,而且增加了数据转发的处理过程。

无类别域间路由 CIDR(classless inter-domain routing)用通配掩码代替地址类别来判定地址的网络部分，使路由器能够聚合或者归纳路由信息，因此可以缩小路由表。换句话说，只用一个地址和掩码的组合就能表示多个网络的路由。在地址连续时，路由器可以根据 IP 地址的前几位决定将数据发向哪个目的地，以加快路由转发的处理过程。

超网和路由聚合实际上是同一过程的不同名称。当被聚合的网络是在共同管理控制之下时，更常用超网这个术语。超网和路由聚合实质上是子网划分的反过程，就是将多个网络聚合起来，构成一个单一的、具有共同地址前缀的网络。也就是说，把一块连续的 C 类地址空间聚合成一个更大一些的地址空间，模拟一个 B 类地址。

超网的合并过程：首先，获得一块连续的 C 类地址空间；然后从默认掩码(255.255.255.0)中删除位，从最右边的位开始，一直向左边处理，直到它们的网络 ID 一致。

假设已经获得了下列 16 个 C 类网络地址：

211.81.16.0

211.81.17.0

……

211.81.31.0

这 16 个 C 类网地址皆是独立的 C 类网络，它们的默认掩码为 255.255.255.0。通过从右向左删除位，可得出它们相同的网络 ID：211.81.16.0，子网掩码：255.255.240.0，过程如图 1.3.8 所示。

211.81.16.0	11010011	01010001	0001 0000	0000000
211.81.17.0	11010011	01010000	0001 0001	0000000
211.81.18.0	11010011	01010001	0001 0010	0000000
…	…			
211.81.31.0	11010011	01010001	0001 1111	0000000
网络ID为	11010011	01010001	0001 xxxx	xxxxxxxx
	即211.81.16.0			

图 1.3.8 超网合并过程

1.3.3 网络聚合

IP 地址聚合，就是把两个小网络合并为一个大网络，主要是通过修改子网位实现。通俗点说就是合为一个网段。要计算 IP 地址聚合后的地址，其实就是比较几个 IP 的网络前缀，相同的部分有多少位，在这些位后补 0 就是聚合后的 IP，子网掩码就是把网络前缀位相同的变为1，剩下的为0，算出十进制就可以了。

举例说明：

【例1】某企业分配给产品部的IP地址块为192.168.31.192/26，分配给市场部的IP地址块为192.168.31.160/27，分配给财务部的IP地址块为192.168.31.128/27，那么这三个地址块经过聚合后的地址为（　　）。

A．192.168.31.0/25　　　　　　　　B．192.168.31.0/26

C．192.168.31.128/25　　　　　　　D．192.168.31.128/26

> 此例三个IP聚合：
> 192.168.31.192
> 192.168.31.160
> 192.168.31.128
> 比较，相同的部分均为192.168.31，总共24位相同，最后一组换成二进制再比较：
> 192.168.31.11000000
> 192.168.31.10100000
> 192.168.31.10000000
> 比较得出，总共25位相同，那么，聚合后的IP（网络前缀）就为192.168.31.10000000，将10000000转为十进制为128，聚合后的IP就是192.168.31.128。可直接写成192.168.31.128/25。（因为有25位相同，所以，子网掩码网络号就是25位，主机号剩下7位，将网络号全为1，主机号全为0的地址，即11111111.11111111.11111111.10000000，转换为十进制，结果为255.255.255.128。）
> 所以，本题选C。

【例2】某大学分配给计算机系的IP地址为202.113.16.128/26，分配给自动化系的IP地址块为202.113.16.192/26，那么这两个地址块经过聚合后的地址为（　　）。

A．202.113.16.0/24　　　　　　　　B．202.113.16.0/25

C．202.113.16.128/25　　　　　　　D．202.113.16.128/24

> 先比较：
> 202.113.16.128
> 202.113.16.192
> 再比较：
> 202.113.16.10000000

202.113.16.11000000

聚合后的 IP 为前 25 位相同部分，即 202.113.16.10000000（不相同部分用 0 补上），所以，答案为 202.13.16.128/25，选 C。

【例 3】有 4 条路由：172.18.129.0/24，172.18.130.0/24，172.18.132.0/24，172.18.133.0/24，如果进行路由汇聚，能覆盖这 4 条路由的地址是(　　)。

A. 172.18.128.0/21　　　　　　　　B. 172.18.128.0/22

C. 172.18.130.0/22　　　　　　　　D. 172.18.132.0/23

同理比较：

172.18.10000001.0

172.18.10000010.0

172.18.10000100.0

172.18.10000101.0

相同网络前缀为前 21 位，后面 11 位补上 0，172.18.100000000.00000000，即 172.18.128.0/21，所以选 A。

1.3.4　Packet Tracer 基本配置命令

交换机基本配置的网络拓扑如图 1.3.9 所示。

图 1.3.9　交换机基本配置的网络拓扑图

在 Packet Tracer 模拟器中，使用 Console 配置线将计算机串行口连接至交换机 Console 端口，即可通过计算机超级终端软件向交换机发送命令。

在模拟器网络拓扑图中，单击计算机图标，单击 Desktop，单击 Terminal 进入终端配置模式，出现 Termianl Configuration 终端参数配置页面，这里选用默认配置参数，单击 OK 按钮，通过计算机 RS232 串行口向交换机发送配置命令。

步骤一：交换机各个操作模式之间的切换。

Switch＞enable

Switch＃

！使用 enable 命令从用户模式进入特权模式；

Switch#configure terminal

Enter configuration commands, one per line. End with CNTL/Z.

！使用 configure terminal 命令从特权模式进入全局配置模式；

Switch(config)#interface fastethernet 0/1

Switch(config-if)#

！使用 interface 命令从全局配置模式进入端口配置模式；

Switch(config-if)#exit

Switch(config)#

！使用 exit 命令退回上一级操作模式；

Switch(config-if)#end

Switch#

！使用 end 命令直接退回特权模式。

Switch#exit

Switch>

！使用 exit 退回用户模式

步骤二：交换机命令行界面基本功能。

Switch#?

Exec commands：

  <1-99>   Session number to resume
  connect   Open a terminal connection
  disable   Turn off privileged commands
  disconnect   Disconnect an existing network connection
  enable   Turn on privileged commands
  exit   Exit from the EXEC
  logout   Exit from the EXEC
  ping   Send echo messages
  resume   Resume an active network connection
  show   Show running system information
  telnet   Open a telnet connection
  terminal   Set terminal line parameters
  traceroute   Trace route to destination

！使用？显示当前模式下所有可执行的命令；

Switch>en <tab>

Switch>enable

！使用 Tab 键补全命令；

Switch # co？

Configure connect copy

Switch # co

！使用？显示当前模式下所有以"co"开头的命令；

Switch # conf t

Enter configuration commands, one per line. End with CNTL/Z.

Switch(config) #

！使用命令简写；

Switch(config) # int ?

 Ethernet   IEEE 802.3

 FastEthernet   FastEthernet IEEE 802.3

 GigabitEthernet   GigabitEthernet IEEE 802.3z

 Port-channel   Ethernet Channel of interfaces

 Vlan   Catalyst Vlans

 range   interface range command

Switch(config) # int

！显示 interface 命令后可以执行的参数；

Switch(config) # int f0/1

Switch(config-if) # ＜Ctrl＋C＞

Switch #

%SYS.5.CONFIG_I：Configured from console by console

！使用组合键 Ctrl＋C 可以直接退回到特权模式。

步骤三：配置交换机的名称和每日提示信息。

Switch # con t

Switch(config) # hostname Students

Students(config) #

！使用 hostname 命令将交换机名称 Switch 更改为 Students；

Students(config) # banner motd &

Enter TEXT message. End with the character '&'.

Welcome to switch Students！This switch is used to access internet for students.

If you are administrator, you should configure this switch carefully！

&

Students(config) #

交换机按上述命令配置后，当用户登录该交换机时，将显示如下提示信息：

Students con0 is now available

Press RETURN to get started.

Welcome to switch Students! This switch is used to access internet for students.

If you are administrator, you should configure this switch carefully!

&

Students(config)#

步骤四：配置交换机端口参数。

交换机快速以太网端口一般情况下的默认配置是 10 Mb/s 或 100 Mb/s 自适应端口，双工模式也是自适应模式，并且交换机端口一般默认配置为开启，将设备用网线接入交换机以太网端口后，端口不经配置便可正常工作。交换机端口参数可以通过以下命令进行配置：

Students(config)# int f0/1

！进入端口 F0/1 的配置模式；

Students(config-if)# speed 10

！设置端口速率为 10 Mbps；

Students(config-if)# duplex half

！设置端口的双工模式为半双工；

Students(config-if)# no shutdown

！开启端口，使端口转发数据；

Students(config-if)# description "This port is used to access internet for students."

！配置端口的描述信息，可以作为端口提示信息；

Students(config-if)# end

！回到交换机特权模式；

Students# show int f0/1

！显示端口 F0/1 的端口状态及配置信息；

FastEthernet0/1 is down, line protocol is down (disabled)

   Hardware is Lance, address is 0002.1653.4201 (bia 0002.1653.4201)

   Description:"This port is used to access internet for students."

BW 10000 kbit, DLY 1000 usec,

     reliability 255/255, txload 1/255, rxload 1/255

   Encapsulation ARPA, loopback not set

   Keepalive set (10 sec)

   Half-duplex, 10Mb/s

   input flow-control is off, output flow-control is off

   ARP type: ARPA, ARP Timeout 04:00:00

Last input 00∶00∶08, output 00∶00∶05, output hang never
Last clearing of "show interface" counters never
Input queue:0/75/0/0 (size/max/drops/flushes); Total output drops:0
Queueing strategy: fifo
Output queue:0/40 (size/max)
5 minute input rate 0 bits/sec, 0 packets/sec
5 minute output rate 0 bits/sec, 0 packets/sec
    956 packets input, 193351 bytes, 0 no buffer
    Received 956 broadcasts, 0 runts, 0 giants, 0 throttles
    0 input errors, 0 CRC, 0 frame, 0 overrun, 0 ignored, 0 abort
    0 watchdog, 0 multicast, 0 pause input
    0 input packets with dribble condition detected
    2357 packets output, 263570 bytes, 0 underruns
    0 output errors, 0 collisions, 10 interface resets
    0 babbles, 0 late collision, 0 deferred
    0 lost carrier, 0 no carrier
    0 output buffer failures, 0 output buffers swapped out

步骤五：查看交换机的系统和配置信息。

Students#show version

！查看交换机的系统信息；

Cisco Internetwork Operating System Software

IOS (tm) C2950 Software (C2950-I6Q4L2-M), Version 12.1(22)EA4, RELEASE SOFTWARE(fc1)

Copyright (c) 1986-2005 by cisco Systems, Inc.

Compiled Wed 18-May-05 22∶31 by jharirba

Image text-base:0x80010000, data-base: 0x80562000

ROM: Bootstrap program is C2950 boot loader

Switch uptime is 17 minutes, 32 seconds

System returned to ROM by power-on

Cisco WS-C2950-24 (RC32300) processor (revision C0) with 21039K bytes of memory.

Processor board ID FHK0610Z0WC

Last reset from system-reset

Running Standard Image

24 FastEthernet/IEEE 802.3 interface(s)

63488K bytes of flash-simulated non-volatile configuration memory.

Base ethernet MAC Address:0001.964D.2180

Motherboard assembly number:73-5781-09

Power supply part number:34-0965-01

Motherboard serial number:FOC061004SZ

Power supply serial number:DAB0609127D

Model revision number:C0

Motherboard revision number:A0

Model number:WS-C2950-24

System serial number:FHK0610Z0WC

Configuration register is 0xF

Students#show running-config

!查看交换机的配置信息；

Building configuration...

Current configuration:1228 bytes

version 12.1

no service timestamps log datetime msec

no service timestamps debug datetime msec

no service password-encryption

hostname Students

spanning-tree mode pvst

interface FastEthernet0/1

 description "This port is used to access internet for students."

 duplex half

 speed 10

interface FastEthernet0/2

interface FastEthernet0/3

interface FastEthernet0/4

interface FastEthernet0/5

interface FastEthernet0/6

interface FastEthernet0/7

interface FastEthernet0/8

interface FastEthernet0/9
interface FastEthernet0/10
interface FastEthernet0/11
interface FastEthernet0/12
interface FastEthernet0/13
interface FastEthernet0/14
interface FastEthernet0/15
interface FastEthernet0/16
interface FastEthernet0/17
interface FastEthernet0/18
interface FastEthernet0/19
interface FastEthernet0/20
interface FastEthernet0/21
interface FastEthernet0/22
interface FastEthernet0/23
interface FastEthernet0/24
interface Vlan1
 no ip address
 shutdown
banner motd ^C
Welcome to switch Students! This switch is used to access internet for students.
If you are administrator, you should configure this switch carefully!
^C
line con 0
line vty 0 4
 login
line vty 5 15
 login
end

步骤六：保存配置参数

上述配置完成后，交换机运行参数驻留在系统内存中，交换机掉电后，配置参数将丢失。以下 3 条命令都可以将配置参数保存至 NVRAM（非易失存储器），交换机重启时，配置参数将不会丢失。

Students♯copy running-config startup-config
Students♯write memory

Students#write

1.3.5 操作要领

1. 命令模式

交换机设备的命令行配置有若干不同的命令模式，交换机在不同命令模式下支持不同的命令，不可以跨模式执行命令。用户必须掌握每条命令的模式。进入一个命令模式后，在命令提示符下输入问号键(?)，可以列出该命令模式下支持使用的命令。

根据配置管理功能不同，思科和锐捷设备共有4种命令模式，即用户模式、特权模式、全局模式、接口模式(物理接口模式、VLAN接口模式、虚拟终端接口模式、路由接口模式等)。

当用户和设备管理界面建立一个会话连接时，用户首先进入用户模式(User模式)，此时可以使用用户模式的命令。在用户模式下，只可以使用少量命令，并且命令的功能也受到限制，如show命令等。在用户模式下，命令的操作结果不会被保存。

若要使用所有命令，首先必须进入特权模式(privileged模式)。通常，在进入特权模式时必须输入特权模式口令。在特权模式下，用户可以使用所有的特权模式命令，并且能够由此进入全局配置模式。

在全局模式和接口模式，命令操作将对当前运行的配置参数产生影响。如果用户保存这些配置信息，这些配置参数将被保存下来，并在系统重启时被操作执行。全局模式下的操作命令一般对设备产生全局性影响。从全局模式出发，可以进入各种接口配置模式。在接口模式下的操作命令一般只对该接口配置参数起作用。

表1.3.6列出了4种命令模式、各个模式的提示符及进入每个模式的命令。这里，交换机的名字为默认的Switch。

表 1.3.6 命令模式

命令模式		提示符	进入命令
用户模式		Switch>	开机自动进入
特权模式		Switch#	Switch>enable
全局模式		Switch(config)#	Switch#configure terminal
接口模式	物理接口模式	Switch(config-if)#	Switch(config)#interface f0/1
	VLAN接口模式	Switch(config-vlan)#	Switch(config)#vlan 10
	虚拟终端接口模式	Switch(config-line)#	Switch(config)#line vty 0 15

下面对每种命令模式进行说明。

(1)用户模式 Switch>：访问交换机时，首先进入用户模式，输入exit命令可退出该模式。在用户模式中可以进行基本测试，显示系统信息。

(2)特权模式 Switch#：在用户模式，使用 enable 命令进入特权模式。输入 exit 或者 disable 命令可返回用户模式。在特权模式可以执行系统文件操作，显示系统信息和配置信息，以及各种测试命令等操作。

(3)全局模式 Switch(config)#：在特权模式，使用 configure terminal 命令进入全局模式。输入 exit 或者 end 命令，或者按 Ctrl+Z、Ctrl+C 组合键，返回特权模式。在全局模式可以执行对交换机起全局影响的操作命令。

(4)接口模式 Switch(config-if)#：在全局模式，使用 interface 命令进入物理接口模式，使用 vlan 命令进入 vlan 接口模式，使用 line 命令进入虚拟终端接口模式。在接口模式只能对进入的接口配置参数。输入 exit 命令，返回全局模式。输入 end 命令，或者按 Ctrl+Z、Ctrl+C 组合键，直接返回特权模式。

2. 获得帮助

用户可以在命令提示符下输入问号键(?)列出各个命令模式支持的所有命令，也可以使用问号键列出相同开头的命令关键字或者命令的参数信息，还可以使用 Tab 键自动补齐剩余命令字符。帮助命令的使用方法见表 1.3.7。

表 1.3.7　帮助命令的使用方法

命令	说明
命令字符+?	获得开头字符相同的命令关键字字符 例如：Switch#co? Configure connect copy
命令字符+\<Tab\>	补齐命令关键字全部字符 例如：Switch#show run\<Tab\> Switch#show running-config
命令字符?	获得该命令的后续关键字或参数 例如：Switch(config-if)#switchport mode ? access　　Set trunking mode to ACCESS unconditionally dynamic　Set trunking mode to dynamically negotiate access or trunk mode trunk　　 Set trunking mode to TRUNK unconditionally

3. 命令简写

为了提高输入速度，一般使用命令简写进行配置，即只输入命令字符的前面一部分，只要确保这部分字符足够识别唯一的命令关键字即可。

例如，Switch#show running-config 命令可以简写成：Switch#sh run

如果输入的命令字符不足以让系统唯一地识别命令关键字，则系统将给出"%Ambiguous command:"提示符。

例如，输入

　　Switch# co

系统提示：

　　％Ambiguous command："co"

说明命令简写"co"不足以让系统识别唯一的命令关键字。

4. no 命令的使用

几乎所有命令都有 no 选项，通常用来禁止某个特性或功能，或者执行与命令本身相反的操作。例如：

Students# conf t

Enter configuration commands, one per line.　End with CNTL/Z.

Students(config)# vlan 10

！在全局模式创建 VLAN 10；

Students(config-vlan)# exit

Students(config)# no vlan 10

！在全局模式删除 VLAN 10；

Students(config)# int f0/1

！进入物理接口 F0/1

Students(config-if)# shutdown

！使用 shutdown 命令关闭 F0/1 接口

％LINK.5.CHANGED: Interface FastEthernet0/1, changed state to administratively down

Students(config-if)# no shutdown

！使用 no shutdown 命令打开 F0/1 接口

Students(config-if)#

％LINK.5.CHANGED：Interface FastEthernet0/1，changed state to up

％LINEPROTO.5.UPDOWN：Line protocol on Interface FastEthernet0/1，changed state to up

5. 理解 CLI 的提示信息

表 1.3.8 列出了用户在使用 CLI 管理设备时经常遇到的几个错误提示信息，了解这些错误提示信息，能够帮助初学者解决设备配置时经常遇到的问题。

6. 使用历史命令

系统提供了用户最近输入命令的历史记录。该特性在输入长而且复杂的命令时非常有用，将帮助用户有效地提高输入速度。想要调用已经使用过的历史命令，可以按照表 1.3.9 所示方法进行操作。

表 1.3.8　常见 CLI 错误提示信息

错误提示信息	含义	错误解决方法
％Ambiguous command:"co"	用户没有输入足够字符，系统无法识别唯一的命令关键字	重新输入命令，紧接在发生歧义的字符后输入问号"?"。可能输入的命令关键字将被显示出来
％Incomplete command	用户没有输入该命令必需的关键字或变量参数，命令不完整	重新输入命令，输入空格后再输入问号"?"。可能输入的命令关键字将被显示出来
％Invaid input detected at '^' marker.	用户输入错误命令字符，符号"^"指明了产生错误字符的位置	在命令模式提示符后，输入问号"?"，该模式下允许使用的命令关键字将被显示出来

表 1.3.9　使用历史命令

操作	结果
Ctrl＋P 或上方向键	在历史命令表中浏览前一条命令，从最近的一条记录开始，重复使用该操作可以查询更早的历史命令记录
Ctrl＋N 或下方向键	在使用 Ctrl＋P 或上方向键后，使用该操作在历史命令表中返回到较近的一条命令。重复使用该操作可以查询更近的记录

7. 文件系统管理

常用的文件系统管理命令见表 1.3.10。

表 1.3.10　常见文件系统命令管理表

命令	作用
Switch♯dir	显示某个文件系统的文件列表
Switch♯copy running-config startup-config	将当前生效的配置文件复制到系统重启时载入文件
Switch♯delete config.txt	删除某个文件
Switch♯more config.txt	显示某个文本文件的内容
Switch♯erase startup-config	擦除文件系统中的某个文件
Switch♯write	将当前生效的配置写入内存、网络或终端

例如，删除当前配置信息，恢复出厂设置，可以使用命令：

　　Students♯delete config.txt

也可以使用下面命令：

　　Students♯erase startup-config

删除当前所有 VLAN 配置信息，恢复出厂设置，使用命令：
   Students#delete vlan.dat

8. 查看配置信息

在特权模式下，可以使用如表 1.3.11 所示的命令查看配置文件的内容。

表 1.3.11 查看配置信息

命令	作用
Switch#more config.txt	查看指定配置文件 config.txt 的内容
Switch#show running-config	查看 RAM 里当前生效的配置信息
Switch#show startup-config	查看保存在 Flash 里设备重启时生效的配置信息

9. 其他注意事项

(1) 在操作演示中，命令行后以"!"开始的行是对前面命令的说明，帮助理解命令格式、参数、功能和作用。

(2) 初学者在学习交换机操作命令时，不仅要了解完整的执行命令，而且还必须掌握操作命令的简写，以提高操作速度。

(3) 自动补齐域命令简写时，要求所简写的字母能够区别该命令，例如 conf 可以代表命令 configure，但 con 无法代表命令 configure，因为以 con 开头的命令有两个：configure 和 connect，设备无法区分。

(4) 在全局配置模式中使用 hostname 命令配置设备名称时，设备名称必须小于 22 个字节，如：
   Switch(config)#hostname host-name

(5) 交换机端口在默认情况下是开启的，即 AdminStatus 是 UP 状态，如果该端口没有连接其他设备，则 OpenStatus 是 Down 状态。

(6) 要重点掌握 show 命令，查看交换机的配置信息及状态。

(7) 用显示命令 show running-config 查看的是当前生效的配置信息，该信息存储在 RAM(随机存储器)里，当交换机重启时，重新生成的交换机配置信息来自交换机 Flash(非易失存合器)里的 Startup-config，因此必须掌握用 copy 或 write 命令保存配置信息。

拓展知识

1.3.6 TCP 协议

传输控制协议(transmission control protocol，TCP)是一种面向连接的、可靠的、基于字节流的传输层通信协议，由 IETF 的 RFC 793 定义，适合传输大量数据。

1. TCP 的分段和重组

在 TCP/IP 协议中，应用层创建的数据单元称为报文；TCP 或 UDP 创建的数据单元称为段；网络层创建的数据单元称为分组或数据报。

TCP 在通信时，发送端的 TCP 将长的传输数据划分为更小的数据单元，同时将每个数据单元组装成帧，也称为段。分段后的每个段都封装在 IP 数据报中。在接收端，TCP 收集每个接收到的数据报，然后根据序列号进行重组。

2. TCP 的段格式

整个 TCP 数据段分为"数据段头"和"数据"两部分。所谓"数据段头"就是 TCP 为了实现端到端可靠传输而加上的 TCP 控制信息，而"数据"部分则是从高层（应用层）来的用户数据。但由于 TCP 只有一种 TPDU 格式，所有类型的数据段格式都统一在如图 1.3.10 所示的 TCP 数据段格式中，不同类型数据段是通过其中的多个控制位来实现的。

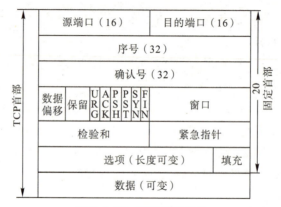

图 1.3.10　TCP 的段格式

3. 端口号

TCP 和 UDP 用端口描述通信的进程，所以计算机网络中的端口是进程访问传输服务的访问点。

TCP 或 UDP 的应用程序，都有标识该应用程序的端口号，即端口号用于区分各种应用。

端口号的长度是 16 位，所以可提供 $2^{16}=65\,536$ 个不同的端口号。在 TCP 段的段头部分中，有源端口地址和目标端口地址，所指的就是端口号。

端口号可分为 3 大类：

(1) 公认端口：从 0 到 1023，它们紧密绑定于一些服务。

(2) 注册端口：从 1024 到 49 151，它们松散地绑定于一些服务，这些端口号一般不固定分配给某个服务，许多服务都可以使用这些端口。

(3) 动态或私有端口：从 49 152 到 65 535，根据定义，该段端口属于"动态端口"范围，没有端口可以被正式地注册占用。理论上，不应为服务分配这些端口，实际上，机器通常从 1024 起分配动态端口。

例如，常用的 TCP 端口见表 1.3.12。

表 1.3.12　常用的 TCP 端口及协议

TCP 端口	TCP 协议	TCP 端口	TCP 协议
21	FTP	25	SMTP
23	TELNET	110	POP3
80	HTTP	443	HTTPS

4. TCP 工作方式

1）建立连接

建立连接过程使用三次握手方式，具体如图 1.3.11 所示。

第一次握手：建立连接时，客户端 A 发送 syn 包（syn=1，seq=x）到服务器 B，并进入 SYN_SENT 状态，等待服务器 B 确认（SYN：synchronize sequence numbers 同步序列编号）。

TCP连接建立和释放过程

第二次握手：服务器 B 收到 syn 包，确认客户端 A 的 SYN（ACK=1，ack=x+1），同时自己也发送一个 SYN 包（SYN=1，seq=y），即 SYN+ACK 包，此时服务器 B 进入 SYN_RECV 状态；

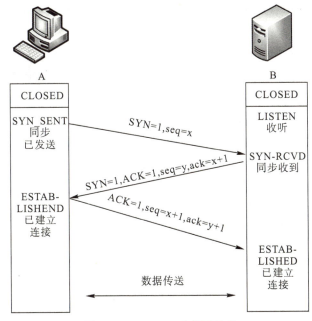

图 1.3.11　TCP 三次握手协议

第三次握手：客户端 A 收到服务器 B 的 SYN+ACK 包，向服务器 B 发送确认包 ACK(ACK=1，seq=x+1，ack=y+1)，此包发送完毕，客户端 A 和服务器 B 进入 ESTABLISHED(TCP 连接成功)状态，完成三次握手。

2）数据传输

数据传输时，客户端 A 从它上层协议接收数据后，以递增序号的方式将数据分段封装并发送到服务器 B。服务器 B 通过将确认数据报的序号加 1 来确认该报文。

3）连接释放

TCP 连接释放过程和建立连接过程类似，同样使用三次握手方式进行释放。一方发出释放请求后并不立即断开连接，而是等待对方确认，对方收到请求后，发回确认报文，并释放连接，发送方收到确认后才拆除连接。

5. TCP 可靠性的实现

(1) 应用数据被分割成 TCP 认为最适合发送的数据块。这和 UDP 完全不同，UDP 不对数据进行分割，应用程序产生的数据长度将保持不变。

(2) 当 TCP 发出一个段后，它启动一个定时器，等待目的端确认收到这个报文段。如果不能及时收到一个确认，将重发这个报文段。当 TCP 收到发自 TCP 连接另一端的数据，它将发送一个确认。TCP 有延迟确认的功能，若此功能没有打开，则是立即确认；若功能打开，则由定时器触发确认时间点。

(3) TCP 将确认它首部的校验和字段。这是一个端到端的校验和，目的是检测数据在传输过程中是否产生任何变化。如果收到段的校验和有差错，TCP 将丢弃这个报文段并不确认收到此报文段(希望发端超时并重发)。

(4) TCP 报文段作为 IP 数据报来传输，而 IP 数据报的到达可能会失序，因此 TCP 报文段的到达也可能会失序。如果报文段乱序，TCP 将对收到的数据进行重新排序，使收到的数据以正确的顺序交给应用层。

(5) IP 数据报会发生重复，TCP 的接收端必须丢弃重复的数据。

(6) TCP 还能提供流量控制。TCP 连接的双方都有固定大小的缓冲空间。TCP 的接收端只允许另一端发送接收端缓冲区所能容纳的数据。这将防止较快主机致使较慢主机的缓冲区溢出。

1.3.7　UDP 协议

用户数据报协议(user datagram protocol，UDP)是一种无连接的、不可靠的、基于字节流的传输层通信协议，由 IETF 的 RFC 768 定义。

UDP 提供了无连接通信，且不保证传送数据包的可靠性，适用于一次传输少量数据，UDP 传输的可靠性由应用层负责。常用的 UDP 端口号有：53(DNS)、69(TFTP)、161(SNMP)，使用 UDP 的协议包括：TFTP、SNMP、NFS、DNS、BOOTP。

UDP 报文没有可靠性保证、顺序保证和流量控制字段等，可靠性较差。但是正因为 UDP 协议的控制选项较少，在数据传输过程中延迟小、数据传输效率高，适合对可靠性要求不高，或者可以保障可靠性的情况，如 DNS、TFTP、SNMP 等。

1. UDP 数据报格式

UDP 报文分为报文头部和数据区两部分。报头 8 个字节由源端口地址、目的端口地址、报文长度和校验和组成，UDP 报文格式如图 1.3.12 所示。

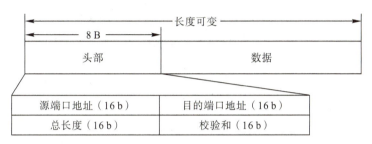

图 1.3.12　UDP 的报文头部

2. UDP 数据报的传输

UDP 建立在 IP 之上，所以 UDP 报文是封装在 IP 数据报中进行传输，如图 1.3.13 所示。

图 1.3.13　UDP 报文

TCP 段和 UDP 数据报中都没有指定主机的地址，识别主机的任务由网络层（IP）完成，因为 IP 头部有源和目标主机的 IP 地址。

在源端，UDP 先构造一个用户数据报，然后将它交给 IP，UDP 便完成了工作。UDP 没有建立连接等过程，也没有确认和重传机制。

在目标端，UDP 先判断所收到的数据报的目标端口号是否与当前使用的某个端口匹配，如果是，则将数据报放入相应接收队列，否则抛弃该数据报，并向源端发送"端口不可到达"的报文。有时虽然端口号匹配，但如果相应端口的缓冲区已满，UDP 也会抛弃该数据报。

实训项目

网络地址配置

任务1-3 网络地址配置实训

实训目的

(1)掌握 IP 地址和掩码计算方法。
(2)掌握 IP 地址部署的基本方法。

操作步骤

(1)打开 Packet Tracer 软件,点击 File 菜单 Open 按钮,打开 1-3.pka 文件(如图 1.3.14 所示),参照操作步骤(实验结果/1-3 实训结果.pka),按操作步骤对不同设备进行 IP 地址的设置。

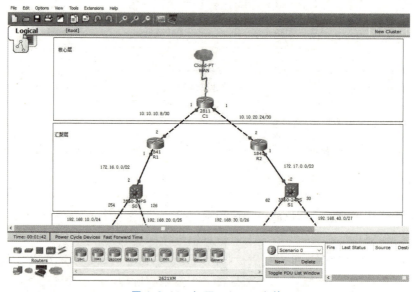

图 1.3.14 打开 1-3.pka 文件

(2)完成 C1 路由器的基本设置。

①单击 C1 路由器,单击标签 CLI,按回车进入用户执行模式。

　Router>

">"提示符为用户执行模式,"C1"为设备名称。

②以下按照有底纹的字输入。

> 注意：底纹前的符号为提示符，不同命令所能执行的模式提示符不同，每条命令输入的时候要注意提示符是否相同，如果命令输入错误，会有错误提示。

③运行 enable 命令从用户执行模式进入特权模式。

> 注意：输入命令后提示符的变化。
>
> 注意：所有命令必须以英文方式输入！

Router＞enable

Router＃

"＃"提示符表示当前模式为特权模式。

④运行 configure terminal 命令从特权模式进入全局配置模式。

Router＃configure terminal

Router(config)＃

"(config)＃"提示符表示当前模式为全局配置模式。

⑤将路由器命名为 C1。

Router(config)＃hostname C1

C1(config)＃

设备名称变更为 C1。

⑥进入 F0/0 端口设置模式。

C1(config)＃interface FastEthernet0/0

C1(config-if)＃

"(config-if)＃"提示符表示当前模式为端口配置模式。

"(config-subif)＃"提示符表示当前模式为子端口配置模式。

在全局配置模式下，interface 后面加某端口号，表示进入某端口配置模式。

FastEthernet0/0 中 FastEthernet 表示快速以太网，0/0 中第一个 0 表示模块编号，第二个 0 表示端口编号。

⑦设置 IP 地址。

C1(config-if)＃ip address 10.10.10.9 255.255.255.252

配置 IP 地址的命令运行在端口配置模式下。

⑧开启端口。

C1(config-if)＃no shutdown

C1(config-if)＃

％LINK.5.CHANGED:Interface FastEthernet0/0, changed state to up

此时提示端口 F0/0 的状态改变为开启。

> 注意：路由器的端口在模拟器中可通过图形化方式开启，实际操作中路由器端口只能通过 no shutdown 命令手动开启，顺手开启端口是个好习惯。

⑨使用 exit 命令返回上一级，此时返回全局设置模式。

C1(config-if)#exit

C1(config)#

⑩进入 F0/1 端口设置模式。

C1(config)#interface FastEthernet0/1

⑪设置 IP 地址。

C1(config-if)#ip address 10.10.20.25 255.255.255.252

⑫开启端口。

C1(config-if)#no shutdown

⑬在任何配置模式下，运行 end 均可直接返回特权模式。

C1(config-if)#end

C1#

%SYS.5.CONFIG_I:Configured from console by console

从端口配置模式切换至特权模式，也可以通过输入两次"exit"实现。

⑭保存设置。

C1#write

Building configuration...

[OK]

提示保存配置成功，也可以通过输入"copy running-config startup-config"，将当前运行配置保存为启动配置来保存配置。

C1#copy running-config startup-config

Destination filename [startup-config]?

按回车使用默认名称（startup-config）保存。

Building configuration...

[OK]

提示保存配置成功，如图 1.3.15 所示。

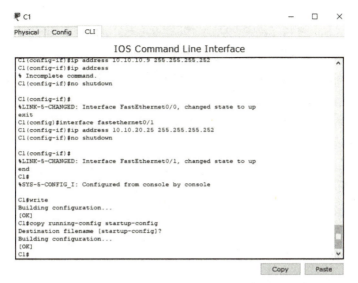

图 1.3.15　保存配置

（3）按照上述方法，将 R1 路由器命名为 R1，将 F0/0 端口 IP 地址设为 10.10.10.10/30，将 F0/1 端口 IP 地址设为 172.16.0.1/22；将 R2 路由器命名为 R2，将 F0/0 端口 IP 地址设为 10.10.20.26/30，将 F0/1 端口 IP 地址设为 172.17.0.1/23。

①路由器 R1 的 IP 地址设置。

Router>

Router>enable

Router#configure terminal

Router(config)#hostname R1

R1(config)#interface FastEthernet0/0

R1(config-if)#ip address 10.10.10.10 255.255.255.252

R1(config-if)#no shutdown

R1(config-if)#exit

R1(config)#interface FastEthernet0/1

R1(config-if)#ip address 172.16.0.1 255.255.252.0

R1(config-if)#no shutdown

R1(config-if)#end

R1#write

②路由器 R2 的 IP 地址设置。

Router>

Router>enable

智能交通网络构建与管理

Router#configure terminal

Router(config)#hostname R2

R2(config)#interface FastEthernet0/0

R2(config-if)#ip address 10.10.20.26 255.255.255.252

R2(config-if)#no shutdown

R2(config-if)#exit

R2(config)#interface FastEthernet0/1

R2(config-if)#ip address 172.17.0.1 255.255.254.0

R2(config-if)#no shutdown

R2(config-if)#end

R2#write

(4)完成三层交换机 S0 的设置。

①单击 S0 三层交换机，点击 CLI，修改交换机 S0 的名称。

Switch>enable

Switch#configure terminal

Switch(config)#hostname S0

②三层交换机启用路由(★很重要)。

S0(config)#ip routing

> 注意：三层交换机不启用路由功能，只能当二层交换机使用。

③将 S0 的 F0/1 端口设置为三层端口，并设置 IP 地址。

> 注意：交换机正常情况下 IP 地址设置在 VLAN 上，三层交换机将端口设置为三层端口后，可将 IP 地址设置在物理端口上，若物理端口未设置为三层端口，则该物理端口上不可设置 IP 地址；二层交换机的端口无法设置为三层端口，故 IP 地址必须设置在 VLAN 上。

S0(config)#interface FastEthernet 0/1

S0（config-if)#no switchport

S0（config-if)#ip address 192.168.10.254 255.255.255.0

> 注意：交换机连线后，端口自动打开，一般不需要使用 no shutdown。

④使用同样方法，将 S0 的 F0/2 和 F0/24 端口设置为三层端口，并设置 IP 地址。

S0(config-if)#exit

S0(config)#interface FastEthernet 0/2

S0(config-if)#no switchport

S0(config-if)#ip address 192.168.20.126 255.255.255.128

S0(config-if)#exit

S0(config)#interface FastEthernet 0/24

S0(config-if)#no switchport

S0(config-if)#ip address 172.16.0.2 255.255.252.0

S0(config-if)#end

S0#write

（5）完成三层交换机 S1 的设置。

①单击 S1 三层交换机，点击 CLI，修改交换机 S1 的名称。

Switch>

Switch>en

注意：所有命令在不重复的情况下，可以用缩写，此处相当于输入 enable。

Switch#conf t

注意：此处相当于输入 configure terminal

可在字符串后使用"?"，查看以当前字符串为首的命令。

Switch(config)#h?

Hostname

此时会显示以字符 h 为首的命令仅有一个，当以字符串为首的命令只有一个时，可使用 TAB 键补全命令。

注意：输入命令时，推荐使用 TAB 键补全命令，既可加快输入速度，又可避免命令输入过程中的错误。

下面输入 h，按 TAB 键补全命令。

Switch(config)#h<TAB>

Switch(config)#hostname

再输入 S1，即可完成交换机改名。

Switch(config-if)#hostname S1

②三层交换机 S1 启用路由(★很重要)。

S1(config)#ip routing

③将三层交换机各端口设置为三层端口，并配置 IP 地址。

S1(config)#int f0/1

S1(config-if)#no sw

S1(config-if)#ip ad 192.168.30.62 255.255.255.192

```
S1(config-if)#int f0/2
S1(config-if)#no sw
S1(config-if)#ip ad 192.168.40.30 255.255.255.224
S1(config-if)#int f0/24
S1(config-if)#no sw
S1(config-if)#ip ad 172.17.0.2 255.255.254.0
S1(config-if)#end
S1#write
```

(6)查看三层交换机 S1 的运行设置。

```
S1#show run
```

注意：思科网络设备的所有查看命令都在特权模式下运行，可通过以下命令获得帮助。

```
S1#show ?
```

(7)打开 PT Activity(PT 活动窗口)点击窗口下方 Check Results(检验结果)按钮，点击 Assessment Items(评价项目)，可以查看当前实验结果是否完成，如图 1.3.16 所示。

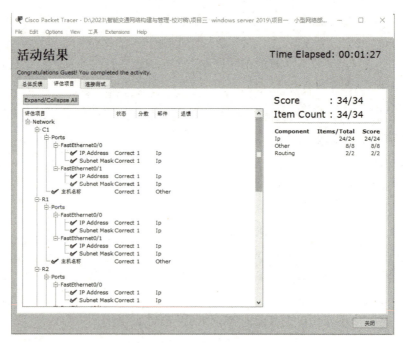

图 1.3.16　检验实训结果

实训总结

任务评价

智能交通网络构建与管理

1.3 任务三 网络地址配置

课后任务单

学号：　　　　　姓名：　　　　　日期：

问题1：路由器和交换机进行IP地址配置时有何不同？

问题2：简述如何通过IP地址和子网掩码计算网络地址。

问题3：完成IP地址配置测试。

任务评价

评价考核				
序号	评价项目	自我评价	互相评价	教师评价	综合评价
1	是否预习				
2	引导问题				
3	团队协同				
4	实训任务				
5	课后问题				

注：评价统一采用 A(优)、B(良)、C(合格)、D(尚需努力)四个等级。

1.4 任务四　网络连通性测试

课前学习任务单

| 学号： | 姓名： | 日期： |

学习目标

1. 掌握网关的作用；
2. 掌握利用 ping 命令测试网络连通性的方法；
3. 掌握 ping 命令回显的含义。

引导问题

1. 简述需要配置网关的场合。

2. 简述 ping 命令的工作过程。

3. 简述 ping 命令不同回显的含义。

任务评价

相关知识

1.4.1 ping 命令

ping 命令是一个使用频率较高的实用程序,用于验证与远程计算机的连通性。根据执行命令后的返回信息,确定网络连接是否正常(TCP/IP 参数设置是否正确、交换机是否正常、网线是否断开等)。如果返回信息正确,就可排除网卡、传输介质和路由器等可能存在的故障,减小故障范围。

1. ping 命令的作用

ping 是一个测试程序,在网络中 ping 是一个十分强大的 TCP/IP 工具。它的作用主要为:

(1)检测网络的连通情况和分析网络速度;

(2)根据域名得到服务器 IP;

(3)根据 ping 返回的 TTL 值来判断对方所使用的操作系统及数据包经过路由器的数量。

我们通常会通过直接 ping IP 地址,来测试网络的连通情况。如果返回信息正确,就可排除网卡、传输介质和路由器等存在的故障,减小故障范围。

ping 检测网络故障的典型次序:

(1)ping 127.0.0.1;

(2)ping 本机 IP;

(3)ping 局域网内其他主机的 IP;

(4)ping 网关 IP;

(5)ping 远程 IP;

(6)ping localhost;

(7)ping www.xyz.com。

注意:如果步骤(1)~(7)都正常,说明本机的本地和远程通信的功能正常。

2. ping 命令格式

ping [-t] [-a] [-n count] [-l size] [-f] [-i TTL] [-v TOS] [-r count] [-s count] [[-j host-list] | [-k host-list]] [-w timeout] [-R] [-S srcaddr] [-c compartment] [-P] [-4] [-6] target_name

使用 ping /? 可以查看 ping 的所有参数选项列表,如图 1.4.1 所示。

常用参数包括-t、-n、-l、-r。

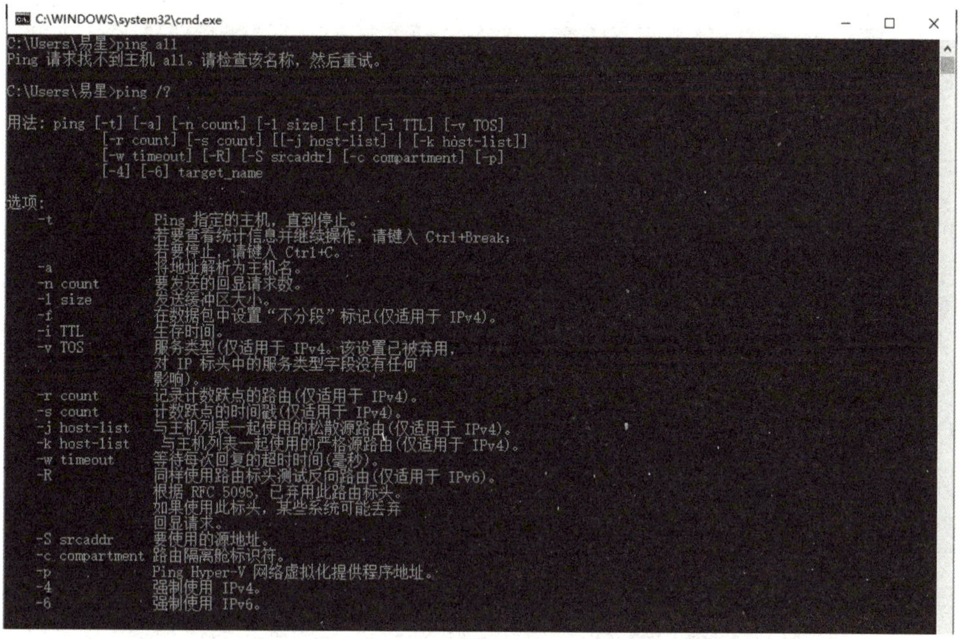

图 1.4.1 使用 ping /? 查看所有参数选项

3. ping 命令案例

例 1 ping 127.0.0.1，对本主机进行 ping 操作，确定本地主机是否能与另一台主机成功交换（发送与接收）数据包，并根据返回的结果判断主机的连通性。如图 1.4.2 所示。

图 1.4.2 使用 ping 查看主机

例 2 ping -r 9 119.75.213.62，返回"请求超时"，表示 ping 不通，说明网络有故障。如图 1.4.3 所示。有时网络虽然是连通的，但目标端主机安装了防火墙（设置 ping 包不通行），会造成 ping 包丢失或网络不通的假象。

例 3 ping www.baidu.com，返回"字节＝32 时间＝2 ms TTL＝51"，共发送了 4 个包，返回了 4 个包，丢失 0 个包，数据包大小 32 个字节。如图 1.4.4 所示。

智能交通网络**构建与管理**

图 1.4.3　ping 命令请求超时

图 1.4.4　ping 通主机返回数据

字节＝32 指的是 icmp 数据包的大小。

时间＝2 ms 指的是数据包发送至收到返回包所经过的时间，也就是延迟。

TTL＝51 指生存周期（TTL）值，每个操作系统都有其默认的 TTL 值。

在网络中每经过一跳路由（路由器或三层交换机）都会使得 TTL 值减 1，数据包在网络上的最大的存活距离为 16 跳，超过 16 跳该数据包将被丢弃。

通过 TTL 值可以推算数据包经过了多少个路由器。源节点 TTL 起始值是一个比返回 TTL 值略大的一个 2 的乘方数（如 64、128、256 等），它与返回时的 TTL 值之间的差即为经过的路由器数。

拓展知识

1.4.2　ipconfig 命令

ipconfig 命令用于检查 TCP/IP 配置是否正确，以及查看本机 IP 地址、子网掩码和默认网关信息。

1. ipconfig 命令格式

ipconfig [/allcompartments] [/? | /参数]

2. ipconfig /all

显示所有接口的详细信息,包括主机名、物理地址、使用 WINS 和 DNS 服务器解析名等。如果 IP 地址动态获取,将显示 DHCP 服务器的 IP 地址和租用地址失效的日期,如图 1.4.5 所示。

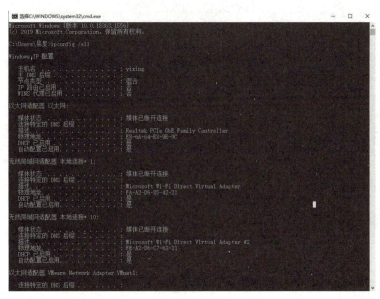

图 1.4.5　显示所有接口的详细信息

3. ipconfig /renew

使用 DHCP 服务器获得配置时,可使用 /renew 参数刷新配置,重新获得 IP 地址等配置值,如图 1.4.6 所示。

图 1.4.6　重新获得 IP 地址

4. ipconfig /release

立即释放主机的当前 DHCP 配置，将所有获得的地址交付给 DHCP 服务器。/renew 参数将重新与 DHCP 服务器联系，并租用一个新的 IP 地址，如图 1.4.7 所示。

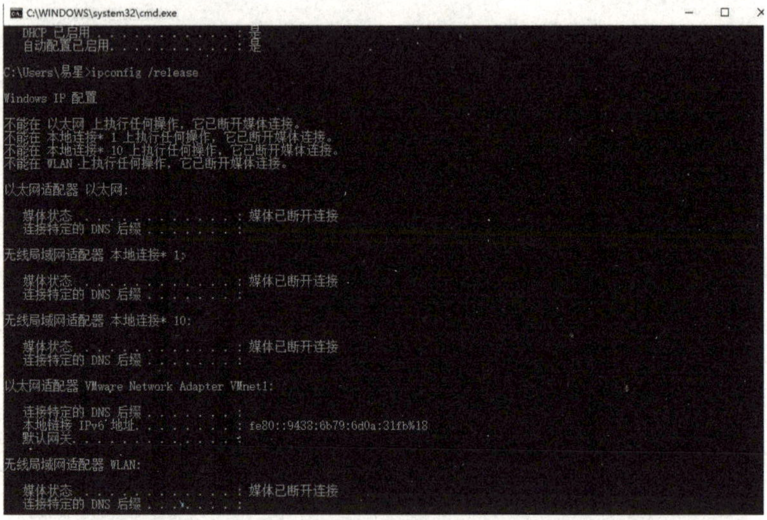

图 1.4.7　立即释放主机的当前 DHCP 配置

5. ipconfig /flushdns

删除本机上的 DNS 域名解析列表。

6. ipconfig /displaydns

显示本机的 DNS 域名解析列表。

1.4.3　netstat 命令

netstat 用于查看本机当前 TCP/IP 网络的连接状况，还可以显示 IP、TCP、UDP 和 ICMP 等协议相关的统计数据，检查出错原因。

1. netstat 命令格式

netstat [-a] [-b] [-e] [-f] [-i] [-n] [-o] [-p proto] [-r] [-s] [-t] [-x] [-y] [interval]

2. netstat 命令参数

（1）-a。显示所有连接和侦听端口。

（2）-e。显示以太网统计信息。

（3）-n。以数字形式显示地址和端口号。

（4）-s。显示每个协议的统计信息。

（5）-p proto。显示 proto 指定的协议的连接。

（6）-r。显示路由表的内容。

（7）interval。重新显示所选的统计信息。

例 4 查看本机当前 TCP/IP 网络的连接状况，如图 1.4.8 所示。

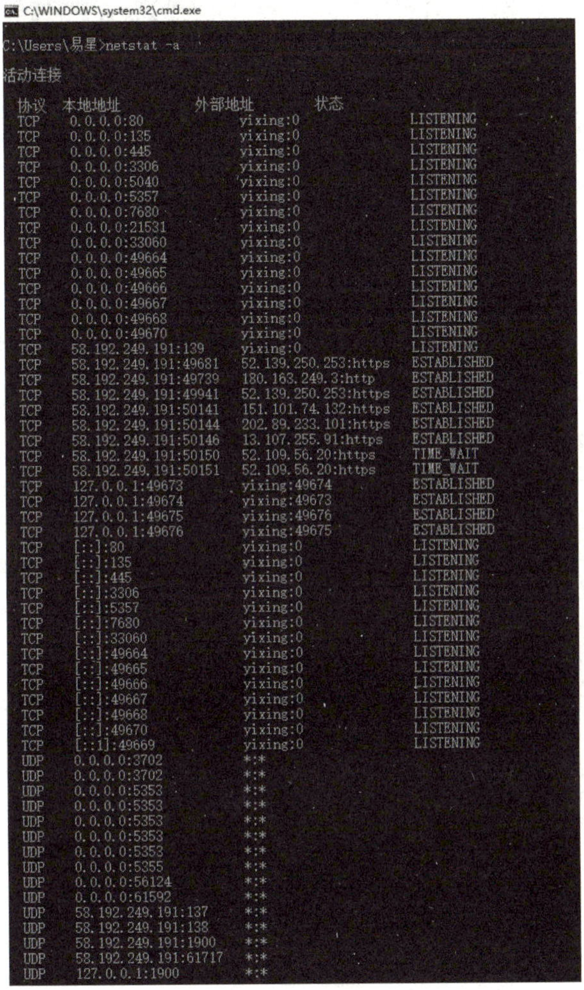

图 1.4.8　netstat 用于查看本机当前 TCP/IP 网络的连接状况

1.4.4　arp 命令

arp 命令能显示和修改 IP 地址映射的物理地址，查找同一物理网络上其他主机的 MAC 地址，也可以查看另一台计算机的地址映射表。

arp 采用了缓存技术，缓存中存放最近查找过的 IP 到 MAC 的地址映射表，以达到快速寻址的目的。arp 高速缓存中的地址映射是动态的，当发送一个指定地点的数据报而高速缓存中不存在当前映射关系时，arp 会自动添加。

arp 命令也可以用人工方式输入静态的 IP 到 MAC 的地址映射。

1. arp 命令格式

arp -s inet_addr eth_addr [if_addr]

arp -d inet_addr [if_addr]

arp -a [inet_addr] [-N if_addr]

2. arp 命令参数

(1)-a。查看高速缓存中的所有地址映射。

(2)-d。删除主机中一个由 inet_addr 指定的静态地址映射，inet_addr 可以是 *，表示所有主机。

(3)-s。向 arp 高速缓存中添加一个静态地址映射，该地址映射在计算机引导过程中将保持有效状态。或者在出现错误时，人工配置的物理地址将自动更新该地址映射。

例 5 显示 IP 地址映射物理地址的状况，如图 1.4.9 所示。

图 1.4.9　arp 命令显示 IP 地址映射的物理地址

实训项目

网络连通性测试

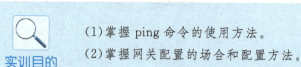

(1)掌握 ping 命令的使用方法。
(2)掌握网关配置的场合和配置方法。

实训目的

操作步骤

(1)打开 Packet Tracer 软件，点击 File 菜单 Open 按钮，打开文件 1-4.pka(如图 1.4.10 所示)，参照操作步骤进行实训。

(2)点击 PC0，单击 desktop，打开 IP Configuration 窗口，将 IP 地址设置为

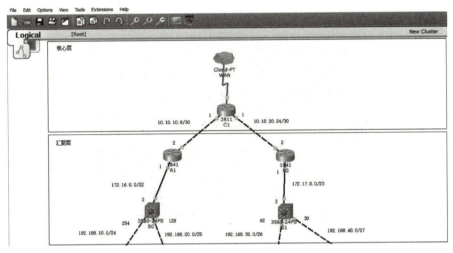

图 1.4.10 打开 1-4.pka 文件

192.168.10.1,掩码设置为 255.255.255.0,如图 1.4.11 所示,关闭 IP Configuration 窗口。

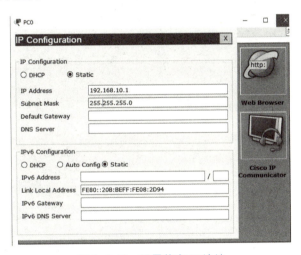

图 1.4.11 配置静态 IP 地址

(3)测试 PC0 与三层交换机 S0 的连通性。

①从 PC0 端 ping 三层交换机 SW0。

打开 Command Prompt 窗口,以英文方式输入:

PC>ping 192.168.10.254

回显如图 1.4.12 所示。

回显中"Reply from 192.168.10.254:bytes=32 time=0 ms TTL=255"的含义是:收到来自 192.168.10.254 的返回包,32B,耗时 0ms,生存时间为 255。

Packets:Sent = 4, Received = 4, Lost = 0 (0% loss)的含义是:发出 4 个包,

图 1.4.12　ping 命令的回显

接收 4 个包，丢失 0 个包，丢失 0%。

以上回显，表示 ping 通。

思考：192.168.10.254 是哪个地址？

②从三层交换机 SW0 端 ping PC0。

单击三层交换机 S0，点击 CLI 进入命令行窗口。

S0＞en

S0＃ping 192.168.10.1

如图 1.4.13 所示。

图 1.4.13　网络设备上运行 ping 命令

回显中"!!!!!"表示 5 个包都成功了。

注意："!"表示成功，"."表示超时，"U"表示目的地不可达。

回显中"Sending 5，100-byte ICMP Echos to 192.168.10.1，timeout is 2 seconds："表示发送了 5 个包，100 个字节的 ICMP Echos 报文，发往 192.168.10.1，超时时间定为 2s(若 2s 未收到返回包 ICMP Echo-reply 报文，表示超时)。

(4)测试 Laptop0 与 PC0 和 S0 的连通性。

打开 PC0 的 Command Prompt 窗口，以英文方式输入：

PC＞ping 192.168.10.2

如图 1.4.14 所示。

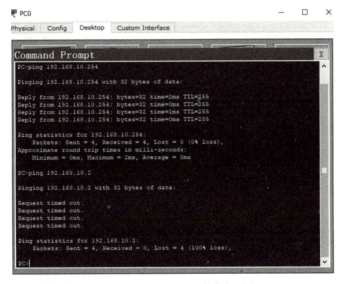

图 1.4.14　电脑中 ping 命令超时显示

回显中"Request timed out."表示超时。

单击三层交换机 S0，点击 CLI 进入命令行窗口。

S0＞en

S0♯ping 192.168.10.2

回显如图 1.4.15 所示。

回显中"....."表示 5 个包均超时，Success rate is 0 percent (0/5)表示成功率为 0%。

PC0 和交换机 S0，ping Laptop0 均失败的原因是 Laptop0 未设置 IP 地址。

(5)点击 Laptop0，单击 desktop，打开 IP Configuration 窗口，将 IP 地址设置为 192.168.10.2，掩码设置为 255.255.255.0，网关设置为 192.168.10.254，如图 1.4.16所示，关闭 IP Configuration 窗口。

智能交通网络**构建与管理**

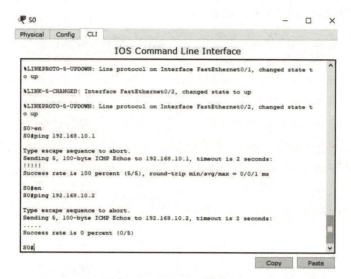

图 1.4.15　网络设备中 ping 超时

图 1.4.16　网关配置

(6) 点击 PC0，单击 desktop，打开 Command Prompt 窗口，以英文方式输入：

　　PC＞ping 192.168.10.2

查看运行结果。

(7) 在 PC0 继续输入：

　　PC＞ping 192.168.20.126

观察该 IP 地址所在的位置，查看结果，分析 ping 不通的原因。

(8) 点击 PC0，单击 desktop，打开 IP Configuration 窗口，将 Default Gateway 设

・88・

置为 192.168.10.254；再在 Command Prompt 窗口输入：

　　PC>ping 192.168.20.126

查看结果，分析网关的作用。

> 注意：电脑和二层交换机上配置网关(gateway)，其作用是指明若要访问本网络之外的地址，需要经由哪个地址离开本网络，相当于路由配置的下一跳地址。

(9)将 Server0 的 IP 地址设置为 192.168.20.1，掩码设置为 255.255.255.128。

(10)在 PC0 上运行：

　　PC>ping 192.168.20.1

查看结果，分析 ping 不通的原因。

(11)将 Server0 的网关设置为 192.168.20.126。思考为何是这个 IP 地址。

　　再在 PC0 上运行：

　　PC>ping 192.168.20.1

查看结果。

ping 命令的执行由两部分组成：第一部分是源端发往目的端的 ICMP Echo 报文；第二部分是目的端收到该报文后，向源端回送的 ICMP Echo-reply 报文。

本案例中，当 PC0 配置了 IP 地址、掩码和网关，而 Server0 仅配置了 IP 地址和掩码，Server0 收到 ICMP Echo 报文后，向 PC0 回送 ICMP Echo-reply 报文时，因缺少网关，无法获得离开本网络的 IP 地址，导致回送报文失败。

(12)如图 1.4.17 所示，将 Printer0 的 IP 地址设置为 192.168.20.2，掩码设置为 255.255.255.128，网关设置为 192.168.20.126，尝试在 Laptop0 上 ping 设备 Printer0 的 IP 地址。

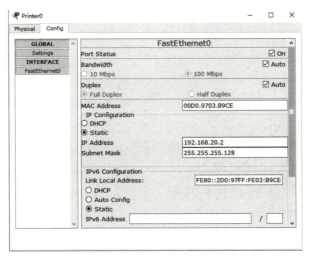

图 1.4.17　配置 Printer0 的 IP 地址

(13) 在 PC1 上配置 IP 地址为 192.168.30.1，掩码为 255.255.255.192，网关为 192.168.30.62。

(14) 在 WR0 的 Internet 接口上，将 IP 地址获取方式设为 Static，配置 IP 地址为 192.168.40.1，掩码设置为 255.255.255.224，网关设置为 192.168.40.30，如图 1.4.18 所示。

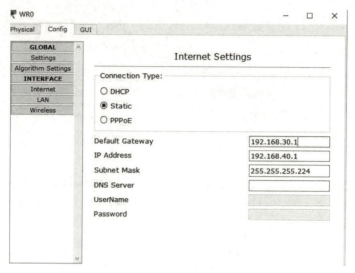

图 1.4.18　无线路由器配置外网地址

(15) 查看 Tablet PC0 的 IP 地址，并在 Tablet PC0 上 ping 电脑 PC1：

PC＞ping 192.168.30.1

(16) 从 PC1 ping Tablet PC0。

若 Tablet PC0 的 IP 地址为 192.168.0.100，在 Tablet PC0 的 Command Prompt 窗口输入：

PC＞ping 192.168.0.100

Pinging 192.168.0.100 with 32 bytes of data：

Reply from 192.168.30.62：Destination host unreachable.

Reply from 192.168.30.62：Destination host unreachable.

Reply from 192.168.30.62：Destination host unreachable.

Reply from 192.168.30.62：Destination host unreachable.

Ping statistics for 192.168.0.100：

　　Packets：Sent ＝ 4，Received ＝ 0，Lost ＝ 4 (100％ loss)，

回显中"Reply from 192.168.30.62：Destination host unreachable."表示：从 192.168.30.62 返回的消息，目的主机不可达。

> 注意：返回消息的地址 192.168.30.62 是 PC1 的网关(交换机 S1)地址。

说明交换机 S1 没有通往 192.168.0.0/24 网络的路由。

本例中，WR0 为无线路由器，采用 NAT 技术连接 192.168.0.0/24 网段与 192.168.40.0/27 网段，将 192.168.0.0/24 网段视作内网，将 192.168.40.0/27 网段视作外网。使用 NAT 技术后，内网能 ping 通外网，而外网无法直接 ping 内网，因此，对内网地址具有隐藏和保护的作用。

(17)打开"PT Activity"(PT 活动窗口)点击窗口下方"Check Results"(检验结果)按钮，点击"Assessment Items"(评价项目)，可以查看当前实训结果是否完成，如图 1.4.19 所示。

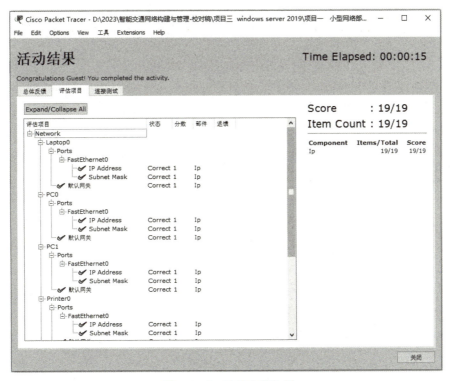

图 1.4.19　检验实训结果

实训总结

任务评价

1.4 任务四　网络连通性测试

课后任务单

| 学号： | 姓名： | 日期： |

问题1：简述 ping 出现超时的可能原因及解决方案。

问题2：简述 ping 出现目的地不可达的可能原因及解决方案。

问题3：简述电脑和网络设备运行 ping 命令的区别。

任务评价

评价考核					
序号	评价项目	自我评价	互相评价	教师评价	综合评价
1	是否预习				
2	引导问题				
3	团队协同				
4	实训任务				
5	课后问题				

注：评价统一采用 A(优)、B(良)、C(合格)、D(尚需努力)四个等级。

智能交通网络**构建与管理**

1.5 任务五　静态路由配置

课前学习任务单

| 学号： | 姓名： | 日期： |

学习目标

1. 掌握路由器工作原理；
2. 掌握静态路由配置方法；
3. 掌握默认路由配置方法；
4. 掌握路由表查询方法。

引导问题

1. 简述路由器转发数据包的依据。

2. 简述路由表的作用及构成。

3. 简述静态路由和动态路由的区别。

任务评价

项目一
智能场站局域网部署

 **相关知识**

1.5.1 路由器简介

路由器(router)是属于网络层的一种互连设备,用于连接逻辑上分开的多个网络。所谓逻辑网络是指一个单独的网络或者一个子网。一般说来,异种网络互连与多个子网互连都应采用路由器来完成。路由器只接收源站和其他路由器的信息,它不关心各子网使用的硬件设备,但要求运行与网络层协议相一致的软件。

1. 路由器的功能

路由器能在多网络互连环境中,建立灵活的连接,使用完全不同的数据分组和介质访问方法连接各种子网,从而完成不同子网之间的数据传递。具体功能包括:

(1)实现 IP、TCP、UDP、ICMP 等网络的互连。
(2)对数据进行处理。如分组、过滤、复用、加密、压缩及防护墙等。
(3)依据路由表的信息,对数据包下一传输目的地进行选择。
(4)进行外部网关协议和其他自治域之间拓扑信息的交换。
(5)实现网络管理和系统支持功能。

事实上,路由器除了数据传递这一功能外,还具有网络流量控制功能。

2. 路由器的原理

路由器的主要工作就是为经过路由器的每个数据帧寻找一条最佳传输路径,并将该数据有效地传送到目的站点。为了完成这项工作,路由器在路由表(routing table)中保存了各种传输路径的相关数据,包括子网的标志信息、网上路由器的个数和下一个路由器的名字等内容,供路由选择时使用。

路由表可以是由系统管理员固定设置好的,也可以由系统动态修改,动态修改路由表有路由器自动调整和主机控制两种方式。由系统管理员事先设置好的固定的路由表称为静态(static)路由表,一般是在系统安装时就根据网络的配置情况预先设定好,不随未来网络结构的改变而改变;路由器可以根据网络系统的运行情况而自动调整的路由表被称为动态(dynamic)路由表,表中是路由器根据路由选择协议(routing protocol)提供的功能,自动学习和记忆网络运行情况,在需要时自动计算出的数据传输的最佳路径。

选择最佳路径的策略即路由算法是路由器的关键所在,路由匹配目的 IP 时遵循子网掩码最长匹配原则:当路由表中有多条条目可以匹配目的 IP 时,一般就采用掩码最长的一条作为匹配项并确定下一跳,通俗来讲就是以范围更小更"精确"的匹配项作为下一跳;当路由表中没有条目可以匹配目的 IP 时则丢弃该数据。

下面我们通过一个例子来说明路由器的工作原理。

95

例1 工作站 A 需要向工作站 B 传送信息(假设工作站 B 的 IP 地址为 192.168.0.5),它们之间需要通过多个路由器的接力传递,路由器的分布如图 1.5.1 所示。

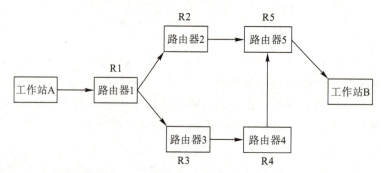

图 1.5.1　工作站 A、B 之间的路由器分布

其工作原理如下:

(1)工作站 A 将工作站 B 的地址 192.168.0.5 连同数据信息以数据帧的形式发送给路由器 1。

(2)路由器 1 收到工作站 A 的数据帧后,先从报头中取出地址 192.168.0.5,并根据路由表计算出发往工作站 B 的最佳路径:R1—R2—R5—B。并将数据帧发往路由器 2。

(3)路由器 2 重复路由器 1 的工作,并将数据帧转发给路由器 5。

(4)路由器 5 同样取出目的地址,发现 192.168.0.5 就在该路由器所连接的网段上,于是将该数据帧直接交给工作站 B。

(5)工作站 B 收到工作站 A 的数据帧,一次通信过程宣告结束。

3. 路由器的分类

(1)按功能可以划分为:骨干级路由器、企业级路由器和接入级路由器。骨干级路由器数据吞吐量较大且重要,是企业级网络实现互连的关键;企业级路由器数据流量较小且简单,连接对象是许多终端系统。

(2)按结构可以划分为:模块化和非模块化路由器。模块化路由器可以实现路由器的灵活配置,适应企业的业务需求;非模块化路由器只能提供固定单一的端口。通常情况下,高端路由器是模块化结构的,低端路由器是非模块化结构的。

(3)按所处的网络位置可以划分为:边界路由器和中间节点路由器。

(4)按所处的空间位置可以划分为:本地路由器和远程路由器。

(5)按支持协议类型可以划分为:单协议路由器和多协议路由器。

大部分路由器可以支持多种协议的传输,但也有路由器仅支持单一协议。由于每种协议都有自己的规则,要在一个路由器中完成多种协议的算法,势必会降低路由器的性能。因此,人们通常认为,支持多协议的路由器性能相对较低。近年来还出现了交换路由器产品,从本质上来说它不是什么新技术,而是为了提高通信能力,把交换机的原理组合到了路由器中,使数据传输更快、更好。用户购买路由器时,根据自己的实际情况选择支持自己需要的网络协议的路由器即可。

4. 路由器的优缺点

(1)优点:

- 适用于大规模的网络。
- 可以采用复杂的网络拓扑结构,实现负载共享和最优路径。
- 能更好地处理多媒体。
- 安全性高。
- 隔离不需要的通信量。
- 节省局域网的频宽。
- 减少主机负担。

(2)缺点:

- 不支持非路由协议。
- 安装复杂。
- 价格高。

1.5.2 静态路由的基本配置

路由器根据路由表信息转发数据包。路由表中保存了各种路由协议发现的路由条目,根据来源不同,通常分为以下三类路由:

直连路由:链路层协议发现的路由,也称为接口路由,与路由器直连的网络号直接进入路由表。

静态路由:网络管理员手工配置的路由。

动态路由:通过一种或多种动态路由协议自动获取的路由。

1. 路由表内容

在特权模式使用 show ip route 可以显示路由表的摘要信息,例如:

Route#show ip route

Codes: C-connected, S-static, R-RIP, O-OSPF, IA-OSPF inter area, E1-OSPF external type 1, E2-OSPF external type 2, * -candidate default

Gateway of last resort is 10.5.5.5 to network 0.0.0.0

  172.16.0.0/24 is subnetted, 1 subnets

C 172.16.11.0 is directly connected,serial1/2

O E2 172.22.0.0/16 {110/20} via 10.3.3.3,01:03:01,Serial1/2

S * 0.0.0.0/0 {1/0} via 10.5.5.5

这里的路由条目"C 172.16.11.0 is directly connected,serial1/2"中,"C"表示该路

由是直连路由，网络 172.16.11.0 通过串口 Serial1/2 与该路由器直连。

路由条目"O E2 172.22.0.0/16［110/20］via 10.3.3.3, 01∶03∶01, Serial1/2"中，"O E2"表示该路由是由 OSPF 路由协议从外部路由协议类型 2 引入；"172.22.0.0/16"表示目标网络号及其子网掩码；"［110/20］"中的数字"110"是管理距离，用来表示路由的可信度，数字"20"是路径开销度量值，用来表示路由的可到达性；"via 13.3.3.3"表示下一跳 IP 地址；"01∶03∶01"表示路由的存活时间，格式是"时∶分∶秒"；"Serial1/2"是该路由器的转发接口。

路由条目"S＊ 0.0.0.0/0［1/0］via 10.5.5.5"中，"S＊"表示该路由是默认路由，"0.0.0.0/0"表示上述路由表中没有的目标网络号都将按此路径转发，"［1/0］"中的数字"1"表示管理距离，数字"0"表示路径开销度量值，"via 10.5.5.5"表示下一跳的 IP 地址。

2. 静态路由

静态路由是指由网络管理员手工配置的路由信息。当网络的拓扑结构或链路状态发生变化时，网络管理员需要手工修改路由表中相关的静态路由信息。静态路由信息在默认情况下是私有的，不会传递给其他的路由器。当然，网络管理员也可以通过对路由器进行设置使之成为共享的。静态路由一般适用于比较简单的网络环境，在这样的环境中，网络管理员易于清楚地了解网络的拓扑结构，便于设置正确的路由信息。

在一个支持 DDR(dialom-demand routing)的网络中，拨号链路只在需要时才拨通，因此不能为动态路由信息表提供路由信息的变更情况。在这种情况下，网络也适合使用静态路由。

使用静态路由的另一个好处是网络安全保密性高。动态路由需要路由器之间频繁地交换各自的路由表，而对路由表的分析可以获取网络的拓扑结构和网络地址等信息，因此出于网络安全方面的考虑也可以采用静态路由。

大型和复杂的网络环境通常不宜采用静态路由的原因是：一方面，网络管理员难以全面地了解整个网络的拓扑结构；另一方面，当网络的拓扑结构和链路状态发生变化时，路由器中的静态路由信息需要大范围调整，这一工作的难度和复杂程度非常高。

配置静态路由命令格式如下：

路由器名(config)#ip route 目的网络 子网掩码 出口端口号｜下一跳 IP 地址

3. 动态路由

动态路由是指网络中的路由器之间相互通信，传递路由信息，利用收到的路由信息更新路由表的过程。而这些路由信息是在一定时间间隙里不断更新，以适应不断变化的网络，随时获得最优的路由效果。动态路由是基于某种路由协议来实现的。常见的路由协议类型有：距离向量路由协议（如 RIP）和链路状态路由协议（如 OSPF），路由协议定义了路由器在与其他路由器通信时的一些规则。动态路由协议一般都有路由算法。这些路由选择算法通常包含以下步骤：

(1)向其他路由器传递路由信息。

(2)接收其他路由器的路由信息。

(3)根据收到的路由信息计算出到每个目的网络的最优路径，并由此生成路由选择表。

(4)根据网络拓扑的变化及时做出反应，调整路由生成新的路由选择表，同时把拓扑变化以路由信息的形式向其他路由器宣告。

动态路由适用于网络规模大，拓扑复杂的网络，其特点如下：

(1)无须管理员手工维护，减轻了管理员的工作负担。

(2)占用了网络带宽。

(3)在路由器上运行路由协议，使路由器可以自动根据网络拓扑结构的变化调整路由条目。

4. 默认路由

默认路由(default route)指的是路由表中未直接列出目标网络时的路由选择项，它用于目标网络没有明确匹配的情况下指示数据包下一跳的方向。路由器如果配置了默认路由，则所有未明确指明目标网络的数据包都按照默认路由进行转发。如果没有默认路由，那目的地址在路由表中没有匹配项的数据包将被丢弃。默认路由在某些时候非常有效，当存在末端网络时，默认路由会大大简化路由器的配置，减轻管理员的工作负担，提高网络性能。

默认路由一般使用在存根网络中(又称为末端网络)，存根网络通常是只有一条出口路径的网络。通常使用默认路由发送那些目标网络没有包含在路由表中的数据包。一些组织的路由器会把默认路由连接到网络服务提供商。这样，目的地为该组织的局域网以外的数据包都会被该路由器转发到该网络服务提供商，从而接入因特网。

配置默认路由命令格式如下：

路由器名(config)#ip route 0.0.0.0 0.0.0.0 出口端口号｜下一跳 IP 地址

5. 浮动静态路由

浮动静态路由(floating static route)是指对同一个目的网络，配置下一跳不同，且优先级不同的多条静态路由。浮动静态路由是一种特殊的静态路由，通过配置一个比主路由的管理距离更大的静态路由，在网络中主路由失效的情况下，提供备份路由。但在主路由存在的情况下它不会出现在路由表中。

如图1.5.2所示，路由器 A 去往路由器 D 的网络 10.1.6.0 有两条路径，其首选的路径是RouterB-Router D，为保证链路的可用性，设计了一条备份链路，在主链路断开时，可以从备份链路路由器 D 转发数据，当主链路恢复正常后，仍然使用主链路转发数据。

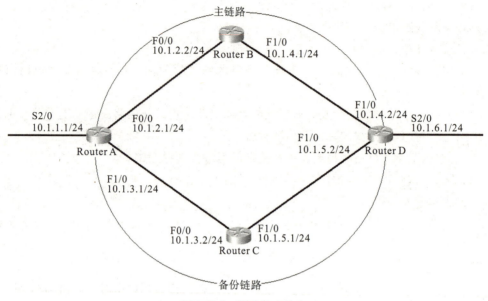

图 1.5.2　浮动静态路由

在路由器 A 配置静态路由和浮动静态路由如下：
RouterA(config)#ip route 10.1.4.0 255.255.255.0 10.1.2.2
RouterA(config)#ip route 10.1.5.0 255.255.255.0 10.1.3.2
RouterA(config)#ip route 10.1.6.0 255.255.255.0 10.1.2.2
RouterA(config)#ip route 10.1.6.0 255.255.255.0 10.1.3.2 30

从上述路由器 A 的静态路由配置命令里可以看的出，从备份链路去往网络 10.1.6.0 的静态路由后面跟了这"30"个数字，这个数字指明了管理距离。管理距离是一种优先级度量，当存在两条路径到达相同的网络时，路由器将选择管理距离较低的路径。度量指明了路径的优先级，而管理距离指明了发现路由方式的优先级。

例如，指向下一跳 IP 地址的静态路由管理距离是 1，而指向本地出站接口的静态管理距离是 0，如果有两条静态路由指向相同的目标网络，一条指向下一跳 IP 地址，一条指向本地出站接口，那么后一条路由因管理距离值较低将被选中作为到达目的地的路由。

在路由器 A 的静态路由配置里，将经由网络 10.1.3.0 的静态路由管理距离提高到 30，可以使经由网络 10.1.2.0 的静态路由成为首选路由。

6. 案例讲解

如图 1.5.3 所示，由 5 台路由器和两台电脑构成的网络，配套教学案例为 1-5-1.pka。连线以及 IP 地址如表 1.5.1 所示。

项目一 智能场站局域网部署

表 1.5.1 案例初始连线及 IP 地址表

设备端口	IP 地址	连接端口	IP 地址
PC0	172.16.1.1/24	R0，FA0/0	172.16.1.2/24
R0，FA0/1	192.168.1.1/30	R1，FA0/0	192.168.1.2/30
R1，FA0/1	192.168.2.1/30	R2，FA0/0	192.168.2.2/30
R2，FA0/1	192.168.3.1/30	R2，FA0/0	192.168.3.2/30
R3，FA0/1	172.16.2.1/24	PC1	172.16.2.2/24

配置要求：
(1)将各路由器的主机名修改至与显示名相同；
(2)按上表连线并配置 IP 地址，PC 机要配置网关；
(3)进入 PC 机尝试 ping 各端口，查看 ping 的结果；
(4)进入路由器 ping 相邻路由器或计算机，查看 ping 的结果。

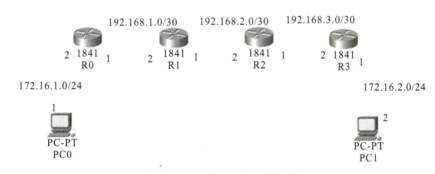

图 1.5.3 静态路由配置案例

配置如下：
(1)将 PC0 的 IP 地址配置为 172.16.1.1，掩码配置为 255.255.255.0，网关配置为 172.16.1.2；PC1 的 IP 地址配置为 172.16.2.2，掩码配置为 255.255.255.0，网关配置为 172.16.2.1。
(2)配置 R0、R1、R2、R3 的名称和 IP 地址。
打开 R0 的 CLI：
Router＞en
Router＃conf t
Router(config)＃host R0
R0(config)＃int f0/0
R0(config-if)＃ip add 172.16.1.2 255.255.255.0
R0(config-if)＃no shut

R0(config-if)#int f0/1

R0(config-if)#ip add 192.168.1.1 255.255.255.252

R0(config-if)#no shut

打开 R1 的 CLI：

Router>en

Router#conf t

Router(config)#host R1

R1(config)#int f0/0

R1(config-if)#ip add 192.168.1.2 255.255.255.252

R1(config-if)#no shut

R1(config-if)#int f0/1

R1(config-if)#ip add 192.168.2.1 255.255.255.252

R1(config-if)#no shut

打开 R2 的 CLI：

Router>en

Router#conf t

Router(config)#host R2

R2(config)#int f0/0

R2(config-if)#ip ad 192.168.2.2 255.255.255.252

R2(config-if)#no shut

R2(config-if)#int f0/1

R2(config-if)#ip ad 192.168.3.1 255.255.255.252

R2(config-if)#no shut

打开 R3 的 CLI：

Router>en

Router#conf t

Router(config)#host R3

R3(config)#int f0/0

R3(config-if)#ip ad 192.168.3.2 255.255.255.252

R3(config-if)#no shut

R3(config-if)#int f0/1

R3(config-if)#ip ad 172.16.2.1 255.255.255.0

R3(config-if)#no shut

(3)配置各路由器的静态路由。

打开 R0 的 CLI：

R0＞en

R0#conf t

R0(config)#ip route 192.168.2.0 255.255.255.252 192.168.1.2

R0(config)#ip route 192.168.2.0 255.255.255.252 FastEthernet0/1

R0(config)#ip route 192.168.3.0 255.255.255.252 192.168.1.2

R0(config)#ip route 192.168.3.0 255.255.255.252 FastEthernet0/1

R0(config)#ip route 172.16.2.0 255.255.255.0 192.168.1.2

R0(config)#ip route 172.16.2.0 255.255.255.0 FastEthernet0/1

打开 R1 的 CLI：

R1＞en

R1#conf t

R1(config)#ip route 172.16.1.0 255.255.255.0 192.168.1.1

R1(config)#ip route 172.16.1.0 255.255.255.0 FastEthernet0/0

R1(config)#ip route 172.16.2.0 255.255.255.0 192.168.2.2

R1(config)#ip route 172.16.2.0 255.255.255.0 FastEthernet0/0

R1(config)#ip route 192.168.3.0 255.255.255.252 192.168.2.2

R1(config)#ip route 192.168.3.0 255.255.255.252 FastEthernet0/1

打开 R2 的 CLI：

R2＞en

R2#conf t

R2(config)#ip route 172.16.1.0 255.255.255.0 FastEthernet0/0

R2(config)#ip route 172.16.1.0 255.255.255.0 192.168.2.1

R2(config)#ip route 172.16.2.0 255.255.255.0 192.168.3.2

R2(config)#ip route 172.16.2.0 255.255.255.0 FastEthernet0/1

R2(config)#ip route 192.168.1.0 255.255.255.252 FastEthernet0/0

R2(config)#ip route 192.168.1.0 255.255.255.252 192.168.2.1

打开 R3 的 CLI：

R3＞en

R3#conf t

R3(config)#ip route 172.16.1.0 255.255.255.0 FastEthernet0/0

R3(config)#ip route 172.16.1.0 255.255.255.0 192.168.3.1

R3(config)#ip route 192.168.1.0 255.255.255.252 FastEthernet0/0

R3(config)#ip route 192.168.1.0 255.255.255.252 192.168.3.1

R3(config)#ip route 192.168.2.0 255.255.255.252 FastEthernet0/0

R3(config)#ip route 192.168.2.0 255.255.255.252 192.168.3.1

(4)配置 R0 和 R3 的默认路由。

对于 R0 和 R3 来说，所有的非直连网络出口方向均一致，所以直接配置默认路由即可。

打开 R0 的 CLI：

R0＞en

R0＃conf t

R0(config)＃ip route 0.0.0.0 0.0.0.0 FastEthernet0/1

R0(config)＃ip route 0.0.0.0 0.0.0.0 192.168.1.2

打开 R3 的 CLI：

R3＞en

R3＃conf t

R3(config)＃ip route 0.0.0.0 0.0.0.0 192.168.3.1

R3(config)＃ip route 0.0.0.0 0.0.0.0 FastEthernet0/0

(5)查看路由表。

查看 R0 的路由表，打开 R0 的 CLI：

R0＞en

R0＃show ip route

查看并分析 R0 路由表。

以同样方法查看其余路由器的路由表。

(6)测试网络连通性。

在 PC0、PC1 和各路由器上 ping 其余设备，如果配置正确，应该都能 ping 通。

7. 操作要领

(1)在网络中，路由设备配置静态路由时，必须配置所有不与该设备直连的网段路径。可以在全局模式使用下列命令配置静态路由：

Router(config)＃ip route 目标网络号 目标子网掩码 ｛转发接口识别号｜下一跳 IP 地址｝

这里的目标网络号是指不与该路由设备直连的网段号，目标子网掩码是指该目标网段的子网掩码。静态路由描述转发路径的方式有两种，一种是指向本地接口，即从路由器本地转发出去的接口识别号，另一种是指向下一跳路由器直连接口的 IP 地址。

(2)默认路由是特殊的静态路由，是指在路由表中没有的路由条目按照默认路由指定的路径转发。配置默认路由，可以在全局模式下使用下列命令配置：

Router(config)＃ip route 0.0.0.0 0.0.0.0 ｛转发接口识别号｜下一跳 IP 地址｝

这里只是把目标网络号和目标子网掩码改成 0.0.0.0 和 0.0.0.0，默认路由一般只存在于末端网络中。

(3)当网络出现路由故障时，应该用 ping 命令，由近及远，逐点测试网络连通性。首先检查能否 ping 通自己的网关，再逐点向远处排查。

(4)通过分析网络中每台路由设备的路由表来确定网络设备配置的完整性。

(5)如果两台路由器通过串行口互连,则必须选定其中一台为 DCE 端,并在其串行口配置同步通信时钟。

(6)网络中的路由设备只处理数据包在本设备向目的地转发的最佳路径,转交给下一跳路由设备,一级一级转发,最终到达目的主机。

 实训项目

静态路由配置

实训目的

(1)掌握静态路由配置方法。
(2)掌握默认路由配置方法。
(3)掌握路由表查询方法。

视频

任务1-5 静态路由配置实训

操作步骤

(1)打开 Packet Tracer 软件,点击 File 菜单 Open 按钮,打开文件"1-5.pka",如图 1.5.4 所示,参照操作步骤完成实验。单击 Intranet,进入企业内网,查看当前网络情况,可知企业网内有 9 个子网,其网络地址如图所示,对于每个路由器和三层交换机而言,直连的网络不需要进行静态路由配置,非直连的网络均需要进行静态路由配置。

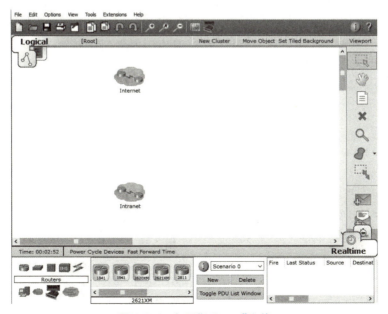

图 1.5.4 打开"1-5.pka"文件

(2)点击菜单 Options，选择 Preference，或者直接按 CTRL＋R，在 Interface 选项卡中勾选 Always Show Port Labels，显示当前端口连接情况，如显示内容过多，可取消其余选项的勾选。

(3)配置路由器 C1 的静态路由。

①点击 C1 路由器，单击标签 CLI，按回车进入用户执行模式。

C1>

(仔细体会出口端口和下一跳地址的配置)

输入 enable 进入特权模式。

C1>en

②查看路由器 C1 当前的路由表。

思科网络设备中，查看命令均在特权模式中运行，可通过 show ? 查看有哪些查询命令。

C1#show ?

按空格键翻页。

输入 show ip route 查看路由表。

C1#show ip route

Codes: C-connected, S-static, I-IGRP, R-RIP, M-mobile, B-BGP
　　　 D-EIGRP, EX-EIGRP external, O-OSPF, IA-OSPF inter area
　　　 N1-OSPF NSSA external type 1, N2-OSPF NSSA external type 2
　　　 E1-OSPF external type 1, E2-OSPF external type 2, E-EGP
　　　 i-IS-IS, L1-IS-IS level-1, L2-IS-IS level-2, ia-IS-IS inter area
　　　 *-candidate default, U-per-user static route, o-ODR
　　　 P-periodic downloaded static route

Gateway of last resort is not set

　　　 10.0.0.0/30 is subnetted, 2 subnets
C　　　10.10.10.8 is directly connected, FastEthernet0/0
C　　　10.10.20.24 is directly connected, FastEthernet0/1
C1#

注意：所有查看命令都是在特权模式下运行。

查询结果中，C 表示直连路由，S 表示静态路由。

10.0.0.0/30 is subnetted, 2 subnets，表示当前网络是 10.0.0.0 的 2 个子网，网络号的位数是 30。

C　10.10.10.8 is directly connected, FastEthernet0/0，表示 10.10.10.8 是直连网络，连接的端口是快速以太网 0 号模块 0 号端口。

输入 configure terminal 进入全局配置模式。
C1#conf t
③配置所有与路由器 C1 非直连网络的静态路由。
配置静态路由的命令是在全局配置模式中输入：
ip route 目的网络 目的网络的掩码 本机出口端口或下一跳地址

> 注意：静态路由可配置本机出口端口，也可配置下一跳地址，一般情况建议两个都配置，若仅配置一条，建议以下一跳地址进行配置。

配置目的网络 172.16.0.0/22 的静态路由出口端口为 F0/0。
　　C1(config)#ip route 172.16.0.0 255.255.252.0 f0/0
配置目的网络 172.16.0.0/22 的静态路由下一跳地址为 10.10.10.10。
　　C1(config)#ip route 172.16.0.0 255.255.252.0 10.10.10.10

配置目的网络 192.168.10.0/24 的静态路由出口端口为 F0/0。
　　C1(config)#ip route 192.168.10.0 255.255.255.0 f0/0
配置目的网络 192.168.10.0/24 的静态路由下一跳地址为 10.10.10.10。
　　C1(config)#ip route 192.168.10.0 255.255.255.0 10.10.10.10

配置目的网络 192.168.20.0/25 的静态路由出口端口为 F0/0。
　　C1(config)#ip route 192.168.20.0 255.255.255.128 f0/0
配置目的网络 192.168.20.0/25 的静态路由下一跳地址为 10.10.10.10。
　　C1(config)#ip route 192.168.20.0 255.255.255.128 10.10.10.10

配置目的网络 172.17.0.0/23 的静态路由出口端口为 F0/1。
　　C1(config)#ip route 172.17.0.0 255.255.254.0 f0/1
配置目的网络 172.17.0.0/23 的静态路由下一跳地址为 10.10.20.26。
　　C1(config)#ip route 172.17.0.0 255.255.254.0 10.10.20.26

配置目的网络 192.168.30.0/26 的静态路由出口端口为 F0/1。
　　C1(config)#ip route 192.168.30.0 255.255.255.192 f0/1
配置目的网络 192.168.30.0/26 的静态路由下一跳地址为 10.10.20.26。
　　C1(config)#ip route 192.168.30.0 255.255.255.192 10.10.20.26

配置目的网络 192.168.40.0/27 的静态路由出口端口为 F0/1
　　C1(config)#ip route 192.168.40.0 255.255.255.224 f0/1

配置目的网络 192.168.40.0/27 的静态路由下一跳地址为 10.10.20.26。

C1(config)#ip route 192.168.40.0 255.255.255.224 10.10.20.26

> 注意：192.168.0.0/24 这个网络没有配置静态路由，因为该网络通过无线路由器 WR0 以网络地址转换的方法连接 192.168.40.0/27 网络，对于 192.168.0.0/24 网络而言，Intranet 的各子网均为外网，其内网地址针对外网而言是隐藏的。

返回特权模式，保存配置。

C1(config)#end

C1(config)#write

查看当前路由器的路由表。

C1#show ip route

Codes: C-connected, S-static, I-IGRP, R-RIP, M-mobile, B-BGP
       D-EIGRP, EX-EIGRP external, O-OSPF, IA-OSPF inter area
       N1-OSPF NSSA external type 1, N2-OSPF NSSA external type 2
       E1-OSPF external type 1, E2-OSPF external type 2, E-EGP
       i-IS-IS, L1-IS-IS level-1, L2-IS-IS level-2, ia-IS-IS inter area
       *-candidate default, U-per-user static route, o-ODR
       P-periodic downloaded static route

Gateway of last resort is not set

    10.0.0.0/30 is subnetted, 2 subnets
C   10.10.10.8 is directly connected, FastEthernet0/0
C   10.10.20.24 is directly connected, FastEthernet0/1
    172.16.0.0/22 is subnetted, 1 subnets
S   172.16.0.0 is directly connected, FastEthernet0/0
          [1/0] via 10.10.10.10
    172.17.0.0/23 is subnetted, 1 subnets
S   172.17.0.0 [1/0] via 10.10.20.26
          is directly connected, FastEthernet0/1
S   192.168.10.0/24 [1/0] via 10.10.10.10
          is directly connected, FastEthernet0/0
    192.168.20.0/25 is subnetted, 1 subnets
S   192.168.20.0 is directly connected, FastEthernet0/0
          [1/0] via 10.10.10.10
    192.168.30.0/26 is subnetted, 1 subnets
S   192.168.30.0 is directly connected, FastEthernet0/1

项目一

智能场站局域网部署

     [1/0] via 10.10.20.26
   192.168.40.0/27 is subnetted, 1 subnets
S   192.168.40.0 [1/0] via 10.10.20.26
     is directly connected, FastEthernet0/1
C1♯

通过查询路由表，检查所有与 C1 路由器非直连的网络是否都已经配置了静态路由。

查询结果中，192.168.40.0/27 is subnetted, subnets 表示 192.168.40.0 是一个子网，其网络号为 27 位；192.168.40.0 [1/0] via 10.10.20.26 表示前往目的网络 192.168.40.0 路由的下一跳地址是 10.10.20.26，管理距离是 1；is directly connected, FastEthernet0/1 表示前往目的网络 192.168.40.0 路由的出口端口是 FastEthernet0/1。

(4) 配置路由器 R1 的静态路由。

①点击 R1 路由器，单击标签 CLI，按回车进入用户执行模式。

进入特权模式。

  R1>enable

进入全局配置模式。

  R1♯configure terminal

②观察路由器 R1，与 R1 非直连的网络有 6 个（排除无线路由器连接的无线网），其中前往目的网络 192.168.10.0/24、192.168.20.0/25 的出口端口是 R1 的 F0/1，下一跳地址是 172.16.0.2；前往其余目的网络的出口端口均为 F0/0，下一跳地址也都是 10.10.10.9。故静态路由的配置中，可将所有通过 F0/0 出口的网络通过配置默认路由的方法进行配置，以简化配置步骤。

③配置目的网络 192.168.10.0/24 和 192.168.20.0/25 的静态路由：

  R1(config)♯ip route 192.168.10.0 255.255.255.0 f0/1
  R1(config)♯ip route 192.168.10.0 255.255.255.0 172.16.0.2
  R1(config)♯ip route 192.168.20.0 255.255.255.128 f0/1
  R1(config)♯ip route 192.168.20.0 255.255.255.128 172.16.0.2

④其余网络以默认路由的方法配置，默认路由的配置方法与静态路由配置相同，只不过将目的网络和目的网络掩码均配置为 0.0.0.0。

  R1(config)♯ip route 0.0.0.0 0.0.0.0 f0/0
  R1(config)♯ip route 0.0.0.0 0.0.0.0 10.10.10.9

返回特权模式，保存配置。

  R1(config)♯end
  R1♯write

⑤查看当前路由器的路由表。

R1# sh ip route

路由表中，C 表示直连路由，S 表示静态路由。

  10.0.0.0/30 is subnetted, 1 subnets

C   10.10.10.8 is directly connected, FastEthernet0/0

该表项中 C 表示直连路由，其含义为：10.0.0.0/30 是一个子网，10.10.10.8 网络与路由器直连，直连接口为 F0/0。

  192.168.20.0/25 is subnetted, 1 subnets

S   192.168.20.0 is directly connected, FastEthernet0/1

     [1/0] via 172.16.0.2

该表项中 S 表示静态路由，其含义为：192.168.20.0/25 是一个子网，通往 192.168.20.0 网络是一个静态路由，其出口端口为 F0/1，下一跳地址为 172.16.0.2；

S* 0.0.0.0/0 [1/0] via 10.10.10.9

    is directly connected, FastEthernet0/0

该表项中 * 表示默认路由，S 表示静态路由，其含义为：0.0.0.0/0 的静态默认路由出口端口为 F0/0，下一跳地址为 10.10.10.9。

（5）配置三层交换机 S0 的静态路由，点击交换机 S0，单击标签 CLI，按回车进入用户执行模式后输入：

  S0>en

  S0# conf t

观察三层交换机 S0 直连了三个网络，所有直连网络不需要配置静态路由，而其他的网络均通过 F0/24 出口，下一跳地址也均为 172.16.0.1，故仅需配置默认路由即可。

配置默认路由：

  S0(config)# ip route 0.0.0.0 0.0.0.0 f0/24

  S0(config)# ip route 0.0.0.0 0.0.0.0 172.16.0.1

  S0(config)# end

  S0# sh ip route

（6）配置路由器 R2 的静态路由和默认路由。

（可参照步骤 4，考虑 R2 静态路由和默认路由的配置方法）

点击 R2 路由器，单击标签 CLI，按回车进入用户执行模式后输入：

  R2>enable

  R2# configure terminal

  R2(config)# ip route 192.168.30.0 255.255.255.192 f0/1

  R2(config)# ip route 192.168.30.0 255.255.255.192 172.17.0.2

  R2(config)# ip route 192.168.40.0 255.255.255.224 f0/1

  R2(config)# ip route 192.168.40.0 255.255.255.224 172.17.0.2

R2(config)#ip route 0.0.0.0 0.0.0.0 f0/0

R2(config)#ip route 0.0.0.0 0.0.0.0 10.10.20.25

R2(config)#end

R2#wr

查看路由表，检查配置情况。

R2#sh ip route

(7)配置三层交换机 S1 的静态路由，点击交换机 S1，单击标签 CLI，按回车进入用户执行模式后输入：

S1>en

S1#conf t

S1(config)#ip route 0.0.0.0 0.0.0.0 f0/24

S1(config)#ip route 0.0.0.0 0.0.0.0 172.17.0.1

S1(config)#end

S1#wr

S1#sh ip route

(8)在各设备的特权模式和电脑命令行中通过 ping 测试网络连通性(注意下列命令的提示符)：

S0#ping 10.10.10.10

S0#ping 10.10.10.9

S0#ping 10.10.20.25

S0#ping 10.10.20.26

S0#ping 172.17.0.1

S0#ping 172.17.0.2

S0#ping 192.168.30.62

S0#ping 192.168.30.1

S0#ping 192.168.40.30

在各设备以类似方式 ping 其余设备，测试连通性；在电脑命令行上以类似方式 ping 其余设备，测试连通性。

(9)通过 traceroute 和 tracert 命令测试当前设备和目的设备间的所有路由器，两个命令的功能相同，traceroute 应用于交换机、路由器和 Linux 系统，tracert 应用于 Windows 系统。

①打开 PC0 的命令提示符，输入：

PC>tracert 10.10.20.26

Tracing route to 10.10.20.26 over a maximum of 30 hops：

1   1 ms   1 ms   0 ms   192.168.10.254

2	0 ms	0 ms	0 ms	172.16.0.1
3	0 ms	0 ms	0 ms	10.10.10.9
4	0 ms	0 ms	2 ms	10.10.20.26

Trace complete.

从返回结果上可见从 PC0(192.168.10.1)发往 10.10.20.26 的数据包，经过了 4 跳，分别是 192.168.10.254、172.16.0.1、10.10.10.9、10.10.20.26。

若不能获得如上结果，可先多 ping 几次，ping 通后，再执行本命令。

②在交换机 S0 的特权模式运行：

S0♯ traceroute 10.10.20.26

Type escape sequence to abort.

Tracing the route to 10.10.20.26

1	172.16.0.1	1 msec	0 msec	0 msec
2	10.10.10.9	0 msec	0 msec	0 msec
3	10.10.20.26	1 msec	0 msec	1 msec

S0♯

从返回结果上可见，从 S0(172.16.0.2)发往 10.10.20.26 的数据包，经过了 3 跳，分别是 172.16.0.1、10.10.10.9 和 10.10.20.26。

以类似方式在其他设备上尝试通过 traceroute 和 tracert 命令测试当前设备和目的设备间的所有路由器。

(10)打开 PT Activity(PT 活动窗口)点击窗口下方 Check Results(检验结果)按钮，点击 Assessment Items(评价项目)，可以查看当前实训结果是否完成，如图 1.5.5 所示。

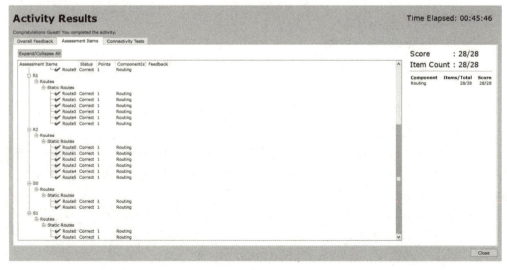

图 1.5.5 检验实训结果

实训总结

任务评价

智能交通网络**构建与管理**

1.5 任务五　静态路由配置

课后任务单

| 学号： | 姓名： | 日期： |

问题1：简述配置静态路由的原则。

问题2：什么情况下配置默认路由？

问题3：完成静态路由配置测试。

任务评价

评价考核					
序号	评价项目	自我评价	互相评价	教师评价	综合评价
1	是否预习				
2	引导问题				
3	团队协同				
4	实训任务				
5	课后问题				

注：评价统一采用 A(优)、B(良)、C(合格)、D(尚需努力)四个等级。

1.6 任务六　动态路由配置

课前学习任务单

学号：　　　　　　姓名：　　　　　　日期：

学习目标
1. 掌握动态路由协议工作原理；
2. 掌握 OSPF 路由协议配置方法。

引导问题

1. 简述动态路由和静态路由的使用场合。

2. 简述 RIP 和 OSPF 路由协议的区别。

3. 简述 OSPF 路由协议中 DR 的选举方法。

任务评价

 相关知识

1.6.1 RIP 动态路由协议

1. 动态路由协议的基本原理

整个互联网是由世界上许多电信运营商的网络联合起来组成的，这些电信运营商服务的范围一般是一个国家或地区，它们可能各自使用不同的动态路由协议，即使同一个电信运营商内部的不同地理区域之间，也可能使用不同的动态路由协议。为了让这些使用不同路由协议的网络可以正常工作，也为了这些分属于不同机构的网络边界不至于混乱，互联网的管理者使用了自治域系统这一概念。

自治域系统是指处在一个统一管理的域下的一组网络的集合。一般情况下，从协议角度看，我们可以把运行同一种路由协议的网络看作一个自治域系统。从地理区划角度看，一个电信运营商或者具有较大规模网络的企业可以分配在一个或者多个自治域系统中，图 1.6.1 展示了自治域系统及其运行的路由协议。

在自治域系统之间负责路由的路由协议是 EGP(exterior gateway protocol，外部网关协议)。各个运行不同 IGP 协议的自治域系统就是由 EGP 连接起来的。

根据路由器学习路由和维护路由表的不同方法，可以把路由协议分为三类：距离矢量(distance vector)路由协议，链路状态(link state)路由协议和混合型(balanced hybird)路由协议。距离矢量路由协议主要包括 RIP V1、RIP V2、IGRP 等路由协议；链路状态路由协议主要包括 OSPF、IS-IS 等路由协议；混合型路由协议既具有距离矢量协议的特点，又具有链路状态路由协议的特点，主要包括 EIGRP 路由协议。

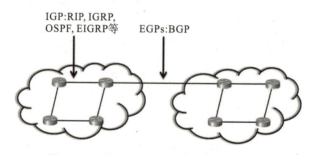

图 1.6.1 自治域系统及其运行的路由协议

按照路由器能否学习到子网分的类，可以把路由协议分为有类(classful)路由协议和无类(classless)路由协议。有类路由协议包括 RIP V1、IGRP、内部网关路由选择协议等，这类路由协议不支持可变长子网掩码，不能从邻居那里学习到子网信息，所有关于子网的路由在被学到时都被自动变成子网的主类网。无类路由协议支持可变长度的子网掩码，能够从邻居那里学习到子网信息，所有关于子网的路由在被学到时都不

会被变成子网的主类网，而是以子网的形式直接进入路由表。无类路由协议主要有 RIP V2，OSPF，EIGRP 等。

邻居关系(peers)对于运行动态路由协议的路由器来说是至关重要的。路由器之间建立和维持邻居关系，相互之间必须要周期性地保持联系，这就是路由器之间周期性地发送 Hello 包的原因。路由器通过 Hello 包相互联络以维持邻居关系。一旦在路由协议规定的时间里（一般是 Hello 包发送周期的 3 倍或 4 倍），路由器没有收到某个邻居的 Hello 包，它就认为那个邻居已经损坏，从而触发一个路由收敛过程，并且把这一消息告诉其他路由器。

我们在使用路由协议时经常会遇到这样的情况：一台路由器上可能启用了两种或者多种路由协议。由于每种路由协议计算路由的算法不一样，就可能出现到达相同目的地的路径不同的情况。每种路由协议都有一个规定好的用来判断路由协议优先级的值，这个值称为管理距离(administrative distance)，常见路由的管理距离见表 1.6.1，从表 1.6.1 中可以看出，RIP 协议的管理距离是 120，而 IGRP 路由选择协议的管理距离是 100，管理距离越小，这个协议的算法就越优化，它的优先级就越高。当两个以上的路由协议通过不同路径学习到远端的网络路径时，哪个协议的管理距离小，路由器就把哪个协议所学到的路径放进路由表，而不采用管理距离大的路由协议所学到的路径。表 1.6.1 中最后一项路由来源的管理距离是 255，意味着不知道，不可用。

表 1.6.1 常见路由的管理距离

路由来源	管理距离
Connected interface	0
Static route out an interface	0
Static route to a next hop	1
EIGRP summary route	5
External BGP	20
Internal EIGRP	90
IGRP	100
OSPF	110
IS-IS	115
RIP V1，RIP V2	120
EGP	140
External EIGRP	170
Internal BGP	200
Unknown	255

为了提高网络可靠性，在规划、设计网络时通常连接多条冗余链路。这样，当一条链路出现故障时，还可以有其他路径将数据包转发至目的地。当使用动态路由协议学习路由时，如何区分到达同一目的地的众多路径孰优孰劣呢？这时就需要用到度量值的概念。

所谓度量值(metric)就是路由协议根据自己的路由算法计算出来的一条路径的优先级，当有多条路径到达同一目的地时，度量值最小的路径就是最佳路径，最终将进入路由表。当路由器发现到达同一个目的地有多条路径时，它将首先比较它们的管理距离，如果管理距离不同，则说明这些路径是由不同的路由协议学来的，路由器将管理距离小的路径作为最佳路径，因为小的管理距离意味着学到这条路径的路由协议是高优先级的；如果管理距离相同则说明是由同一种路由协议学来的不同路径，路由器将比较这些路径的度量值，度量值最小的路径就是最佳路径。

不同的路由协议使用不同类型的度量值，如 RIP 的度量值是跳数。有些路由协议还使用多个度量值，如 BGP 路由协议，使用下一跳属性，AS-Path 属性等。

常见的度量值有跳数(hop count)，带宽(bandwidth)，负载(load)，时延(delay)，可靠性(reliability)和代价(cost)。

动态路由协议在路由器的完整运行包含一系列的过程，这些过程用于路由器向其他路由器通告本地的直连网络，接收并处理来自其他路由器的同类信息，此外，路由协议还需要定义决策最优路径的度量值。

使所有路由表都达到一致状态的过程叫作收敛(convergence)，全网实现信息共享及有路由器计算最优路径所花费的时间总和就是收敛时间。在选择路由协议时，收敛时间是个重要的考察指标。

RIP协议工作过程

2. RIP 路由协议的工作过程及基本原理

作为距离矢量路由协议，RIP 使用距离矢量来决定最优路径，即以跳数(hop count)作为度量值。跳数是一个数据包从源到达目的地的中转次数，也就是一个数据包到达目的地须经过的路由器数目。

RIP 路由表中的每一项都包含了最终目的地址、到目的地的路径中的下一跳节点(next hop)等信息。下一跳指的是本网络数据包要通过本网络节点到达目的节点，如不能直接送达则该节点应该把此数据包送到某个中转站点，此中转站点称为下一跳，这一中转过程叫"跳"(hop)。

如果到相同目标有两个不等速或者不同带宽的路径，但跳数相同，则认为两条路径是等距离的。RIP 最多支持的跳数为 15，即在源和目的网络之间最多的路由器数目是 15，跳数 16 表示不可达。这也是 RIP 路由协议的局限性之一。

RIP 通过广播 UDP(端口号 520)报文来交换路由信息，默认情况下，路由器每隔 30 s 向与它相连的网络广播自己的路由表，接收到广播信息的路由器将接收到的信息经过处理后添加至自身的路由表中。每个路由器都如此广播，最终，网络上所有路由器都将得知全部的路由信息。

广播更新的路由信息每经过一个路由器，就增加一个跳数。如果广播信息经过多个路由器到达，那么具有最低跳数的路径就被选中加入路由表。如果首选路径不能正常工作，那么其他跳数较多的备份路径将被启用。

RIP 使用一些时钟以保证它所维持的路由表的有效性与及时性，但它需要较长的时间才能确认一个路由是否失效。RIP 至少需要 3 min 的时延才能启用备份路由。这会令大多数应用程序出现超时错误。

RIP 的另一个缺点是它在选择路由时不考虑链路的连接速度，而仅用跳数来衡量路径的优劣。

在一个稳定工作的网络中，所有启用了 RIP 路由协议的路由器接口将周期性地发送全部路由更新。这个周期性发送路由更新的时间由更新计数器（update timer）控制，更新计数器的设定值一般是 30 s。网络中路由器端口不断广播更新的路由表，经过一段时间的广播后，网络中所有启用 RIP 路由协议的路由器都将学习到正确的路由信息，表示这个 RIP 网络已经收敛完毕。

在较大的基于 RIP 的自治系统中，所有路由器同时发出更新信息将产生非常大的数据流量，甚至会对正常的数据传输产生影响。所以，路由器和路由器之间交替进行更新会更理想。每次更新计数器复位时，一个小的随机变量（典型值在 5 s 以内）都将附加到计数时钟，使不同的 RIP 路由器的更新周期在 25～30 s 变化。路由器成功建立一条 RIP 路由条目后，将为它加上一个 180 s 的无效计数器（invalid timer），即 6 倍的更新计数器时间。当路由器再次收到同一条路由信息的更新后，无效计数器将会被重置为初始值 180 s。如果在 180 s 后还未收到针对该条路由信息的更新，则该条路由的度量值将被标记为 16 跳，表示不可达。此时并不会将该路由条目从路由表中删除。

不过，无效的路由条目在路由表中的存在时间很短。一旦一条路由被标记为不可达，RIP 路由器将立即启动另外一个计数器——刷新计数器（flush timer，也称清除计数器）。按照 RFC 1058 的规定，这个计数器的时间一般设定为 120 s。一条路由进入无效状态时，刷新计数器就开始计时，超时后处于无效状态的路由将从路由表中删除。在此期间，即使该路由条目保持在路由表中，数据包也不能发送到该条目的目的地址，因为其目的地址是无效的。

如果在刷新计数器超时之前收到了这条路由的更新信息，则路由将重新标记成有效，计数器也将清零。

当 RIP 路由器收到其他路由器发出的 RIP 路由更新报文时，它就开始处理附加在更新文中的路由更新信息，可能遇到的情况有以下三种。

(1) 如果路由更新中的条目是新的，则路由器将新的路由连同通告路由器的地址作为路由的下一跳地址一起加入到自己的路由表中，通告路由器的地址可以从更新数据包的源地址字段读取。

（2）如果目的网络的 RIP 路由已经在路由表中存在，那么只有在新的路由拥有更小的跳数时才能替换原来存在的路由条目。

（3）如果目的网络的 RIP 路由已经在路由表中存在，但是路由更新通告的跳数大于或者等于路由表中已记录的跳数，这时 RIP 路由器将判断这条更新是否来自于已记录条目的下跳路由器，即判断是否来自同一个通告路由器。如果是，则该路由更新信息将被接收，路由器将更新自己的路由表，重置更新计数器；否则该条路由将被忽略。当网络发生故障时，故障网段的信息不可能立即传递到整个网络，这样，在路由更新过程中，有的路由器已经知道故障信息，有的路由器还不知道故障信息，有可能传递错误的路由信息，发生路由环路。路由环路是所有路由协议都要尽量避免产生的路由错误。当发生路由环路时，路由器的路由表将频繁地变化，从而造成路由表中的某一条或者某几条，甚至整个路由表都无法收敛，其结果是使网络处于瘫痪或半瘫痪状态。

如果网络中出现路由环路，数据包将在网络中循环传递，永远不能到达目的地。为了避免路由环路，维护网络中路由表的正确，RIP 路由协议采用路由毒化(route poisoning)、计数到无穷大(count to infinity)、水平分割(split horizon)、毒性逆转(poison reverse)、触发更新(trigger updates)和抑制计时器(hold-down timers)这六种机制确保网络路由表正常。

路由毒化是指路由器使用特殊度量值来传递路由失效的消息。路由器认为度量值为无穷大的路由信息代表该路由已经失效。当拓扑变化时，路由器会为失效路由器分配一个被视为无穷大的路由值以标记该路由器不可达。

路由环路产生后，故障路由的度量值将无限增长下去，使路由不能收敛。为了解决这个问题，距离矢量路由协议规定了度量值的最大值。不同的路由协议，度量值的最大值也不同，RIP 协议的最大度量值是 16，当路由表中故障路由的度量值达到 16 时，路由器将认为这条路由已经失效，并将它清除出路由表，这称为计数到无穷大。

水平分割是指路由器记住每一条路由信息的来源，从一个方向学来的路由信息，不能再放入发回那个方向的路由更新包。

毒性逆转是指当路由器学习到一条毒化路由(度量值为 16)时，对这条路由忽略水平分割的规则，并通告学习来的端口。

触发更新是指 RIP 路由器在发现网段故障后，立即广播一条路由更新消息通知邻居路由器，而不用等到下一次发送路由更新包的时间，从而加快路由更新速度，减少收敛时间。

当路由器收到一条毒化路由时，将为这条毒化路由启动抑制计时器(通常为 180 秒)，在抑制时间内，这条失效的路由不接收任何更新信息，除非这条更新信息是从原始通告这条路由的路由器发出的。使用抑制计时器，避免了路由浮动，增加了网络的稳定性。

这六种机制必须协调运行，才能避免网络路由环路，保证网络路由表的正确、稳定。

1.6.2　OSPF 动态路由协议

1. OSPF 路由协议的特点

开放式最短路径优先(open shortest path first，OSPF)协议是 IETF(internet engineering task force)于 1988 年提出的一个开放式标准的链路状态路由协议。它的最新修订版本在 RFC 2328 文档中发布。OSPF 中的开放式(open)表示该协议是向公众开放的，而非私有协议。

OSPF 路由协议是一种链路状态路由协议，为了更好地说明 OSPF 路由协议的基本特点，将 OSPF 路由协议与距离矢量路由协议 RIP 进行比较，主要不同有以下几点：

(1) RIP 路由协议的路径开销用到达目的网络的跳数(hop)，即到达目的网络所要经过的路由器数目度量。在 RIP 路由协议中，该参数最大可用值为 15，16 跳被认为不可达，而 OSPF 路由协议的路径开销与网络中链路的带宽等相关，不受物理跳数的限制，因此，OSPF 路由协议适合应用于大型网络中，可以应用于数百台，甚至上千台路由器的网络。

(2) 路由收敛快慢是衡量路由协议的一个关键指标。RIP 路由协议周期性地将整个路由表广播至网络中，占用较多的网络带宽资源，影响了 RIP 路由协议的收敛速度，甚至会出现不收敛的现象。而 OSPF 是一种链路状态路由协议，当网络稳定时，网络中传输的路由信息较少。当网络链路状态发生变化时，路由器将组播变化的链路状态信息，因此 OSPF 能够迅速重新计算出最短路径，快速收敛，路由信息流量小。

(3) RIP 路由协议面对的是整个局域网，没有区域及边界等定义。在 OSPF 路由协议中，一个网络或者一个自治域系统可以划分为多个区域(area)，每个区域通过 OSPF 的边界路由器相连，区域间可以通过路由总结(summary)来减少路由信息，从而减少路由器的运算量，提高路由表生成速度。

(4) RIP 路由协议采用 DV 算法，也称矢量算法。采用该算法时，会产生路由环路，因此必须采取多种措施防止路由环路的产生。OSPF 路由协议采用 SPF 算法，也称 Dijkstra 算法，即最短路径优先算法，该算法避免了路由环路的产生。SPF 将网络映射为一个树状拓扑，路由器像树上的树叶节点，从根节点到树叶节点是单条路径，没有多条路径通达。实际上一般有多条路径，这里只选择最佳路径。每一个 LSA(link state advertisement，链路状态通告)都标记了发布者的信息(发布路由器的 ID 号)，其他路由器只负责传输。这样不会在传输过程中改变链路状态 LSA 信息，保证了网络链路状态信息的一致性。

(5) OSPF 路由协议支持路由认证，只有互相通过路由认证的路由器之间才能交换路由信息。OSPF 协议提供两种协议认证方式，方式 0 和方式 1。OSPF 可以对不同区域定义不同的认证方式，提高网络的安全性。

(6) OSPF 路由协议提供较好的负载均衡性。如果有多条路径可以到达同一目的地，且开销成本相同,那么 OSPF 可以将多条路径放入路由表,且进行负载均衡。

(7) RIP 路由协议采用广播方式与邻居路由器交换路由信息,既耗费网络带宽资源,又耗费网络设备的处理时间,降低了设备效率。OSPF 路由协议采用组播地址 224.0.0.5 来发送链路状态信息,只有运行 OSPF 路由协议的设备才接收链路状态信息,减少了对网络链路带宽资源的占用,提高了系统效率。

2. OSPF 路由协议的基本工作过程

最短路径优先算法(shortest path first,SPF)是 OSPF 路由协议的基础,由于该算法是由 Dijkstra 发明的,因此也称为 Dijkstra 算法,SPF 算法将每一个路由器作为根(root)来计算其到达目的路由器的距离,每个路由器根据路由域统一的链路状态数据库(link state datasase,LSDB)计算出路由域的拓扑结构图,该结构图类似于一棵树,在 SPF 算法中称为最短路径树。最短路径树的长度,即 OSPF 路由器至每个目的路由器的距离,称为开销(cost)。OSPF 的路径开销与链路带宽成反比,链路带宽越宽则开销越小,表示到目的地的距离越近。

自治域中的所有路由器拥有相同的链路状态数据库 LSDB 后,把自己当作 SPF 树的根,然后选出开销最低的链路作为最佳路径,再把最佳路径放入路由表。

运行 OSPF 路由协议的路由器,在刚开始工作的时候,首先必须通过组播用 Hello 包发现它的邻居们,并且建立邻接关系。只有路由器之间建立了邻接关系,它们才可能互相交换网络拓扑信息。运行 OSPF 路由协议的路由器必须维护三个表格,邻居表是其建立和维护的第一个表格,凡是路由器认为和自己有邻居关系的路由器,都将出现在这个表中,只有形成了邻居表,路由器才能向其他路由器学习网络的拓扑。

为了减少网络中路由信息的交换次数,提高路由信息交换效率,OSPF 定义了指定路由器(designated router,DR)和备份指定路由器(backup designated router,BDR)。指定路由器(DR)和备份指定路由器(BDR)负责收集网络中的链路状态通告(LSA),并且将它们集中发送给其他路由器。

如图 1.6.2 所示,在选举 DR 和 BDR 之前,每台路由器和它的邻居之间成为完全网状的 OSPF 邻接关系,一个由 5 台路由器组成的网络需要形成 10 个邻接关系,同时产生 25 条链路状态通告 LSA。选举出 DR 和 BDR 之后,网络的邻接关系大大简化,链路状态通告 LSA 的数量也随之减少。

选举 DR 和 BDR 时,路由器需要比较收到 Hello 包中的优先级(priority),优先级最高的被选举为指定路由器(DR),次高的为备份指定路由器(BDR),一般情况下路由器的默认优先级为 1。在优先级相同的情况下,比较路由器的识别号(RID),路由器识别号(RID)最高的为指定路由器(DR),次高的为备份指定路由器(BDR)。把路由器的优先级设置为 0 以后,该 OSPF 路由器就不能成为指定路由器(DR)或者备份指定路由器(BDR),只能成为非指定路由器。

当指定路由器(DR)和备份指定路由器(BDR)选举完成后,网络中所有非指定路由

图 1.6.2　选举 DR 与 BDR 前后的邻居关系图

器只和指定路由器 DR 和备份指定路由器 BDR 形成邻接关系。所有非 DR 的路由器把自己的链路状态信息以组播的形式发送给 DR，该组播地址为 224.0.0.6；然后 DR 再以组播的形式将这些信息发送给网络中所有的路由器，该组播地址 224.0.0.5。这样的操作使众多的链路状态信息只使用一个广播包就可以传递到所有的路由器，节省了网络资源。

网络中已经选举出 DR/BDR 后，如果有优先级更高的路由器加入到网络中来，网络不会重新选举 DR/BDR。如果 DR 出现故障，BDR 随即升级为 DR，并重新选举 BDR。如果是 BDR 出现故障，将重新选举 BDR。

路由器标识(router ID，RID)不是我们给路由器起的名字，而是路由器在 OSPF 协议中对自己的标识。如果在路由器上配置了环路接口(loopback interface，一种路由器上的虚拟接口，它是逻辑上的，而不是物理上存在的接口)，则无论环路接口的 IP 地址是多少，该地址都自动成为路由器的标识(RID)。当我们在路由器上配置了多个环路接口时，这些环路接口中最大的 IP 地址将作为路由器的标识(RID)。当路由器上没有配置环路接口时，路由器的所有物理接口中配置的最大 IP 地址就是这台路由器的标识。

路由器建立了邻居表后，运行 OSPF 路由协议的路由器将使用链路状态通告(LSA)互相通告自己所了解的网络拓扑，建立路由域中统一的链路状态数据库 LSDB，形成路由域的网络拓扑表。在一个区域里，所有的路由器应该形成相同的网络拓扑表。

在运行 OSPF 路由协议的路由器中，完整的路由域网络拓扑表建立起来后，路由器将按照不同路径链路的带宽不同，使用 SPF 算法，从网络拓扑表里计算出最佳路由，并将最佳路由记入路由表。至此，路由器可以进行正常的数据转发工作。

运行 OSPF 路由协议的路由器要求有更多的内存和更高效的处理器，以便存储邻居表、网络拓扑表等数据库和进行 SPF 运算，并生成路由表。

虽然 OSPF 路由协议在开始运行时，其操作要比距离矢量路由协议复杂，可能不如距离矢量路由协议生效快，但是，一旦生成路由表，它的优势就体现出来了。在运行 OSPF 路由协议的网络里，当网络状态比较稳定时，网络中传递的链路状态信息是比较少的；当网络拓扑发生改变时，如有新的路由器或者网段加入网络，或者网络出现故障，该变化的路由器将向其他路由器发送触发的路由更新包——链路状态更新包（link state update，LSU），LSU 包含了发生变化的网段的信息——链路状态通告（LSA），接收到该更新包的路由器将继续向其他路由器发送更新，同时根据 LSA 中的信息，在拓扑表里重新计算发生变化网络的路由。由于没有抑制时间，OSPF 路由协议的收敛速度是相当快的，这一点对于大型网络或者电信级网络是非常重要的。

OSPF 路由协议还有一个重要的特性，就是它可以把一个大型的路由网络进行分级设计，即把一个大型网络分成多个区域，这种特性使 OSPF 路由协议能够在大规模的路由网络上正常而高效地工作。

大型路由网络里往往有成百上千台路由器。如果这些路由器都在一个大的区域里工作，那么每台路由器都要了解整个网络的所有网段的路由，这些路由器的路由表条目可能会有成千上万条。路由器为每个数据包进行路由时，都不得不在大量的路由信息里寻找适合该数据包的路由条目，路由操作的反应时间势必会延长，从而使路由器的包通过率下降。

另外，在一个大的区域里集中了如此多的路由器和链路，出现设备故障和链路故障的概率也会相应增加，而每次故障都会引起整个网络的路由收敛操作。即使是使用如 OSPF 这样能够快速收敛的路由协议，频繁的网络收敛一样会使网络的可用性下降。

OSPF 路由协议通过使用分级设计，把整个大型路由网络划分成多个小范围的区域，从而解决了上述问题。

OSPF 把大型网络划分为骨干区域和非骨干区域。骨干区域只有一个，并且被固定地称为区域 0，所有的非骨干区域都必须和骨干区域相连。在每个小区域里，路由器不再去关心其他区域的链路改变，而只关心本区域的链路改变。

一个区域的网络拓扑变化只会引起本区域的网络收敛操作。通过划分区域，网络故障的影响范围被缩小，整个网络不再频繁地进行收敛操作。

在区域与区域的边界处有边界路由器。该路由器负责学习两个区域路由，而区域内部的路由器只需要使用静态路由或者汇总的路由，并把目的地是其他区域的数据包路由给边界路由器即可，由边界路由器将数据包路由到其他区域。这样，路由器所维护的路由表体积显著减小，路由操作效率提高。

但是，为了达到以上目的，每个区域的路由都要尽量地进行汇总，这要求进行分级的、体系化的编址。每个区域里的 IP 地址应该尽量连续分配，这样才能汇总出比较少的路由条目。

1.6.3　OSPF 配置方法

1. OSPF 配置命令

进入 OSPF 配置模式：

　　Router(config)#router ospf 进程号

宣告直连网络：

　　R0(config-router)#network 网络地址 反掩码 area 区域号

宣告被动接口：

　　R0(config-router)#passive-interface 端口号

配置管理距离：

　　R0(config-router)#distance 管理距离值

配置默认出口：

　　R0(config-router)#default-information originate

配置 router-id：

　　R0(config-router)#router-id IP 地址

路由重发布：

　　R0(config-router)#redistribute 路由来源 subnets

　　! 路由来源可为直连、静态、其他路由协议。

　　! Subnets 表示自动考虑将子网加入 OSPF 中。

　　! 路由重发布还有其他方法，以上命令为最简单的实现方法。

2. OSPF 配置案例

例题，如图 1.6.3 所示，由 4 台路由器和两台电脑构成的网络，配套教学案例为1-6-1.pka。连线以及 IP 地址如表 1.6.2。

OSPF配置

表 1.6.2　案例初始连线及 IP 地址表

设备端口	IP 地址	连接端口	IP 地址
PC0	172.16.1.1/24	R0，FA0/0	172.16.1.2/24
R0，FA0/1	192.168.1.1/30	R1，FA0/0	192.168.1.2/30
R1，FA0/1	192.168.2.1/30	R2，FA0/0	192.168.2.2/30
R2，FA0/1	192.168.3.1/30	R2，FA0/0	192.168.3.2/30
R3，FA0/1	172.16.2.1/24	PC1	172.16.2.2/24

图 1.6.3　OSPF 配置案例

配置要求：

（1）将各路由器的主机名修改至与显示名相同。

（2）按上表连线并配置 IP 地址，PC 机要配置网关。

（3）配置 OSPF 动态路由协议，使全网全通。

配置如下：

（1）将 PC0 的 IP 地址配置为 172.16.1.1，掩码配置为 255.255.255.0，网关配置为 172.16.1.2；PC1 的 IP 地址配置为 172.16.2.2，掩码配置为 255.255.255.0，网关配置为 172.16.2.1。

（2）配置 R0、R1、R2、R3 的名称和 IP 地址。

打开 R0 的 CLI：

 Router＞en

 Router＃conf t

 Router(config)＃host R0

 R0(config)＃int f0/0

 R0(config-if)＃ip add 172.16.1.2 255.255.255.0

 R0(config-if)＃no shut

 R0(config-if)＃int f0/1

 R0(config-if)＃ip add 192.168.1.1 255.255.255.252

 R0(config-if)＃no shut

打开 R1 的 CLI：

 Router＞en

 Router＃conf t

 Router(config)＃host R1

 R1(config)＃int f0/0

 R1(config-if)＃ip add 192.168.1.2 255.255.255.252

 R1(config-if)＃no shut

 R1(config-if)＃int f0/1

 R1(config-if)＃ip add 192.168.2.1 255.255.255.252

 R1(config-if)＃no shut

打开 R2 的 CLI：

 Router＞en

 Router＃conf t

 Router(config)＃host R2

 R2(config)＃int f0/0

 R2(config-if)＃ip add 192.168.2.2 255.255.255.252

R2(config-if)#no shut

R2(config-if)#int f0/1

R2(config-if)#ip add 192.168.3.1 255.255.255.252

R2(config-if)#no shut

打开 R3 的 CLI：

Router>en

Router#conf t

Router(config)#host R3

R3(config)#int f0/0

R3(config-if)#ip add 192.168.3.2 255.255.255.252

R3(config-if)#no shut

R3(config-if)#int f0/1

R3(config-if)#ip ad 172.16.2.1 255.255.255.0

R3(config-if)#no shut

(3)配置各路由器的 OSPF 动态路由。

打开 R0 的 CLI：

R0>en

R0#conf t

R0(config)#router ospf 1

！进入 OSPF 配置模式，进程号为 1。

R0(config-router)#network 172.16.1.0 0.0.0.255 area 0

R0(config-router)#network 192.168.1.0 0.0.0.3 area 0

！宣告 R0 路由器所有直连路由，区域为 0。

打开 R1 的 CLI：

R1>en

R1#conf t

R1(config)#router ospf 1

R1(config-router)#network 192.168.1.0 0.0.0.3 area 0

R1(config-router)#network 192.168.2.0 0.0.0.3 area 0

！宣告 R1 路由器所有直连路由，区域为 0。

打开 R2 的 CLI：

R2>en

R2#conf t

R2(config)#router ospf 1

R2(config-router)#network 192.168.2.0 0.0.0.3 area 0

R2(config-router)#network 192.168.3.0 0.0.0.3 area 0

！宣告 R2 路由器所有直连路由，区域为 0。

打开 R3 的 CLI：

R3>en

R3#conf t

R3(config)#router ospf 1

R3(config-router)#network 192.168.3.0 0.0.0.3 area 0

R3(config-router)#network 172.16.2.0 0.0.0.255 area 0

！宣告 R3 路由器所有直连路由，区域为 0。

(4)查看路由表。

查看 R0 的路由表，打开 R0 的 CLI：

R0>en

R0#show ip route

查看并分析 R0 路由表。

以同样方法查看其余路由器的路由表。

3. 操作要领

(1)在三层交换机或路由器上启用 OSPF 路由协议，可以在全局模式使用下列命令：

Router(config)#router ospf process-id

Router(config-router)#network network-address wildcard-mask area area-id

其中，process-id 是路由器本地 OSPF 进程号，取值范围为 1～65535，通过指定不同的进程号，可以在一台路由器上运行多个 OSPF 进程，同一区域内不同路由器的进程号可以不同。在路由子接口里，需要通过 network 命令申明该路由设备参与 OSPF 路由的直连网段，其中，network-address 就是申明的直连网络号。

(2)申明直连网段时，必须要说明该网段的通配符掩码 wildcard-mask，它与子网掩码正好相反，但作用是一样的。

(3)申明直连网段时，必须指明该网段所属区域，区域号范围是 0～65535，区域 0 是骨干区域，在网络中骨干区域必不可少。配置单区域的 OSPF 协议时，区域号必须为 0。

(4)单区域 OSPF 路由协议只适合小型网络。

(5)OSPF 路由协议依据链路的带宽来计算到达目的地的最短路径。

拓展知识

1.6.4 RIP 配置方法

1. RIP 配置命令

进入 RIP 配置模式：

Router(config)#router RIP

配置版本号：

R0(config-router)#version 版本号

！一般情况将版本号设置为 2。

宣告直连网络：

R0(config-router)#network 网络地址

宣告被动接口：

R0(config-router)#passive-interface 端口号

配置管理距离：

R0(config-router)#distance 管理距离值

配置默认出口：

R0(config-router)#default-information originate

关闭自动汇聚：

R0(config-router)#no auto-summary

！关闭自动汇聚可减少路由环路的出现。

路由重发布：

R0(config-router)#redistribute 路由来源 metric 跳数

！路由来源可为直连、静态、其他路由协议。

！跳数为转换至 RIP 协议时默认的跳数。

2. RIP 配置案例

例题，如图 1.6.4 所示，由 4 台路由器和两台电脑构成的网络，配套教学案例为1-6-2.PKA。初始拓扑已经完成 OSPF 配置。要求在此基础上，配置 RIP 协议，通过管理距离配置使 RIP 协议生效。

视频

RIP配置

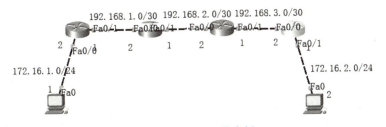

图 1.6.4 RIP 配置案例

(1)打开 R0 的 CLI，进入全局配置模式。

R0>en

R0#conf t

R0(config)#router rip

！进入 RIP 配置模式。

R0(config-router)#version 2

！版本号为 2

R0(config-router)#network 172.16.1.0

R0(config-router)#network 192.168.1.0

！宣告 R0 路由器所有直连网络。

（2）打开 R1 的 CLI，进入全局配置模式。

R1>en

R1#conf t

R1(config)#router rip

R1(config-router)#version 2

R1(config-router)#network 192.168.1.0

R1(config-router)#network 192.168.2.0

！宣告 R1 路由器所有直连网络。

（3）打开 R2 的 CLI，进入全局配置模式。

R2>en

R2#conf t

R2(config)#router rip

R2(config-router)#version 2

R2(config-router)#network 192.168.2.0

R2(config-router)#network 192.168.3.0

！宣告 R2 路由器所有直连网络。

（4）打开 R3 的 CLI，进入全局配置模式。

R3>en

R3#conf t

R3(config)#router rip

R3(config-router)#version 2

R3(config-router)#network 192.168.3.0

R3(config-router)#network 172.16.0.0

！宣告 R3 路由器所有直连网络。

（5）查看各路由器的路由表。

R0#show ip route

（6）在所有路由器上取消路由汇聚并修改管理距离。

R0(config-router)#no auto-summary

！取消自动汇聚。

R0(config-router)#distance 100

！修改管理距离，原有的 OSPF 协议默认管理距离为 110，改为 100 后，RIP 协议优先。

R1(config-router)#no auto-summary
R1(config-router)#distance 100
R2(config-router)#no auto-summary
R2(config-router)#distance 100
R3(config-router)#no auto-summary
R3(config-router)#distance 100

（7）查看各路由器的路由表，比较有何不同，并分析原因。

R0#show ip route

3. 操作要领

（1）在路由器或三层交换机上启用 RIP V1 路由协议，可以在全局模式使用下列命令：

Router(config)#router rip

Router(config-router)#network network-address ｛wildcard-mask｝

路由器和三层交换机默认关闭 RIP 路由协议，在全局模式下使用 router rip 命令，启用 RIP 路由协议。在路由子接口使用 network 命令在指定网段上使用 RIP，申明与该路由设备直连网段。其中，network-address 是指定网段的地址，其取值可以为各个接口的 IP 网络地址。可选项 wildcard-mask 是子网掩码的反码，相当于将 IP 地址的掩码取反。通常，该路由设备直连的网段数，就是 network 命令数目。

（2）配置 RIP 的网络命令时只支持 A、B、C 类网络的主网络号，如果输入子网号，则系统自动将子网号转为主网络号。

（3）RIP 路由协议是应用较早、使用较普遍的内部网关协议（IGP），适用于小型同类网络，是典型的距离矢量路由协议。

（4）RIP 路由协议无论是实现原理还是配置方法都非常简单，但它有时不能准确地选择最优路径，收敛时间也略长，但由于其配置与维护简单，常常用于小型网络。

（5）RIP V1 使用广播方式发送路由更新，且不支持变长子网掩码（VLSM）。由于路由更新信息中不携带子网掩码，所以 RIP V1 没有办法传递不同网络中变长子网掩码（VLSM）的信息，因此，RIP V1 是一个有类路由协议。

4. 动态路由协议 RIP V1 和 RIP V2 的异同

RIP V2 路由协议的很多特性与 RIP V1 协议相同，都是距离矢量路由协议，同样使用跳数作为路由的度量值，同样使用水平分割、路由毒化、计数到无穷大、毒性逆转、触发更新和抑制计时器等机制防止路由环路，维护网络正常，稳定。

RIP V2 没有完全更改 RIP V1 的报文格式和内容，只是增加了一些功能，这些新功能使得 RIP V2 可以将更多的信息加入路由更新报文中。RIP V2 在每一条路由信息中加入了子网掩码，所以，RIP V2 是无类路由协议。此外，RIP V1 采用广播方式发送更新报文，而 RIP V2 采用组播方式发送更新报文，组播地址为 224.0.0.9，所有运行 RIP V2 路由协议的路由器都通过该组播地址交换路由更新信息。

RIP V2 还支持身份认证，与邻居路由器通信时可以通过明码或者 MD5 加密的密码进行身份认证。这可以使路由器确认它所学到的路由信息来自于合法的邻居路由器，提高了网络的安全性。

表 1.6.3 比较了 RIP V1 和 RIP V2 路由协议主要特性的异同。

表 1.6.3 RIP V1、RIP V2 主要特性比较

特性	RIP V1	RIP V2
采用跳数为度量值	是	是
15 是最大有效度量值，16 是无穷大	是	是
默认 30 秒更新周期	是	是
周期性更新时发送全部路由信息	是	是
拓扑改变时发送只针对变化的触发更新	是	是
使用路由毒化、水平分割、毒性逆转	是	是
使用抑制计时器	是	是
发送更新方式	广播	组播
使用 UDP 520 端口发送报文	是	是
更新中携带子网掩码，支持 VLSM	否	是
支持身份认证	否	是

1.6.5 路由重发布配置

在大型企业中，可能在同一网内用到多种路由协议，为了实现多种路由协议的协同工作，路由器可以使用路由重分发（route redistribution）将其学习到的一种路由协议的路由通过另一种路由协议广播出去，这样网络的所有部分都可以连通了。为了实现重分发，路由器必须同时运行多种路由协议，这样，每种路由协议才可以取路由表中的所有或部分其他协议的路由来进行广播。

1. 基本介绍

redistribute 命令可以用来实现路由重分发，它既可以重分发所有路由，也可以根据匹配条件，选择某些路由进行重分发。此外，该命令还支持某些参数的设置，如设

置 metric。

2. 命令格式

完整的 redistribute 命令格式如下：

redistribute protocol [process-id] [level-1 | level.1.2 | level-2] [as-number] [metric metric-value] [metric-type type-value] [match {internal | external 1 | external 2}] [tag tag-value] [route-map map-tag] [subnets]

redistribute 命令标明了重分发路由的来源，而 router 命令则标明了广播路由的进程。例如，命令"redistribute ospf 1"表示路由器取自 ospf 进程 1 的路由进行重分发。如果该命令在 router rip 下，则该路由被重分发为 RIP 路由，这样其他 RIP 路由器就可以看到来自 ospf 进程 1 的路由了。

在路由器上配置多路由协议间的重分发，比如将路由协议 A 重分发到路由协议 B 中，要先进入路由协议 B 的路由模式下，然后再执行 redistribute 命令进行重分发的操作，并配置相应的路由选路参数。

一般做多路由协议间的重分发要做双向的，即将路由协议 A 重分发到路由协议 B 后，再执行路由协议 B 到路由协议 A 的重分发，或是配置单向的重分发后，再添加一条指向到对方的默认路由（这一般用于外部路由协议间，如配置 BGP 时）。

3. 注意事项

在不同协议之间重分发路由条目的时候，一定要注意以下几点：

（1）不同路由协议之间的 AD 值是不同的，当把 AD 值大的路由条目重分发进 AD 小的路由协议中时，很可能会出现次优路径，这时，就需要通过修改 AD 值或者是过滤进行路由优化。

（2）不同路由协议之间的度量值，即 metric，也是不相同的：

RIP 和 EIGRP 认为，重分发进来的路由条目的 metric 值，即是种子度量值，是无穷大。

OSPF 认为，重分发进来的路由条目的 metric 值，即是种子度量值，是 20，并且默认是 type 2。

> 注意：当把某种协议的路由条目重分发到 EIGRP 和 RIP 中时，切记，一定要手工指定 metric 值！

不同的外部路由协议在进行重新分布进入一个 AS 时，为了防止环路的发生，必须为其设置一个比 AS 内默认 metric 值还大的数，来作为种子度量值。以下是各种路由协议在有新的路由协议重新发布时种子缺省的默认值：

RIP：无论哪个协议向 RIP 中再发布，如果不设置种子度量值，则默认该值为无穷大，新的路由不会进入 RIP 区域，把直连和静态信息重分布到 RIP 时，metric 值为 1。

IGRP、EIGRP：和 RIP 一样，默认的缺省种子值是无穷大。

OSPF：除了 BGP 默认的缺省种子值是 1 外，其他协议的缺省默认种子值是 20。
IS-IS：缺省默认种子值是 0。
BGP：外部协议再分布进来时，保留 IGP metric 值不变。
(3)重分布时常用的几种类型如下(重分布命令后的参数可以不分先后顺序)：
connected：把直连路由分布到路由协议里面。
metric：设置重分布协议的种子值。
route-map：对路由进行过滤。
static：把静态路由重新发布到路由表当中。
(4)把路由重新分发到 OSPF 中时，后面要写 subnets 选项，否则除主类以外的子网不能被重新分发进路表。默认的 metric type 为 O * E2。

1.6.6　BGP 路由协议

边界网关协议(BGP)是运行于 TCP 上的一种自治系统的路由协议。BGP 是唯一一个用来处理因特网大小的网络的协议，也是唯一能够妥善处理好不相关路由域间的多路连接的协议。BGP 构建在 EGP 的基础之上。BGP 系统的主要功能是和其他的 BGP 系统交换网络可达信息。网络可达信息包括列出的自治系统(AS)的信息。这些信息有效地构造了 AS 互连的拓扑图并由此清除了路由环路，同时可在 AS 级别上实施策略决策。

BGP-4 提供了一套新的机制以支持无类域间路由。这些机制包括支持网络前缀的通告和取消 BGP 网络中"类"的概念。BGP-4 也引入机制支持路由聚合，包括 AS 路径的集合。这些改变为超网方案提供了支持。BGP-4 采用了路由向量协议，在配置时，每一个自治系统的管理员要选择至少一个路由器作为该自治系统的"BGP 发言人"。

BGP 路由选择协议执行中使用 4 种分组：打开分组(open)、更新分组(update)、存活分组(keepalive)、通告分组(notification)。

1. BGP 的结构和功能

BGP 用于在不同的自治系统(AS)之间交换路由信息。当两个 AS 需要交换路由信息时，每个 AS 都必须指定一个运行 BGP 的节点，来代表该 AS 与其他 AS 交换路由信息。这个节点可以是一个主机，但通常是路由器来执行 BGP。两个 AS 中利用 BGP 交换信息的路由器也被称为边界网关(border gateway)或边界路由器(border router)。

由于可能与不同的 AS 相连，在一个 AS 内部可能存在多个运行 BGP 的边界路由器。同一个自治系统(AS)中的两个或多个对等实体之间运行的 BGP 被称为 IBGP(internal/interior BGP)。归属于不同的 AS 的对等实体之间运行的 BGP 称为 EBGP(external/exterior BGP)。在互联网操作系统(cisco IOS)中，IBGP 通告的路由距离为 200，优先级比 EBGP 和任何内部网关协议(IGP)通告的路由都低。其他的路由器实现中，优先级顺序也是 EBGP 高于 IGP，而 IGP 又高于 IBGP。

BGP 属于外部网关路由协议，可以实现自治系统间无环路的域间路由。BGP 是沟通 Internet 广域网的主要路由协议，例如不同省份、不同国家之间的路由大多要依靠 BGP 协议。BGP 可分为 IBGP(internal BGP)和 EBGP(external BGP)。BGP 的邻居关系(或称通信对端/对等实体)是通过人工配置实现的，对等实体之间通过 TCP(端口 179)会话交互数据。BGP 路由器会周期性地发送 19 字节的保持存活(keep-alive)消息来维护连接(默认周期为 30 秒)。在路由协议中，只有 BGP 使用 TCP 为传输层协议。

IETF 先后为 BGP 制定了多个版本，分别为：

RFC 4271：当前正使用的 BGP 协议版本，称之为 BGP4。

RFC 1654：BGP4 协议的第一个规范。

RFC 1105、RFC 1163、RFC 1267、RFC1771：BGP4 之前的 BGP 版本。

2. BGP 的特点

BGP 的主要目标是为处于不同 AS 中的路由器之间的路由信息通信提供保障。它既不是纯粹的矢量距离协议，也不是纯粹的链路状态协议，通常被称为通路向量路由协议。这是因为 BGP 在发布目的网络的可达性的同时，包含了 IP 分组到达目的网络过程中所必须经过的 AS 的列表。通路向量信息是十分有用的，因为只要简单地查找一下 BGP 路由更新的 AS 列表就能有效地避免环路的出现。BGP 对网络拓扑结构没有限制，其特点包括：

(1)实现自治系统间通信，传播网络的可达信息。BGP 是一个外部网关协议，允许一个 AS 与另一个 AS 进行通信。BGP 允许一个 AS 向其他 AS 通告其内部的网络的可达性信息，或者是通过该 AS 可达的其他网络的路由信息。同时，AS 也能够从另一个 AS 中了解这些信息。与距离向量路由协议类似，BGP 为每个目的网络提供的是下一跳(next-hop)节点的信息。

(2)多个 BGP 路由器之间的协调。如果在一个自治系统内部有多个路由器分别使用 BGP 与其他自治系统中对等路由器进行通信，BGP 可以协调这一系列路由器，使这些路由器保持路由信息的一致性。

(3)BGP 支持基于策略的选路(policy-base routing)。一般的距离向量选路协议确切通告本地选路中的路由。而 BGP 则可以实现由本地管理员选择的策略。BGP 路由器可以为域内和域间的网络可达性配置不同的策略。

(4)可靠的传输。BGP 路由信息的传输采用了可靠的 TCP 协议。

(5)路径信息。在 BGP 通告目的网络的可达性信息时，除了指定目的网络的下一跳信息之外，通告中还包括了通路向量(path vector)，即去往该目的网络时需要经过的 AS 的列表，使接收者能够了解去往目的网络的通路信息。

(6)增量更新。BGP 不需要在所有路由更新报文中传送完整的路由数据库信息，只需要在启动时交换一次完整信息，后续的路由更新报文只通告网络的变化信息，这种网络变化信息称为增量(delta)。

（7）BGP 支持无类型编制（CIDR）及 VLSM 方式。通告的所有网络都以网络前缀加子网掩码的方式表示。

（8）路由聚集。BGP 允许发送方把路由信息聚集在一起，用一个条目来表示多个相关的目的网络，以节约网络带宽。

（9）身份验证。BGP 还允许接收方对报文进行鉴别和认证，以验证发送方的身份。

实训项目

动态路由配置

任务1-6 动态路由配置实训

实训目的

(1) 掌握 OSPF 路由协议配置方法。
(2) 了解被动接口的配置原则。
(3) 了解 router-id 的计算方法。

操作步骤

（1）打开 Packet Tracer 软件，点击 File 菜单 Open 按钮，打开文件 1-6.pka，如图 1.6.5 所示，参照操作步骤，完成实验。

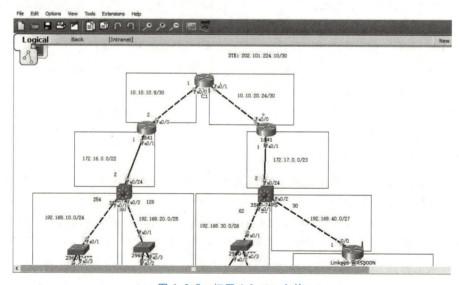

图 1.6.5　打开 1-6.pka 文件

动态路由协议分为内部网关协议和外部网关协议，内部网关协议应用于企业网内部，当前主要使用 OSPF 协议，外部网关协议应用于互联网，当前主要使用 BGP-4。OSPF 分为 v2 和 v3 两个版本，其中 OSPFv2 用在 IPv4 网络，OSPFv3 用在 IPv6 网络，不同厂商管理距离不同，思科 OSPF 的协议管理距离（AD）是 110，华为 OSPF 的协议管理距离是 10。

(2)配置三层交换机 S0 的 OSPF 动态路由。

配置 OSPF 动态路由协议的方法是在全局模式下输入：router 路由协议进程号，进入路由配置模式，宣告需要使用 OSPF 协议的所有直连网段的网络地址及反掩码，再酌情使用 router-id、passive-interface、default-information、distance 等命令。

①点击三层交换机 S0，单击标签 CLI，按回车进入用户执行模式后输入：

S0＞en

S0♯conf t

②进入路由配置模式，进程号为 1。

S0(config)♯router ospf 1

③宣告所有直连网络。

宣告直连网络的命令是：network 网络地址 反掩码 area 区域号

其中反掩码可以简单地以 255.255.255.255 减去掩码获得。

在中小型网络中，区域号可固定配置为 0，大型网络中，其余区域相互之间通信必须基于区域 0 转发。

S0(config-router)♯network 192.168.10.0 0.0.0.255 area 0

192.168.10.0/24 网络的掩码为 255.255.255.0，其反掩码为 0.0.0.255。

S0(config-router)♯network 192.168.20.0 0.0.0.127 area 0

192.168.20.0/25 网络的掩码为 255.255.255.128，其反掩码为 0.0.0.127。

S0(config-router)♯network 172.16.0.0 0.0.3.255 area 0

172.16.0.0/22 网络的掩码为 255.255.252.0，其反掩码为 0.0.3.255。

④配置被动接口。

一旦路由器或三层交换机某个端口被设为被动接口，则该端口不再发送 OSPF 通告，但可以接收 OSPF 通告。

被动接口的配置方法为 passive-interface 端口号，路由器的端口主要是物理端口，而三层交换机的 IP 地址如果配置在 vlan 上，则端口就是 vlan。

以下分别配置路由器 S0 的 f0/1、f0/2 端口为被动接口(注意哪些接口配置为被动接口，哪些接口没有配置)：

S0(config-router)♯passive-interface f0/1

S0(config-router)♯passive-interface f0/2

S0(config-router)♯end

S0#write

> 注意：OSPF 协议需要宣告本路由器（或三层交换机）所有采用本协议的直连网络，且宣告网络时使用的是反掩码，在小型网络中区域（area）编号固定为 0；配置为被动接口后，该接口不再转发 OSPF 通告，故不得将连接路由器（或三层交换机）的端口配置为被动接口，可将连接电脑、服务器和二层交换机的端口配置为被动接口，以节省端口流量。

（3）配置三层交换机 S1 的 OSPF 动态路由。

点击三层交换机 S1，单击标签 CLI，按回车进入用户执行模式后输入（完成以下配置前先自行计算各网络的反掩码）：

S1>en

S1#conf t

S1(config)#router ospf 1

S1(config-router)#network 192.168.30.0 0.0.0.63 area 0

S1(config-router)#network 192.168.40.0 0.0.0.31 area 0

S1(config-router)#network 172.17.0.0 0.0.1.255 area 0

S1(config-router)#passive-interface f0/1

S1(config-router)#passive-interface f0/2

S1(config-router)#end

S1#write

（4）配置路由器 R1 的 OSPF 动态路由。

点击 R1 路由器，单击标签 CLI，按回车进入用户执行模式后输入：

R1>en

R1#conf t

R1(config)#router os 1

R1(config-router)#net 172.16.0.0 0.0.3.255 a 0

R1(config-router)#net 10.10.10.8 0.0.0.3 a 0

R1(config-router)#end

R1#wr

（5）配置路由器 R2 的 OSPF 动态路由。

点击 R2 路由器，单击标签 CLI，按回车进入用户执行模式后输入：

R2>en

R2#conf t

R2(config)#router os 1

R2(config-router)#net 172.17.0.0 0.0.1.255 a 0

R2(config-router)#net 10.10.20.24 0.0.0.3 a 0

R2(config-router)#end

R2#wr

(6) 配置路由器 C1 的 OSPF 动态路由，点击 C1 路由器，单击标签 CLI，按回车进入用户执行模式后输入：

C1>en

C1#conf t

C1(config)#router os 1

C1(config-router)#net 10.10.10.8 0.0.0.3 a 0

C1(config-router)#net 10.10.20.24 0.0.0.3 a 0

将本路由器 OSPF 协议的 router-id 配置为 255.255.255.255，确保本路由器为本区域的 DR。

C1(config-router)#router-id 255.255.255.255

C1(config-router)#end

C1#wr

> 注意：此时会出现提示"Reload or use "clear ip ospf process" command, for this to take effect"，未来重启设备后，OSPF 区域 0 中 router-id 值最大的路由器自动成为本区域的 DR(指定路由器)，若路由器未配置 router-id，则该路由器的 router-id 值为环回口中 IP 地址最大的值，若路由器未配置环回口，则 router-id 的值为路由器所有端口中 IP 地址最大的值。

分析网络中各路由器 router-id 的值。

(7) 在各路由器和三层交换机的特权模式下，运行 show ip route 查看各路由器的路由表，其中"O"表示 OSPF 路由协议。

查看 S0 的路由表：

S0#show ip route

Codes: C-connected, S-static, I-IGRP, R-RIP, M-mobile, B-BGP
   D-EIGRP, EX-EIGRP external, O-OSPF, IA-OSPF inter area
   N1-OSPF NSSA external type 1, N2-OSPF NSSA external type 2
   E1-OSPF external type 1, E2-OSPF external type 2, E-EGP
   i-IS-IS, L1- IS-IS level-1, L2-IS-IS level-2, ia-IS-IS inter area
   * - candidate default, U - per-user static route, o - ODR
   P - periodic downloaded static route

Gateway of last resort is 172.16.0.1 to network 0.0.0.0

```
            10.0.0.0/30 is subnetted, 2 subnets
O           10.10.10.8 [110/2] via 172.16.0.1, 00:03:40, FastEthernet0/24
O           10.10.20.24 [110/3] via 172.16.0.1, 00:03:40, FastEthernet0/24
            172.16.0.0/22 is subnetted, 1 subnets
C           172.16.0.0 is directly connected, FastEthernet0/24
            172.17.0.0/23 is subnetted, 1 subnets
O           172.17.0.0 [110/4] via 172.16.0.1, 00:03:40, FastEthernet0/24
C           192.168.10.0/24 is directly connected, FastEthernet0/1
            192.168.20.0/25 is subnetted, 1 subnets
C           192.168.20.0 is directly connected, FastEthernet0/2
            192.168.30.0/26 is subnetted, 1 subnets
O           192.168.30.0 [110/5] via 172.16.0.1, 00:03:40, FastEthernet0/24
            192.168.40.0/27 is subnetted, 1 subnets
O           192.168.40.0 [110/5] via 172.16.0.1, 00:03:40, FastEthernet0/24
O*E2        0.0.0.0/0 [110/1] via 172.16.0.1, 00:03:40, FastEthernet0/24
S0#
```

查看 Intranet 中所有网络的路由是否都在表中，若有默认路由，会出现在路由表最下一行。

"O*E2 0.0.0.0/0 [110/1] via 172.16.0.1, 00:03:40, FastEthernet0/24 中：O 表示 OSPF 路由协议；* 表示默认路由；E2 表示 OSPF 扩展类型 2；0.0.0.0/0 表示默认路由，因网络号的位数为 0，故所有 IP 地址均处于同一网络中，也即 0.0.0.0/0 是所有网络的超网，包含了所有网络；[110/1] 中 110 表示管理距离为 110，1 表示本条路由的权值是 1；via 172.16.0.1 表示下一跳地址是 172.16.0.1；00:03:40 表示更新时间是 00:03:40 之前，FastEthernet0/24 表示默认路由中离开本设备的端口为 FastEthernet0/24。

（8）配置互联网接入。

①连接内外网。

本企业网中，C1 为边界路由器，连接内外网，点击模拟器左上角 Back，单击左下角 Connections，单击 Serial DCE，先点击 Internet，选择 ISP 中的 Serial0/0/0，再点击 Intranet，选择 C1 中的 Serial0/0/0，则此时 ISP 的 Serial0/0/0 为 DCE，C1 的 Serial0/0/0 为 DTE，下面的配置中，DCE 需要配置时钟。

②配置路由器 ISP。

单击打开 Internet，点击 ISP，单击标签 CLI，按回车进入用户执行模式后输入：

Router>en

Router#conf t

Router(config)#hostname ISP

进入 s0/0/0 端口配置模式：

ISP(config)#int s0/0/0

配置 IP 地址为 202.101.224.9/30：

ISP(config-if)#ip address 202.101.224.9 255.255.255.252

打开端口：

ISP(config-if)#no shutdown

配置时钟速度为 4M：

ISP(config-if)#clock rate 4000000

> 注意：通过串口线连接时，必须且仅需在 DCE 端配置时钟速度

③配置路由器 C1。

单击打开 Intranet，点击 C1，单击标签 CLI，按回车进入用户执行模式后输入：

C1>enable

C1#configure terminal

C1(config)#interface Serial0/0/0

C1(config-if)#ip address 202.101.224.10 255.255.255.252

C1(config-if)#no shutdown

C1(config-if)#exit

C1(config)#router ospf 1

将本路由器设为本区域的默认出口（即边界路由器）：

C1(config-router)#default-information originate

C1(config-router)#exit

配置本区域默认路由：

C1(config)#ip route 0.0.0.0 0.0.0.0 s0/0/0

C1(config)#ip route 0.0.0.0 0.0.0.0 202.101.224.9

C1(config)#end

C1#wr

> 注意：一个区域内最多只能有一台路由器配置 default-information originate，当边界路由器配置了 default-information originate 后，该区域内其余所有路由器会自动添加默认路由，且自动添加的默认路由最终都指向边界路由器。

(9)比较边界路由器配置 default-information originate 前后，各路由器路由表的区别。

(10)使用 ping、tracert、traceroute 测试网络连通性和路由选径。

(11)打开 PT Activity(PT 活动窗口)点击窗口下方 Check Results(检验结果)按钮，点击 Assessment Items(评价项目)，可以查看当前实训结果是否完成，如图 1.6.6 所示。

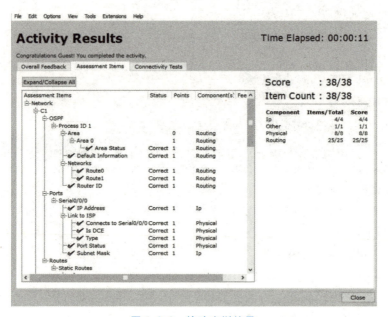

图 1.6.6　检验实训结果

实训总结

任务评价

1.6 任务六　动态路由配置

课后任务单

学号：　　　　　　姓名：　　　　　　日期：

问题1：简述管理距离的作用。

问题2：简述OSPF协议被动接口配置的原则。

问题3：完成动态路由配置测试。

任务评价

评价考核					
序号	评价项目	自我评价	互相评价	教师评价	综合评价
1	是否预习				
2	引导问题				
3	团队协同				
4	实训任务				
5	课后问题				

注：评价统一采用 A(优)、B(良)、C(合格)、D(尚需努力)四个等级。

项目二
局域网安全与管理

项目背景

在已经初步建设的局域网中,如何实现便捷有效的网络管理,保障企业网络的安全,是所有网络建设的重点。通过对网络设备的配置,实现基于 VLAN 的管理是当前网络管理的常用手段;通过远程登录进行网络设备的管理是当前网络管理员采取的主要手段;通过网络地址转换访问外网既是网络安全的需求也节省了 IP 地址;通过访问控制列表过滤数据流量是实现网络访问安全的主要手段。本项目通过一个完整的案例介绍局域网安全和管理的常见手段。

学习目标

1. 掌握网络设备本地和远程配置的方法;
2. 掌握通过交换机 VLAN 进行网络管理的方法;
3. 掌握利用 NAT 技术实现内网访问外网的方法;
4. 掌握利用 ACL 技术进行安全管理的方法。

2.1 任务一 使用 CTY 和 VTY 管理网络设备

课前学习任务单

| 学号： | 姓名： | 日期： |

学习目标

1. 了解 CTY 和 VTY 的相关知识；
2. 掌握 CTY 方式访问网络设备的方法；
3. 掌握 VTY 方式访问网络设备的方法。

引导问题

1. 简述控制台接口的连接方式及参数设置。

2. 简述远程登录协议 SSH 的默认端口号及其特点。

3. 简述远程登录协议 Telnet 的默认端口号及其连接命令。

任务评价

项目二
局域网安全与管理

 相关知识

2.1.1 认识 Console 端口

Console 控制端口是网络设备与计算机或终端设备进行连接时的常用端口，可以利用终端仿真程序（如 Windows 下的"超级终端"）对路由器或交换机等网络设备进行本地配置。路由器的 Console 端口多为 RJ-45 端口，控制台会话又称 CTY 行。控制台使用低速串行连接或终端直接连接到路由器或交换机的控制台端口（即 Console 端口）。控制台端口是一种管理端口，常用于网络设备的初始连接或设备灾难恢复（如 IOS 恢复或口令恢复）时的访问。

几乎所有 Cisco 网络设备都有一个串行控制台端口（即 Console 端口）。一些型号较新的路由器，如 Cisco 1941 集成多业务路由器（ISR）还带有 USB 控制台端口。路由器 Console 端口如图 2.1.1 所示。

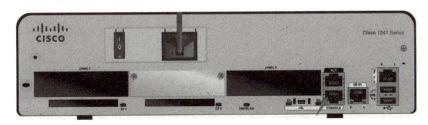

图 2.1.1 路由器 Console 端口

Console 线缆又名反转线，因为线缆两端 RJ-45 接头上线序相反，其作用是连接交换机或路由器等网络设备的 Console 端口至计算机的 COM 口。目前大多数 Console 线缆一端的 RJ-45 接头需经"RJ-45 to DB9"转换器转换为 DB9 后，再连接到计算机的 COM 口上。带 DB9 接头的 Console 线缆（反转线缆）如图 2.1.2 所示。

图 2.1.2 带 DB9 接头的 Console 线缆（反转线缆）

· 147 ·

目前，主流 PC 机和几乎所有笔记本均默认未配备 COM 口，实际工作中可使用 USB 转 Consle 串口线，通过 USB 接口外挂 Console 接口，并安装相应驱动程序。在 Packet Tracer 中，本地控制台的连接仅支持计算机通过 COM 口连接路由器或交换机的 Console 端口。

2.1.2 认识远程登录

远程登录提供了访问远程设备的功能，使本地用户可以通过 TCP 连接登录到远程设备，就像控制本地主机一样。远程登录采用客户端/服务器(C/S)模式，客户端和服务器分别执行各自的操作系统。该机制允许客户端程序和服务器程序协商双方进行身份验证的相关参数，并依此建立 TCP 连接。

服务器可以应付多个用户发起的 TCP 并发连接，并为每个连接请求生成一个对应的进程。每个用户称为一个虚拟终端(VTY)，第一个用户为 VTY1，第二个用户为 VTY2，依此类推。在 Cisco 不同系列的产品中，都有一定数量的 VTY 线路可用，具体数目不尽相同。有些网络设备只有 5 条线路可用(VTY 0～4)，有些设备提供了十多条，甚至上千条线路，这些线路默认情况下不一定全部启用。

支持远程登录的协议有 SSH(secure shell)和 Telnet。SSH 和 Telnet 都是用来管理远程连接的，SSH 使用 TCP 的 22 号端口，Telnet 用 TCP 的 23 号端口。SSH 即安全外壳，是一种远程安全管理连接协议，对用户名、口令以及在通信设备间传输的数据进行强加密，以确保远程连接的安全；而 Telnet 采用明文传输，不能确保安全连接。基于安全角度，只要可能，就应该用 SSH 代替 Telnet。大多数新 IOS 包含 SSH 服务器，在某些设备中，服务默认启用。

与本地控制台接入不同，远程登录要求网络设备启用网络服务且至少有一个活动接口配置 IP 地址。出于安全考虑，IOS 要求远程会话使用口令，并作为一种最低的身份验证手段。

Telnet 协议是 TCP/IP 协议簇中的一员，是 Internet 远程登录服务的标准协议和主要方式，是常用的远程控制 Web 服务器的方法。用户在本地计算机上使用 Telnet 程序远程连接到服务器，必须输入用户名和密码进行登录。用户远程登录服务器后，在 Telnet 程序中输入命令，这些命令会在服务器上运行，就像直接在服务器的控制台上输入一样。

2.1.3 交换机和路由器的管理方式

交换机和路由器一般有四种管理方式。

(1)使用超级终端(或者仿真终端软件)连接到交换机或者路由器的控制台口上，从而通过超级终端来访问交换机的命令行接口(CLI)。

使用 Console 口连接到交换机的操作步骤如下：

第一步：通过 Console 口搭建本地配置环境。将计算机的串口通过 Console 电缆直接与交换机(或者路由器)面板上的 Console 口连接。

第二步：在计算机上运行终端仿真程序超级终端，建立新连接，选择实际连接时使用的计算机上的 RS-232 串口，设置终端通信参数为 9600Bd，8 位数据位，1 位停止位，无校验，流控为 XON/OFF。

Console口配置

第三步：交换机(或路由器)上电，显示交换机(或路由器)自检信息；自检结束后提示用户按 Enter 键，直至出现命令行提示符"设备名＞"，在提示符下输入 enable，进入配置界面。

(2)使用 Telnet 命令管理交换机或路由器。

交换机或路由器启动后，用户可以通过局域网或广域网，使用 Telnet 客户端程序建立与交换机或路由器的连接并登录到交换机或路由器，然后对交换机或路由器进行配置。它最多支持 16 个 Telnet 用户同时访问交换机或路由器。

Telet配置

首先要保证被管理的交换机或路由器设置了 IP 地址，其次要保证交换机或路由器与计算机的网络连通性。同时，还要保证通过 Console 口配置了设备的远程登录密码和进入特权模式的密码。

(3)使用支持 SNMP 的网络管理软件管理交换机或路由器，具体步骤如下：

第一步：通过命令行模式进入交换机或路由器配置界面。

第二步：给交换机或路由器配置管理 IP 地址。

第三步：运行网管软件，对设备进行维护管理。

(4)使用 Web 浏览器管理交换机或路由器。

如果我们要通过 Web 浏览器管理交换机或路由器，首先要为交换机或路由器配置一个 IP 地址，保证管理 IP 和交换机或路由器能够正常通信。

在 IE 中输入交换机或路由器的 IP 地址，会出现一个 Web 页面，我们可对页面中的各项参数进行配置。

2.1.4 CTY 线路安全性配置

(1)连接 Console 线，开交换机，终端打开终端仿真。

(2)从全局配置切换成控制台 0 的线路配置模式。

　　S1(config)#line console 0

(3)设置密码为"cisco"。

　　S1(config-line)#password cisco

(4)设置密码校验，模拟器可不设，实际交换机必须配置。

　　S1(config-line)#login

Console和Telnet
综合训练

2.1.5 虚拟终端 VTY 访问

(1) 确保网线已连接,服务器(可为路由器、交换机)IP 地址正确配置。
(2) 从全局配置切换成虚拟终端的线路配置模式。

　　S1(config)#line vty 0 15

! 当前允许的线路为 0~15,共 16 条线路,即允许 16 条线路同时访问。

(3) 设置密码为"cisco"。

　　S1(config-line)#password cisco

(4) 设置为需要输入口令后才会允许访问。

　　S1(config-line)#login

(5) 在虚拟终端上远程登录服务器(假设服务器 IP 地址为 192.168.1.1)。

　　PC>telnet 192.168.1.1

拓展知识

2.1.6 CLI 帮助

(1) 词语帮助:任意字符后加"?"可显示当前提示符下,该字符开头的全部命令列表。
(2) 命令语法帮助:任意命令加空格再加"?"可获得该命令参数的帮助。

2.1.7 访问历史记录

默认历史记录缓冲区可以记录最新输入的 10 条命令。
启用终端历史记录,此命令可在用户模式和特权模式执行。

　　Switch#terminal history

配置终端历史记录大小,范围为 0~256。

　　Switch#terminal history size 50

将终端历史记录大小复位为默认值 10 个。

　　Switch#terminal no history size

禁用终端历史记录。

　　Switch#terminal no history

2.1.8 交换机启动顺序

交换机加载启动加载器软件进行启动。启动加载器是存储在 NVRAM 中的小程序,在交换机第一次开启时运行。

启动加载器执行以下操作：

(1)执行低级 CPU 初始化，启动加载器初始化 CPU 寄存器，寄存器控制物理内存的映射位置、内存量以及内存速度。

(2)执行 CPU 子系统的加点自检(POST)。启动加载器测试 CPU、DRAM 以及构成闪存文件系统的闪存设备部分。

(3)初始化系统主板上的闪存文件系统。

(4)将默认操作系统软件映像加载到内存中，并启动交换机。启动加载器镜像后，再使用操作系统配置文件 config.txt 中的 IOS 命令来初始化接口。

2.1.9 双工和速度

S1(config)#interface fastEthernet 0/1

双工模式为自动(还可设为 full 和 half)。

S1(config-if)#duplex auto

速度可设为自动、10 和 100(大部分设备还可设为 1000)。

S1(config-if)#speed auto

2.1.10 HTTP 访问

交换机允许通过 web 方式进行配置，模拟器无法使用此方式。

S1(config)#ip http authentication enable

设置为 HTTP 服务器。

S1(config)#ip http server

2.1.11 保护特权模式

设置特权模式加密口令。

S1(config)#enable secret cisco

设置特权模式不加密口令。

S1(config)#enable password cisco

将当前设置的所有口令全部以加密形式存储。

S1(config)#service password-encryption

注意：如果同时设置了加密口令和不加密口令，则加密口令生效。

2.1.12 口令恢复

(1)以 Console 线连接电脑和交换机，波特率为 9600 Bd。

(2)长按 mode 键。

(3)使用 flash_init。

(4)使用 load_helper。

(5)使用 dir flash。

(6)rename flash：config.txt flash：config.txt.old。

(7)重启在特权模式运行 rename flash：config.txt.old flash：config.txt。

(8)更改口令，存盘。

> 注意：在交换机或者路由器的 flash 中的镜像文件（扩展名为 bin 的文件）是交换机的操作系统，不可删除。

config.txt 文件是所有配置的存档文件，如果删除，则所有的配置包括密码都会丢失，不过交换机的 vlan 信息不会丢失。

vlan.dat 文件保存交换机的 vlan 信息，如果删除，则 vlan 信息会丢失。

实训项目

使用 CTY 和 VTY 管理网络设备

任务2-1 使用CYT和VTY管理网络设备实训

实训目的

(1)掌握通过 Console 线进行配置的方法。
(2)掌握通过 Telnet 进行远程管理的方法。

操作步骤

(1)打开 Packet Tracer 软件，如图 2.1.3 所示，点击 File 菜单 Open 按钮，打开文件 2-1.pka，按操作步骤完成实训。初次访问网络设备必须要使用控制线缆，进入 Intranet，单击左下角的 Connections 图标，点击线缆类型中的 Console 线缆，一端连接电脑 admin 的 COM 口（RS—232 接口），另一端连接 R0 路由器的 Console 端口。

(2)单击电脑 admin，选择 Desktop 标签，点击 Terminal，确认参数：

波特率为 9600Bd

数据位为 8 位

奇偶校验位为无

停止位为 1 位

流量控制为无

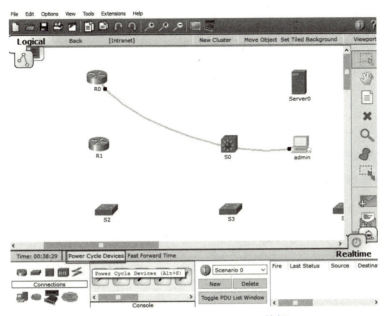

图 2.1.3 Power Cycle Devices 按钮

点击 OK，进入终端配置界面，按回车进入用户执行模式。

注意：实际交换机和路由器没有 CLI 界面，CLI 界面是模拟器为便于操作，模仿终端配置设计的界面。

本案例中禁用了 CLI 窗口。

(3)配置 R0 路由器的特权密码、控制台(Console)密码、虚拟终端(VTY，virtual teletype terminal)密码。

①完成 R0 的名称和 IP 地址配置。

在电脑 admin 的终端配置界面，按下列操作对路由器 R0 进行配置：

Router＞en

Router＃conf t

Router(config)＃hostname R0

R0(config)＃int f0/0

R0(config-if)＃ip address 172.16.0.1 255.255.0.0

R0(config-if)＃no shutdown

R0(config-if)＃int f0/1

R0(config-if)＃ip address 172.17.0.1 255.255.0.0

R0(config-if)＃no shutdown

R0(config-if)＃exit

②配置路由器 R0 的加密特权密码为 cisco。

在设备全局配置模式下，运行：

enable secret 密码，可配置加密密码；

enablepassword 密码，可配置不加密密码。

  R0(config)#enable secret cisco

  R0(config)#enable password test

在特权模式下，运行 show run，可查看当前运行配置。

  R0#show run

  Building configuration...

  Current configuration : 1880 bytes

  !

  version 12.4

  no service timestamps log datetime msec

  no service timestamps debug datetime msec

  no service password-encryption

  !

  hostname R0

  !

  !

  !

  enable secret 5 1mERr$hx5rVt7rPNoS4wqbXKX7m0

  enable password test

  ……

> 注意：不加密密码显示原文，加密密码显示密文，二者均配置时，加密密码生效。

③配置控制台 Console 密码。

进入 Console 线路配置模式，注意提示符的变化。

  R0(config)#line console 0

配置 console 登录密码为 test_con。

  R0(config-line)#password test_con

登录启用密码验证。

  R0(config-line)#login

  R0(config-line)#exit

④配置虚拟终端 VTY 密码。

  进入 vty 配置模式，启用线路 0~15。

R0(config)#line vty 0 15

配置 vty 登陆密码为 test_vty。

R0(config-line)#password test_vty

登录启用密码验证。

R0(config-line)#login

R0(config-line)#exit

⑤登录提示信息配置。

通过在全局模式下使用命令 banner motd & 提示信息 &，进行配置。

登录显示提示信息"This is R0!"。

R0(config)#banner motd &This is R0! &

⑥保存配置。

R0(config)#end

R0#wr

（4）登陆测试。

按下列操作对路由器 R0 进行 Console 密码测试和远程登陆测试：

①单击模拟器主窗口下方 Power Cycle Devices 重启所有设备。

注意：在重启设备前确认所有设备的配置均已保存。

在弹出窗口中点击 Yes。

等设备重启完毕后，单击电脑 admin，选择 Desktop 标签，点击 Terminal，进入终端配置界面，按回车后，屏幕出现以下提示：

This is R0!

User Access Verification

Password：

此时需要输入 Console 密码 test_con。

注意：思科设备在输入密码时，所有输入字符均不回显。

首行"This is R0!"是步骤 3 配置的显示提示信息。

R0>en

Password：

此时需要输入特权密码 cisco。

本案例配置了不加密特权密码 test，加密特权密码 cisco，二者同时配置时，加密密码生效。

R0#

②点击模拟器右侧 Delete 图标，删除 console 线。

③单击模拟器左下角的 Connections 图标，点击线缆类型中的交叉线，连接电脑

admin 和路由器 R0 的 f0/0 端口。

④单击电脑 admin，选择 Desktop 标签，配置 IP 地址为 172.16.0.10，掩码为 255.255.0.0；再点击 Desktop 标签下的 Command Prompt 进入命令行窗口。

远程登录命令为 telnet 目的设备 IP 地址，本例中登录 R0。

  PC＞telnet 172.16.0.1

  Trying 172.16.0.1 … Open

  This is R0!

  User Access Verification

  Password：

此时需要输入 vty 登陆密码 test_vty

  R0＞en

  Password：

此时需要输入特权密码 cisco

  R0#

⑤点击模拟器右侧 Delete 图标，删除连接电脑 admin 和路由器 R0 的交叉线。

(5)参照步骤(1)、(2)用 Console 线连接电脑 admin 的 RS-232 接口和路由器 R1 的 Console 接口，进入电脑 admin 的终端配置模式，参照步骤(3)按下列操作对路由器 R1 进行配置：

  Router＞enable

  Router#configure terminal

  Router(config)#hostname R1

  R1(config)#enable secret cisco

  R1(config)#interface FastEthernet0/0

  R1(config)#banner motd & This is R1! &

  R1(config-if)#no shutdown

  R1(config-if)#ip address 172.16.0.2 255.255.0.0

  R1(config-if)#exit

  R1(config)#line console 0

  R1(config-line)#password test_con

  R1(config-line)#login

  R1(config-line)#exit

  R1(config)#line vty 0 15

  R1(config-line)#password test_vty

  R1(config-line)#login

  R1(config-line)#end

R1♯write

(6)参照步骤 4 对 R1 进行远程登录测试。

①点击模拟器右侧 Delete 图标，删除 Console 线；

②单击模拟器左下角的 Connections 图标，点击线缆类型中的交叉线，连接电脑 admin 和路由器 R1 的 f0/0 端口；

③单击电脑 admin，选择 Desktop 标签，点击 Desktop 标签下的 Command Prompt 进入命令行窗口，远程登录 R1。

PC＞telnet 172.16.0.2

Trying 172.16.0.2...Open

This is R1!

User Access Verification

Password：

此时需要输入 vty 登陆密码 test_vty。

R1＞en

Password：

此时需要输入特权密码 cisco。

R1♯

④点击模拟器右侧 Delete 图标，删除连接电脑 admin 和路由器 R1 的交叉线。

(7)打开 PT Activity(PT 活动窗口)点击窗口下方 Check Results(检验结果)按钮，点击 Assessment Items(评价项目)，可以查看当前实训结果是否完成，如图 2.1.4 所示。

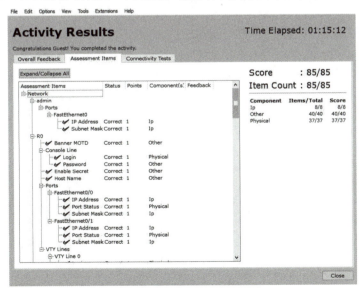

图 2.1.4　检验实训结果

实训总结

任务评价

2.1 任务一　使用 CTY 和 VTY 管理网络设备

课后任务单

学号：　　　　　　　姓名：　　　　　　　日期：

问题 1：如何配置特权密码？当加密密码和非加密密码同时配置时，哪个生效？

问题 2：完成 CTY 配置测试。

问题 3：完成 VTY 配置测试。

任务评价

评价考核				
序号	评价项目	自我评价	互相评价	教师评价	综合评价
1	是否预习				
2	引导问题				
3	团队协同				
4	实训任务				
5	课后问题				

注：评价统一采用 A(优)、B(良)、C(合格)、D(尚需努力)四个等级。

2.2 任务二 使用 VLAN 管理网络设备

课前学习任务单

| 学号： | 姓名： | 日期： |

学习目标
1. 了解 VLAN 的相关知识；
2. 掌握利用 VLAN 管理网络的方法；
3. 掌握 VLAN 间路由的配置方法。

引导问题

1. 简述交换机进行 VLAN 配置管理的优点。

2. 简述 VLAN access 模式和 trunk 模式的区别。

3. 简述 VLAN 间路由的实现方法。

任务评价

 相关知识

2.2.1 认识 VLAN 技术

VLAN(virtual local area network)虚拟局域网,是一种二层技术。它通过软件方式在交换式局域网中将一个较大的广播域按照部门、功能等因素分割成较小的广播域,以便更好地管理,从而提高组网的灵活性与安全性,进一步提升网络性能。VLAN 划分实质上就是将一台交换机逻辑上分成了几台交换机,通过软件方式实现逻辑工作组的划分与管理。

默认情况下交换机不能分割广播域,多台交换机互连后依然属于同一个广播域,如图 2.2.1 所示。

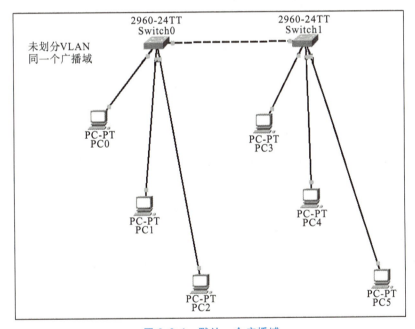

图 2.2.1 默认一个广播域

但是,在交换机上可以通过 VLAN 技术分割广播域,即一个 VLAN 就是一个广播域。VLAN 由交换机的一组物理端口组成,这些物理端口可以属于同一台交换机,也可以属于多台交换机。分割后的各个广播域在逻辑上是分开的,如图 2.2.2 所示。

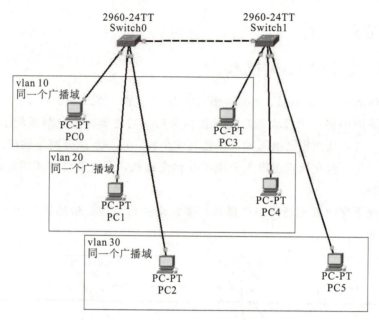

图 2.2.2　VLAN 技术分割广播域

2.2.2　VLAN 的优点

采用 VLAN 技术，可以使网络管理更加方便、灵活，从而提高设备使用效率，增强网络适应性。表 2.2.1 为 VLAN 优点一览表。

表 2.2.1　VLAN 优点一览表

VLAN 优点	VLAN 优点描述
提高网络安全	可将含敏感数据的用户组与其他组分开，降低泄密的可能性
降低网络成本	使现有带宽和上行链路的利用率更高，减少升级需求，节约成本
提高网络性能	可划分多个逻辑分组，减少网络中不必要的流量
抑制广播风暴	分割广播域，增加了广播域数量，缩小了广播域的范围
提高网关效率	若增加新设备，添加新 VLAN，简单易实现，管理开销小
简化服务管理	使项目管理或特殊应用处理方便，容易确定网络服务的影响范围

2.2.3　VLAN 的分类

VLAN 按照不同的标准，有多种分类方式。

1. 按照创建方式划分

(1) 默认 VLAN：VLAN ID 号和名称是固定的，不能被用户删除或修改。如 de-

fault、fddi-default、token-ring-default 等。

(2)用户 VLAN：VLAN ID 号和名称是用户创建的，且能被用户删除或修改。如 VLAN10、VLAN99、Teacher、Student 等。

2. 按照 VLAN 成员添加方式划分

(1)静态 VLAN：通过手工方式将交换机端口添加到某个 VLAN 中，端口属于某个 VLAN 后，除非管理员重新分配，否则该端口永远属于该 VLAN。例如，将端口 Fa0/1 添加到 VLAN10，则该端口只属于 VLAN10，不属于其他 VLAN，除非重新分配。

(2)动态 VLAN：交换机会根据用户设备信息，如 MAC 地址、IP 地址乃至高层用户信息等，自动将端口分配给某个 VLAN，动态 VLAN 要求网络中必须有一台策略服务器(VMPS)，该服务器包含设备信息到 VLAN 的映射关系，例如，当公司有新员工入职、离职或员工更换工作岗位时，需要网管员更新 VMP 服务器中设备信息和 VLAN 的映射关系。

与静态 VLAN 相比，动态 VLAN 的优点是依据 VMPS 服务器中设备信息和 VLAN 的映射关系，动态地将相关端口添加到某个 VLAN 中。动态 VLAN 可以根据交换端口所连接的计算机随时改变端口所属 VLAN，当计算机变更所连交换端口或交换机时，VLAN 不用重新配置。

VMPS 策略服务器通常为高端交换机(如 Cisco Catalyst 6500 交换机)，低端交换机作为客户机。当某台主机发送数据帧到网络中时，由客户机向服务器发起查询请求，VMP 依据设备信息，找到其与 VLAN 的对应关系，再依据主机所连接的交换机端口动态地将其添加到相应的 VLAN 中。

3. 按照 VLAN 承载信息类型划分

(1)数据 VLAN：承载用户数据，如 VLAN10、VLAN99、教师、学生等。

(2)管理 VLAN：承载用于网络设备管理的流量，如 Telnet、SSH、SNMP 等信息。

另外还有其他几种类型的 VLAN，如语音 VLAN，本征 VLAN，黑洞 VLAN 等。

2.2.4　VLAN 的配置

在 Cisco Catalyst 交换机上配置 VLAN 的模式有如下两种：

(1)全局配置模式：新版操作系统模式，建议使用。

(2)数据库配置模式：旧版操作系统配置模式，不推荐使用。

配置 VLAN 前，需要先确定可用 VLAN ID。VLAN ID 分为普通范围和扩展范围两部分：

(1)普通范围 VILAN ID：1～1005，其中 VLAN1，VLAN1002～VLAN1005 为保留 ID，不可用。

视频

VLAN基本配置

(2) 扩展范围 VLAN ID：1006～4094。

我们可选择普通范围可用 ID 来配置静态 VLAN，具体配置如下所述。

1. 创建 VLAN

创建 VLAN，可在全局配置模式下，也可以在 VLAN 子模式下进行。

  Switch#enable

  Switch#configure terminal

  Switch(config)#vlan 10

  Switch(config-vlan)#name Finance

  Switch(config-vlan)#vlan 20

  Switch(config-vlan)#name Marketing

2. 添加 VLAN 成员

(1) 添加单个端口。

  Switch(config)#interface f0/10

  Switch(config-if)#switchport mode access

  Switch(config-if)#switchport access vlan 10

(2) 添加批量连续端口。

  Switch(config)#interface range f0/1-6

  Switch(config-if-range)#switchport mode access

  Switch(config-if-range)#switchport access vlan 10

(3) 添加批量不连续端口。

  Switch(config)#interface range f0/12-14,f0/16

  Switch(config-if-range)#switchport mode access

  Switch(config-if-range)#switchport access vlan 10

一般情况下，我们先创建 VLAN，再添加 VLAN 成员。但是，若没有创建 VLAN，直接添加 VLAN 成员，则系统可以使用默认名称自动创建相关 VLAN。

  Switch(config)#interface f0/20

  Switch(config-if)#switchport mode access

  Switch(config-if)#switchport access vlan 30

  % Access VLAN does not exist. Creating vlan 30

3. 修改 VLAN 成员

我们可以灵活改变 VLAN 成员，将其从一个 VLAN 改变到另外一个 VLAN，只需要重新分配相应端口到新 VLAN 即可。例如，连接到 Fa0/10 的用户，原本属于财务部(VLAN10)，后因工作需要，调动到市场部(VLAN20)，其修改如下：

  Switch(config)#interface f0/10

  Switch(config-if)#switchport access vlan 20

4. 删除某个 VLAN

删除某个 VLAN 需要把 VLAN 成员从该 VLAN 中删除。先查看当前 VLAN 信息，了解 VLAN 成员，即 VLAN 端口信息。

Switch# show vlan brief

VLAN	Name	Status	Ports
1	default	active	Fa0/7, Fa0/8, Fa0/9, Fa0/11, Fa0/15, Fa0/17, Fa0/18, Fa0/19, Fa0/20, Fa0/21, Fa0/22, Fa0/23, Fa0/24, Gig0/1, Gig0/2
10	Finance	active	Fa0/1, Fa0/2, Fa0/3, Fa0/4, Fa0/5, Fa0/6, Fa0/10
20	Marketing	active	Fa0/12, Fa0/13, Fa0/14, Fa0/16
1002	fddi-default	active	
1003	token-ring-default	active	
1004	fddinet-default	active	
1005	trnet-default	active	

若要删除 VLAN10，则需先删除 VLAN 成员，再删除 VLAN ID，具体操作如下：

Switch(config)# interface range f0/1-6，f0/10
Switch(config-if-range)# no switchport access vlan 10
Switch(config)# no vlan 10

端口从某一 VLAN 中删除后，默认将返回 VLAN 1。
再次查看当前 VLAN 信息，我们发现 VLAN 10 的成员目前属于 VLAN 1。

Switch# show vlan brief

VLAN	Name	Status	Ports
1	default	active	Fa0/1, Fa0/2, Fa0/3, Fa0/4, Fa0/5, Fa0/6, Fa0/7, Fa0/8, Fa0/9, Fa0/10, Fa0/11, Fa0/15, Fa0/17, Fa0/18, Fa0/19, Fa0/20, Fa0/21, Fa0/22, Fa0/23, Fa0/24
20	Marketing	active	Fa0/12, Fa0/13, Fa0/14, Fa0/16
1002	fddi-default	active	
1003	token-ring-default	active	
1004	fddinet-default	active	
1005	trnet-default	active	

若删除 VLAN，未删除其成员，而是直接删除 VLAN ID，如下所示：
Switch(config)#no vlan 10

则删除 VLAN 后，其成员 Fa0/1～Fa0/6 及 Fa0/10 也一并被删除，如下 show 显示，此时我们看不到这些端口。

Switch#show vlan brief

VLAN	Name	Status	Ports
1	default	active	Fa0/7, Fa0/8, Fa0/9, Fa0/11
			Fa0/15, Fa0/17, Fa0/18, Fa0/19
			Fa0/20, Fa0/21, Fa0/22, Fa0/23
			Fa0/24, Gig0/1, Gig0/2
20	Marketing	active	Fa0/12, Fa0/13, Fa0/14, Fa0/16
1002	fddi-default	active	
1003	token-ring-default	active	
1004	fddinet-default	active	
1005	trnet-default	active	

目前，这些端口处于"游离"状态，是不可用的。若想使用这些端口，必须将其重新添加到相应 VLAN。这种情况会给网络故障排除带来一定难度。

5. 删除所有 VLAN

如果用户需要把某台交换机上的所有 VLAN 删除，则无须逐个删除。因为在创建 VLAN 时，系统会在 flash 中自动生成 vlan.dat 文件，它记录了所有 VLAN 信息，所以，删除 vlan.dat 也就删除了所有 VLAN。若恢复交换机出厂设置，flash 中的启动配置文件 config.txt 和数据库文件 vlan.dat 需要同时删除，具体操作如下：

Switch#delete flash：vlan.bat
Delete filename [vlan.bat]?
Delete flash:/vlan.bat? [confirm]
Switch#delete flash:config.txt
Delete filename [config.txt]?
Delete flash:/config.txt? [confirm]

接下来，在特权模式下输入 reload 命令重启设备，交换机就恢复到出厂设置。

2.2.5 认识 Trunk 干道

1. 认识 Trunk 干道

当有多个 VLAN 跨越两台交换机通信，而交换机间只有一条级联链路可以实现时，我们把这条链路称为干道。干道可以同时传输多个 VLAN 的数据，这条干道就像高速公路被划分成多车道一样，允许多辆车同时通过。这条干道就是我们本节课要学习的 Trunk 链路即干道链路。

2. 干道的应用场合

干道链路通常应用在以下几种场合：

(1) 交换机与交换机之间：如图 2.2.3 所示，SW1 与 SW2 之间的链路。它是 PC1 和 PC2、PC3 和 PC4、以及 PC5 和 PC6 通信的必经之路，因此它需要同时转发三个 VLAN 的数据。

(2) 交换机与路由器之间：如图 2.2.3 所示，SW3 与 Router1 之间的链路。为了实现不同 VLAN 之间的通信，该链路必须允许 3 个 VLAN 的数据通过，才可实现 VLAN 间的互访。

(3) 交换机与服务器之间：服务器是多个 VLAN 的共用服务器，但服务器网卡必须支持。

若一条链路只允许通过一个 VLAN 的数据，这条链路就不是干道(trunk)，而是访问链路，即接入链路(access)。接入链路一般是指交换机和主机之间的链路，如图 2.2.3 所示。

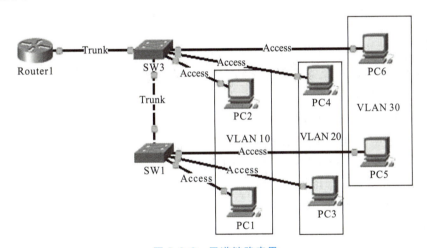

图 2.2.3　干道链路应用

2.2.6　Trunk 链路配置

网络拓扑如图 2.2.4 所示，二层交换机 S0 的 G1/1 端口与三层交换机 S1 的 G0/1 端口连接，此时两端口均要配置为 trunk 模式。

在三层交换机上进行配置：

　　S1(config)#interface gigabitEthernet 0/1
　　S1(config-if)#switchport trunk encapsulation dot1q

图 2.2.4　Trunk 链路配置

S1(config-if)# switchport mode trunk

S1(config-if)#

%LINEPROTO-5-UPDOWN：Line protocol on Interface GigabitEthernet0/1, changed state to down

%LINEPROTO-5-UPDOWN：Line protocol on Interface GigabitEthernet0/1, changed state to up

S1(config-if)#

三层交换机要配置 trunk 模式，必须先封装 dot1q 协议，即 802.1Q 协议，才能正确启用 trunk。

默认情况下，交换机端口会启用协商，且所有交换机端口均处于 dynamic 模式。当 S1 配置了 trunk 模式后，S0 会自动切换成 trunk 模式，如果不希望启用动态协商，可在交换机上输入：

S1(config-if)# switchport nonegotiate

当网络中不同厂商设备或者考虑到 VLAN 安全时，我们应采用该手工方式指定 trunk，关闭 DTP 协商。

在二层交换机 S0 上进行配置：

S0(config)# interface gigabitEthernet 1/1

S0(config-if)# switchport mode trunk

二层交换机上启用 trunk，只需进入端口配置模式，修改 switchport 模式即可。

在 S1 上查看 trunk 配置情况。

S1# show interfaces trunk

Port	Mode	Encapsulation	Status	Native vlan
Gig0/1	on	802.1	qtrunking	1

Port	Vlans allowed on trunk
Gig0/1	1—1005

Port	Vlans allowed and active in management domain
Gig0/1	1

Port	Vlans in spanning tree forwarding state and not pruned
Gig0/1	1

通过结果信息，可以发现其 Gig0/1 端口已形成 Trunk，Mode 为"on"表明 trunk

是通过手动方式形成的，其封装协议为 IEEE 802.1Q，本征 VLAN ID 是 1，默认情况下，trunk 允许所有 VLAN 数据通过，若希望部分 VLAN 通过可使用 allowed 进行配置：

  S1(config-if)#switchport trunk allowed vlan 10-100,200

本命令允许 vlan10~vlan100 和 vlan200 通过。

2.2.7 VLAN 间路由配置

初始网络拓扑如图 2.2.5 所示。

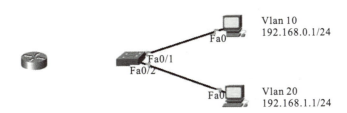

图 2.2.5   VLAN 间路由初始图

初始状态下，交换机已经创建了 vlan10 和 vlan20，且 F0/1 加入 vlan10，F0/2 加入 vlan20，两台电脑也正确配置了 IP 地址。希望通过路由器，使两台电脑能 ping 通。

传统方法下，路由器与交换机用两根线连接，分别传输 vlan10 和 vlan20 的数据包，经过路由器转发，实现两台电脑连通。

单臂路由方法，路由器与交换机用一根线连接，路由器创建两个子接口，分别传输 vlan10 和 vlan20 的数据包，经过路由器转发，实现两台电脑连通。

下面介绍具体配置方法。

1. 传统方法

将路由器的 G0/0 与交换机的 G1/1 连接，将路由器 G0/1 与交换机 G1/2 连接，如图 2.2.6 所示。

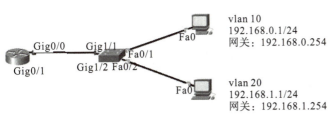

图 2.2.6   传统方式 VLAN 间路由

交换机配置如下：

  Switch(config)#vlan 10

```
Switch(config-vlan)#vlan 20
Switch(config-vlan)#int f0/1
Switch(config-if)#switchport mode access
Switch(config-if)#sw access vlan 10
Switch(config-if)#int f0/2
Switch(config-if)#switchport mode access
Switch(config-if)#sw access vlan 20
！以上为初始配置。
Switch(config-if)#int g1/1
Switch(config-if)#switchport mode access
Switch(config-if)#switchport access vlan 10
Switch(config-if)#int g1/2
Switch(config-if)#switchport mode access
Switch(config-if)#switchport access vlan 20
Switch(config-if)#
```

路由器只需将两个端口地址配置好即可，具体配置如下：

```
Router(config)#int g0/0
Router(config-if)#no shutdown
Router(config-if)#ip address 192.168.0.254 255.255.255.0
Router(config-if)#int g0/1
Router(config-if)#no shutdown
Router(config-if)#ip address 192.168.1.254 255.255.255.0
Router(config-if)#
```

在两台电脑正确配置 IP 地址和网关的情况下，可 ping 通。

2. 单臂路由方法

将路由器的 G0/0 与交换机的 G1/1 连接，如图 2.2.7 所示。

视频
单臂路由

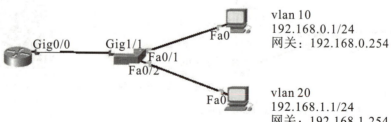

图 2.2.7 单臂路由实现 VLAN 间路由

(1) 路由器创建子接口(子接口编号随意，一般设为与相应 vlan 编号相同)。

Router(config)#int g0/0.10

(2) 子接口分别封装 802.1Q 协议，其中封装的 vlan 编号必须与交换机设置的 vlan 相同，子接口不封装 802.1Q 协议，则不能配置 IP 地址。

Router(config-subif)#encapsulation dot1Q 10

(3) 子接口分别设置 IP 地址，必须不同网段。

Router(config-subif)#ip address 192.168.0.254 255.255.255.0

创建另一个子接口，封装 802.1Q 协议，并配置 IP 地址。

Router(config-subif)#exit

Router(config)#int g0/0.20

Router(config-subif)#encapsulation dot1Q 20

Router(config-subif)#ip address 192.168.1.254 255.255.255.0

Router(config-subif)#exit

(4) 进入接口，打开接口。

Router(config)#int g0/0

Router(config-if)#no shut

Router(config-if)#

%LINK-5-CHANGED:Interface GigabitEthernet0/0, changed state to up

% LINEPROTO-5-UPDOWN: Line protocol on Interface GigabitEthernet0/0, changed state to up

%LINK-5-CHANGED:Interface GigabitEthernet0/0.10, changed state to up

% LINEPROTO-5-UPDOWN: Line protocol on Interface GigabitEthernet0/0.10, changed state to up

%LINK-5-CHANGED:Interface GigabitEthernet0/0.20, changed state to up

% LINEPROTO-5-UPDOWN: Line protocol on Interface GigabitEthernet0/0.20, changed state to up

！此时 no shutdown 打开了 G0/0 以及所有子接口。

(5) 交换机将 G1/1 端口设为 trunk 模式。

Switch(config)#int g1/1

Switch(config-if)#switchport mode trunk

Switch(config-if)#

%LINK-5-CHANGED:Interface GigabitEthernet1/1, changed state to up

% LINEPROTO-5-UPDOWN: Line protocol on Interface GigabitEthernet1/1, changed state to up

在两台电脑正确配置 IP 地址和网关的情况下，通过 ping 命令测试，可连通。

拓展知识

2.2.8 802.3 帧格式与 802.1Q 帧格式

以太网采用的标准是 IEEE802.3，以太网的帧格式即 802.3 帧格式；IEEE802.1Q 是国际标准协议，能对数据帧附加 VLAN 标识，兼容各厂商交换机。802.3 和 802.1Q 帧格式如图 2.2.8 所示。

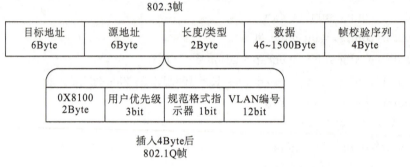

图 2.2.8　802.3 及 802.1Q 帧格式

1. 802.3 帧格式

802.3 帧发送前首先要传输 7 个字节的前导码(preamble)和 1 个字节的帧起始定界符(start frame delimiter)，前导码每个字节的值固定为 0xAA，帧起始定界符的值固定为 0xAB。

802.3 帧中目标地址(destination address)和源地址(source address)均为 6 个字节。若目标地址第一位是 0，则表示这是一个普通地址；如果是 1，则表示这是一个组地址。

长度/类型(length/type)字段用于指定报文头后所接的数据类型。通常使用的值包括：IPv4(0x0800)，IPv6(0x86DD)，ARP(0x0806)。而值 0x8100 代表一个 Q-tagged 帧(802.1Q)。通常一个基础的以太网帧长为 1518B，但是更多的新标准把这个值扩展为 2000B。

数据(MAC client data)：数据主体，最小长度为 46B(加上帧首 6+6+2=14 字节，帧尾 FCS 的 4B 合计 64B)，当数据主体小于 48B 时，会添加 pad 字段。选取最小长度是出于冲突检测的考虑(CSMA/CD)。而数据字段最大长度为 1500B，包含帧首和帧尾合计 1518B。

帧校验序列 FCS(frame check sequence)：采用 CRC32 循环冗余码格式，用来确定接收到的帧比特是否正确。

2. 802.1Q 帧格式

在 802.3 帧的源地址后插入 4 个字节，构成 802.1Q 帧。其中前 2 个字节固定为

0X8100 表示以太网，后两个字节是 TCI（标签控制信息字段），包括户优先级（userpriority）3bit、规范格式指示器（canonical format indicator）1bit 和 VLAN 编号（VLAN ID）12bit，所以理论上 VLAN 编号的范围为 1～4095。

使用 VLAN 管理网络设备

（1）掌握 VLAN 工作原理和配置方法。
（2）掌握 VLAN 间路由的工作原理和配置方法。

任务2-2　使用VLAN管理网络设备实训

操作步骤

（1）打开 Packet Tracer 软件，点击 File 菜单 Open 按钮，打开文件 2-2.pka，按操作步骤完成实训。按表 2.2.2 连线，并为电脑配置 IP 地址和掩码。

表 2.2.2　设备连线

设备及端口	IP 地址	设备及端口	线型
admin	192.168.100.100/24	S0 的 F0/1	直通线
Server0	192.168.200.1/24	S0 的 F0/2	直通线
PC0 的 F0	192.168.10.1/24	S1 的 F0/1	直通线
PC1 的 F0	192.168.20.1/24	S1 的 F0/2	直通线
PC2 的 F0	192.168.10.2/24	S2 的 F0/1	直通线
PC3 的 F0	192.168.20.2/24	S2 的 F0/2	直通线
PC4 的 F0	192.168.30.1/24	S3 的 F0/1	直通线
PC5 的 F0	192.168.40.1/24	S3 的 F0/2	直通线
PC6 的 F0	192.168.30.2/24	S4 的 F0/1	直通线
PC7 的 F0	192.168.40.2/24	S4 的 F0/2	直通线
R0 的 F0/0	172.16.0.1/16（已配置）	R1 的 F0/0	交叉线
R0 的 F0/1	172.17.0.1/16（已配置）	S0 的 F0/24	直通线
R1 的 F0/1	配置 3 个子接口	S2 的 F0/24	直通线
S0 的 G0/1	—	S3 的 G1/2	交叉线
S1 的 G1/1	—	S2 的 G1/1	交叉线
S3 的 G1/1	—	S4 的 G1/1	交叉线

(2)完成交换机 S1 的配置。

①基础配置。

以下配置为网络设备常规配置，要养成习惯。

  点击 S1 进入 CLI 窗口。

  Switch＞en

  Switch#conf t

配置主机名为 S1。

  Switch(config)#hostname S1

配置加密密码为 cisco。

  S1(config)#enable secret cisco

规定并启用交换机 S1 的显示标记，显示的字符由 & 起始，& 终止。

  S1(config)#banner motd &This is S1&

进入配置控制台线路配置模式，配置控制台密码并启用。

  S1(config)#line console 0

  S1(config-line)#password test_con

  S1(config-line)#login

进入 vty 线路配置模式，启用线路 0~1，配置密码并启用。

  S1(config-line)#line vty 0 1

  S1(config-line)#password test_vty

  S1(config-line)#login

  S1(config-line)#exit

  S1(config)#

②进行 vlan 创建。

创建 vlan，编号 99。

  S1(config)#vlan 99

将 vlan99 命名为 management(管理 vlan)。

  S1(config-vlan)#name management

创建 vlan，编号 10。

  S1(config-vlan)#vlan 10

将 vlan10 命名为 test10。

  S1(config-vlan)#name test10

  S1(config-vlan)#vlan 20

  S1(config-vlan)#name test20

  S1(config-vlan)#exit

> 注意：创建 vlan 的命令一般是在全局配置模式下运行，也可在 vlan 配置模式下运行。

③将与电脑连接的端口配置为 access（接入）模式，加入相应 vlan 中；将与交换机 S2 相连的端口配置为 trunk（干道）模式。

> 注意：交换机与电脑连接的端口只能配置为 access 模式。交换机之间连接的端口，如果需要通过多个 vlan，必须配置为 trunk 模式。

进入 F0/1 端口配置模式，将端口配置为 access 模式，并加入 vlan 10。
S1(config)#int f0/1
S1(config-if)#switchport mode access
S1(config-if)#switchport access vlan 10

进入 F0/2 端口配置模式，将端口配置为 access 模式，并加入 vlan 20。
S1(config-if)#int f0/2
S1(config-if)#switchport access vlan 20
S1(config-if)#switchport mode access

进入 G1/1 端口（千兆端口）配置模式，将端口配置为 trunk 模式。
S1(config-if)#int gigabitEthernet 1/1
S1(config-if)#switchport mode trunk

> 注意：fastEthernet 表示百兆端口，gigabitEthernet 表示千兆端口。

返回特权模式，保存配置。
S1(config-if)#end
S1#write

查看当前 vlan 配置。
S1#show vlan brief

vlan	Name	Status	Ports
1	default	active	Fa0/3, Fa0/4, Fa0/5, Fa0/6
			Fa0/7, Fa0/8, Fa0/9, Fa0/10
			Fa0/11, Fa0/12, Fa0/13, Fa0/14
			Fa0/15, Fa0/16, Fa0/17, Fa0/18
			Fa0/19, Fa0/20, Fa0/21, Fa0/22
			Fa0/23, Fa0/24, Gig1/2
10	test10	active	Fa0/1

20	test20	active	Fa0/2
99	management	active	
1002	fddi-default	active	
1003	token-ring-default	active	
1004	fddinet-default	active	
1005	trnet-default	active	

其中，vlan 1 是默认 vlan，vlan 10、vlan 20、vlan 99 是新建的三个 vlan，均已重新命名，F0/1 加入了 vlan 10，F0/2 加入了 vlan20。

> 注意：查看 vlan 配置的简略信息时，可查看当前 vlan 及其名称是否正确，以及每个 vlan 下包含的端口情况；默认状态下，vlan1 已经存在，且所有端口均处于 vlan1 中，但是 vlan1 端口处于关闭状态。养成配置完 vlan 就查看一下配置是否正确的习惯。

④配置管理 vlan 的 IP 地址和网关。

进入全局配置模式，进入 vlan 99 端口配置模式，配置交换机 S1 的管理 IP 地址

> 注意：二层交换机的 IP 地址配置在 vlan 端口上。

```
S1#conf t
S1(config)#int vlan 99
S1(config-if)#ip address 192.168.99.1 255.255.255.0
S1(config-if)#no shutdown
```

> 注意：只要创建了某个 vlan，再进入该 vlan，该 vlan 端口会自动打开，上例中，在 vlan99 端口中不运行 no shutdown，端口也已经打开；但是 vlan 1 是默认存在的，进入 vlan 1，端口也不会自动打开，必须在 vlan1 的端口配置模式中运行 no shutdown 手动打开。

描述 vlan99 的信息。

```
S1(config-if)#description This VLAN is management VLAN!
S1(config-if)#exit
```

配置二层交换机的网关。

```
S1(config)#ip default-gateway 192.168.99.254
```

> 注意：该命令仅用于二层交换机，且二层交换机仅能配置一个默认网关；三层交换机因为具有路由功能，无此命令，可通过 ip default-network 配置默认网络。

```
S1(config)#end
S1#write
```

查看 vlan99 端口信息(可看到前面配置的描述信息)。

　　S1#show interface vlan 99

查看所有三层端口的简略信息。

　　S1#show ip interface brief

查看当前交换机 trunk 链路信息。

　　S1#show interfaces trunk

> 注意：二层交换机的 IP 地址只能在 vlan 端口中配置，直接在物理端口上无法配置；三层交换机一般也在 vlan 端口上配置 IP 地址，与路由器连接时运行 no switchport 将端口改为路由端口后，方可在物理端口上配置 IP 地址；思科交换机进入 vlan 端口时，默认打开，所以最后一条命令 no shutdown 可以不输入。

(3)参照步骤 2，对 S2 进行配置，点击 S2 进入 CLI 窗口，输入如下命令：

①基础配置。

　　Switch>en

　　Switch#conf t

　　Switch(config)#hostname S2

　　S2(config)#enable secret cisco

　　S2(config)#line console 0

　　S2(config-line)#password test_con

　　S2(config-line)#login

　　S2(config-line)#exit

　　S2(config)#line vty 0 1

　　S2(config-line)#password test_vty

　　S2(config-line)#login

　　S2(config-line)#exit

　　S2(config)#vlan 10

　　S2(config-vlan)#name test10

　　S2(config-vlan)#vlan 20

　　S2(config-vlan)#name test20

②配置管理 vlan。

　　S2(config-vlan)#vlan 99

管理 vlan 的编号与 S1 相同，便于将 S1 和 S2 的管理 IP 配置为同一网段。

　　S2(config-vlan)#name management

　　S2(config-vlan)#exit

③配置默认网关，同一网段的电脑，网关相同。

S2(config)#ip default-gateway 192.168.99.254

④配置端口。

进入千兆口 G1/1 的端口配置模式。

S2(config)#int g1/1

与交换机连接的端口设为干道模式。

S2(config-if)#switchport mode trunk

S2(config-if)#exit

与电脑相连的端口设为接入模式。

S2(config)#int f0/1

S2(config-if)#switchport mode access

S2(config-if)#switchport access vlan 10

S2(config-if)#int f0/2

S2(config-if)#switchport access vlan 20

S2(config-if)#switchport mode access

⑤配置 IP 地址。

S2(config)#int vlan 99

S2(config-if)#ip address 192.168.99.2 255.255.255.0

> 注意：管理 IP 不能与网络其他 IP 地址冲突，同样不能与 S1 的管理 IP 相同。

S2(config-if)#end

S2#write

(4)在 S2 上测试 S1 的远程登录。

在 S2 的特权模式下远程登录到 S1 上。

S2#telnet 192.168.99.1

Trying 192.168.99.1 ... Open

This is S1

登录成功的回显：

User Access Verification

Password：

输入 S1 的 VTY 密码 test_vty

S1>en

> 注意：提示符已经变成 S1，此时是对 S1 进行配置了。

Password：

输入 S1 的特权密码 cisco

S1#

（5）通过电脑测试 vlan 配置：

① 首先确认 PC0 的 IP 地址配置为 192.168.10.1，PC1 的 IP 地址配置为 192.168.20.1，PC2 的 IP 地址配置为 192.168.10.2，PC3 的 IP 地址配置为 192.168.20.2，所有电脑的掩码均设为 255.255.255.0；再将 PC0 和 PC2 的网关配置为 192.168.10.254，将 PC1 和 PC3 的网关配置为 192.168.20.254。

② 在 PC0 的 Desktop 标签下 Command Prompt 窗口中输入：

  PC＞ping 192.168.10.1

ping 自己，可通。

  PC＞ping 192.168.20.1

ping 相同交换机，不同 VLAN、不同网段电脑，不通。

  PC＞ping 192.168.10.2

ping 不同交换机，但同 VLAN、同网段电脑，可通。

  PC＞ping 192.168.20.2

ping 不同交换机，不同 VLAN 不同网段电脑，不通。

③ 将 PC1 的 IP 地址改为 192.168.10.10，掩码不变，在 PC0 的 Desktop 标签下 Command Prompt 窗口中输入：

  PC＞ping 192.168.10.10

ping 相同交换机、相同网段，不同 VLAN 电脑，不通。

（6）参照步骤（2），对 S3 进行配置，点击 S3 进入 CLI 窗口，输入如下命令：

  Switch＞en

  Switch#conf t

  Switch(config)#hostname S3

  S3(config)#enable secret cisco

  S3(config)#line console 0

  S3(config-line)#password test_con

  S3(config-line)#login

  S3(config-line)#exit

  S3(config)#line vty 0 1

  S3(config-line)#password test_vty

  S3(config-line)#login

  S3(config-line)#exit

  S3(config)#vlan 30

  S3(config-vlan)#name test30

  S3(config-vlan)#vlan 40

```
S3(config-vlan)#name test40
S3(config-vlan)#vlan 100
S3(config-vlan)#name management
S3(config-vlan)#exit
S3(config)#ip default-gateway 192.168.100.254
S3(config)#int g1/1
S3(config-if)#switchport mode trunk
S3(config-if)#int g1/2
S3(config-if)#switchport mode trunk
S3(config-if)#int f0/1
S3(config-if)#switchport mode access
S3(config-if)#switchport access vlan 30
S3(config-if)#int f0/2
S3(config-if)#switchport access vlan 40
S3(config-if)#switchport mode access
S3(config-if)#int vlan 100
S3(config-if)#ip address 192.168.100.1 255.255.255.0
S3(config-if)#end
S3#wr
```

(7)参照步骤(6),对 S4 进行配置,点击 S4 进入 CLI 窗口,输入如下命令:

```
Switch>enable
Switch#configure terminal
Switch(config)#hostname S4
S4(config)#enable secret cisco
S4(config)#line console 0
S4(config-line)#password test_con
S4(config-line)#login
S4(config-line)#line vty 0 1
S4(config-line)#password test_vty
S4(config-line)#login
S4(config-line)#exit
S4(config)#vlan 30
S4(config-vlan)#name test30
S4(config-vlan)#vlan 40
S4(config-vlan)#name test40
```

S4(config-vlan)#vlan 100

S4(config-vlan)#name management

S4(config-vlan)#exit

S4(config)#ip default-gateway 192.168.100.254

S4(config)#int g1/1

S4(config-if)#switchport mode trunk

S4(config-if)#int f0/1

S4(config-if)#switchport mode access

S4(config-if)#switchport access vlan 30

S4(config-if)#int f0/2

S4(config-if)#switchport mode access

S4(config-if)#switchport access vlan 40

S4(config-if)#int vlan 100

S4(config-if)#ip address 192.168.100.2 255.255.255.0

S4(config-if)#end

S4#wr

(8) 参照步骤(5)，通过电脑测试 VLAN 配置。

> 注意：要将 PC4 的 IP 地址配置为 192.168.30.1，PC5 的 IP 地址配置为 192.168.40.1，PC6 的 IP 地址配置为 192.168.30.2，PC7 的 IP 地址配置为 192.168.40.2，所有电脑的掩码均设为 255.255.255.0；再将 PC4 和 PC6 的网关配置为 192.168.30.254，将 PC5 和 PC7 的网关配置为 192.168.40.254。

(9) 通过对 R1 进行单臂路由配置，使 PC0、PC1、PC2、PC3 相互之间能 ping 通，且能以远程登录的方式管理 R1、S1 和 S2，在 R1 上打开 CLI 窗口，按下回车键出现如下提示：

This is R1！

User Access Verification

Password：

此时输入 test_con

R1>en

Password：

此时输入 cisco

R1#conf t

① 启用端口。

R1(config)#int f0/1

R1(config-if)#no shutdown

注意：启用了 F0/1 端口后，再创建 F0/1 下的子接口时，子接口会自动打开。

R1(config-if)#exit

②创建 F0/1 的子接口，编号 10，并进入子接口配置模式。

R1(config)#int f0/1.10

R1(config-subif)#

注意此时的提示符。

③封装 802.1Q 协议。

R1(config-subif)#encapsulation dot1Q 10

注意：封装 802.1Q 协议时，封装的编号与该子接口对应 VLAN 必须相同。

此命令封装 VLAN 编号为 10，对应 vlan 10。

④配置子接口的 IP 地址。

R1(config-subif)#ip address 192.168.10.254 255.255.255.0

R1(config-subif)#exit

注意：子接口不封装 802.1Q 协议，则不能配置 IP 地址。该地址是所有加入 vlan 10 中电脑的网关。

⑤按同样方法创建 F0/1.20 子接口，并配置 IP 地址。

R1(config)#int f0/1.20

R1(config-subif)#encapsulation dot1q 20

R1(config-subif)#ip address 192.168.20.254 255.255.255.0

此时封装编号对应 vlan 20，IP 地址为 vlan 20 的网关。

R1(config-subif)#exit

⑥按同样方法创建 F0/1.99 子接口，并配置 IP 地址。

R1(config)#int f0/1.99

R1(config-subif)#encapsulation dot1q 99

R1(config-subif)#ip address 192.168.99.254 255.255.255.0

R1(config-subif)#end

R1#wr

注意：由于 S2 要将多个 vlan 的数据发送至路由器 R1，所以要将 S2 与 R1 连接的端口配置为 trunk。

⑦将交换机 S2 上与 R1 相连的端口配置为干道模式。

在 S2 上打开 CLI 窗口，按下回车键出现如下提示：

User Access Verification

Password：

输入密码 test_con。

S2＞en

Password：

输入密码 cisco。

S2#conf t

S2(config)#int f0/24

S2(config-if)#switchport mode trunk

⑧测试连通性。

等待交换机 S2 连接 R1 端口变为绿色后，在 PC0 的 Desktop 标签下 Command Prompt 窗口中输入：

PC＞ping 192.168.10.1

ping 自己，可通。

PC＞ping 192.168.10.10

ping 相同交换机、不同 VLAN、相同网段电脑，不通。

注意：此时 PC1 的 IP 地址与其所在 vlan(vlan20)网关的地址 192.168.20.254 不在同一网段，所以 ping 不通。

PC＞ping 192.168.10.2

ping 不同交换机、但同 VLAN、相同网段电脑，可通。

PC＞ping 192.168.20.2

ping 不同交换机、不同 VLAN、不同网段电脑，可通。

PC＞ping 192.168.99.1

ping 相同交换机、不同 VLAN、不同网段电脑，可通。

PC＞ping 192.168.99.2

ping 不同交换机、不同 VLAN、不同网段电脑，可通。

将 PC1 的 IP 地址改回 192.168.20.1，掩码不变。

在 PC0 的 Desktop 标签下 Command Prompt 窗口中输入：

PC＞ping 192.168.20.1

ping 相同交换机、不同 VLAN、不同网段电脑，可通。

思考：当 PC1 的 IP 地址为 192.168.10.10/24 时，为什么 PC0 无法 ping 通 PC1？

⑨测试远程登录。

测试通过 PC0 远程登录管理 R1、S1、S2。

远程登录 R1 任意 IP 地址中的一个。

在 PC0 的 Desktop 标签下 Command Prompt 窗口中输入：

 PC＞telnet 192.168.10.254

 Trying 192.168.10.254 … Open

 This is R1！

 User Access Verification

 Password：

输入密码 test_vty

 R1＞en

 Password：

输入密码 cisco

返回 PC0 命令行窗口。

 R1♯exit

 ［Connection to 192.168.10.254 closed by foreign host］

 PC＞

远程登录 S1。

 PC＞telnet 192.168.99.1

 Trying 192.168.99.1 … Open

 This is S1！

 User Access Verification

 Password：

输入密码 test_vty

 S1＞en

 Password：

输入密码 cisco

 S1♯exit

 ［Connection to 192.168.99.1 closed by foreign host］

 PC＞

远程登录 S2。

 PC＞telnet 192.168.99.2

Trying 192.168.99.2...Open
User Access Verification
Password：
输入密码 test_vty
S2>en
Password：
输入密码 cisco
S2#exit
[Connection to 192.168.99.2 closed by foreign host]
PC>

(10)通过对 S0 进行配置，使 PC4、PC5、PC6、PC7 相互之间能 ping 通，且能以远程登录方式管理 S0、S1 和 S2，在 S0 上打开 CLI 窗口，进行如下配置：

①基本配置。

```
Switch>enable
Switch#configure terminal
Switch(config)#hostname S0
S0(config)#ip routing
S0(config)#enable secret cisco
S0(config)#line console 0
S0(config-line)#password test_con
S0(config-line)#login
S0(config-line)#line vty 0 1
S0(config-line)#password test_vty
S0(config-line)#login
S0(config-line)#exit
S0(config)#
```

②创建 VLAN，并在 VLAN 端口配置 IP 地址。

三层交换机作为 vlan30、vlan40、vlan100 的网关，自身需要创建对应的 VLAN，且各 VLAN 中配置的 IP 地址，即成为各 VLAN 中电脑和二层交换机的网关。

```
S0(config)#vlan 30
S0(config-vlan)#name test30
S0(config-vlan)#exit
S0(config)#vlan 40
S0(config-vlan)#name test40
S0(config-vlan)#exit
```

```
S0(config)#vlan 100
S0(config-vlan)#name management
S0(config-vlan)#vlan 200
S0(config-vlan)#name server
S0(config-vlan)#exit
S0(config)#int vlan 30
S0(config-if)#ip address 192.168.30.254 255.255.255.0
```
此 IP 地址为 vlan30 的网关。

```
S0(config-if)#int vlan 40
S0(config-if)#ip address 192.168.40.254 255.255.255.0
```
此 IP 地址为 vlan40 的网关。

```
S0(config-if)#int vlan 100
S0(config-if)#ip address 192.168.100.254 255.255.255.0
```
此 IP 地址为 vlan100(admin)的网关。

```
S0(config)#int vlan 200
S0(config-if)#ip add 192.168.200.254 255.255.255.0
```
此 IP 地址为 vlan100(Server0)的网关。

③将 F0/24 配置为三层端口,并配置 IP 地址。
```
S0(config-if)#int f0/24
S0(config-if)#no switchport
S0(config-if)#ip address 172.17.0.2 255.255.0.0
```
④将端口加入 vlan。
```
S0(config-if)#int f0/1
S0(config-if)#switchport mode access
S0(config-if)#switchport access vlan 100

S0(config-if)#int f0/2
S0(config-if)#switchport mode access
S0(config-if)#switchport access vlan 200
```
⑤将 G0/1 端口配置为干道模式。

注意:三层交换机的端口如果要配置成 trunk 模式,必须先封装 802.1Q 协议。

S0(config-if)#int g0/1

S0(config-if)#switchport trunk encapsulation dot1q

S0(config-if)#switchport mode trunk

S0(config-if)#exit

S0(config)#

(11)在 admin 上测试连通性和远程登录管理 S0、S3、S4。

首先确保 admin 的 IP 地址配置为 192.168.100.100，掩码配置为 255.255.255.0，网关配置为 192.168.100.254；Server0 的 IP 地址配置为 192.168.200.1，掩码配置为 255.255.255.0，网关配置为 192.168.200.254。

在 admin 的 Desktop 标签下的 Command Prompt 窗口中输入：

PC>ping 192.168.100.254

PC>ping 192.168.30.1

PC>ping 192.168.40.1

PC>ping 192.168.200.1

PC>telnet 192.168.100.254

PC>telnet 192.168.100.1

PC>telnet 192.168.100.2

(12)打开 PT Activity(PT 活动窗口)点击窗口下方 Check Results(检验结果)按钮，点击 Assessment Items(评价项目)，可以查看当前实训结果是否完成，如图 2.2.9 所示。

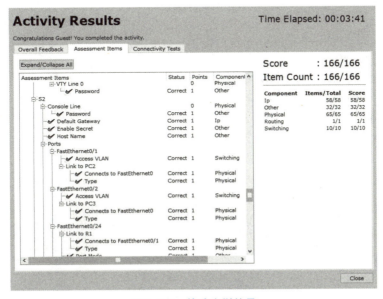

图 2.2.9　检验实训结果

智能交通网络构建与管理

实训总结

任务评价

2.2 任务二 使用 VLAN 管理网络设备

课后任务单

| 学号： | 姓名： | 日期： |

问题1：完成交换机 vlan 配置测试。

问题2：完成 vlan 间路由配置测试。

问题3：完成单臂路由配置测试。

任务评价

评价考核					
序号	评价项目	自我评价	互相评价	教师评价	综合评价
1	是否预习				
2	引导问题				
3	团队协同				
4	实训任务				
5	课后问题				

注：评价统一采用 A(优)、B(良)、C(合格)、D(尚需努力)四个等级。

2.3 任务三 使用 NAT 接入广域网

课前学习任务单

学号：　　　　　　姓名：　　　　　　日期：

学习目标
1. 了解 NAT 的工作原理；
2. 掌握 NAT 的配置方法。

引导问题

1. 简述 NAT 的工作原理。

2. 简述 NAT 的应用场合。

3. 简述 NAT 的配置方法。

任务评价

相关知识

2.3.1 认识 NAT 技术

NAT(network address translation)功能,就是指在一个网络内部,根据需要可以随意自定义 IP 地址,而不需要经过申请。在网络内部,各计算机间通过内部的 IP 地址进行通信。而当内部计算机要与外部 Internet 网络进行通信时,具有 NAT 功能的设备(比如:路由器)负责将其内部的 IP 地址转换为合法的 IP 地址(即经过申请的 IP 地址)进行通信。

1. NAT 的应用环境

情况 1:一个企业不想让外部网络用户知道自己的网络内部结构,可以通过 NAT 将内部网络与外部 Internet 隔离开,则外部用户根本不知道通过 NAT 设置的内部 IP 地址。

情况 2:一个企业申请的合法 Internet IP 地址很少,而内部网络用户很多。可以通过 NAT 功能实现多个用户同时公用一个合法 IP 与外部 Internet 进行通信。

2. 设置 NAT 所需路由器的硬件配置和软件配置

设置 NAT 功能的路由器至少要有一个内部端口(inside),一个外部端口(outside)。内部端口连接的网络用户使用的是内部 IP 地址。

内部端口可以为任意一个路由器端口。外部端口连接的是外部的网络,如 Internet。外部端口可以为路由器上的任意端口。

设置 NAT 功能的路由器的 IOS 应支持 NAT 功能(本文示例所用路由器为 Cisco2501,其 IOS 为 11.2 版本以上,支持 NAT 功能)。

2.3.2 NAT 的设置方法

NAT 的作用是将内部本地地址转换成内部合法地址,其中:

内部本地地址(inside local address)是分配给内部网络中的计算机的内部 IP 地址。

内部合法地址(inside global address)是对外进行 IP 通信时,代表一个或多个内部本地地址的合法 IP 地址,是需要申请才可取得的 IP 地址。

NAT 设置方式可以分为静态地址转换、动态地址转换、复用动态地址转换。

1. 静态地址转换

静态地址转换将内部本地地址与内部合法地址进行一对一的转换,且需要指定和哪个合法地址进行转换。如果内部网络有 E-mail 服务器或 FTP 服务器等可以为外部用户提供的服务，这些服务器的 IP 地址必须采用静态地址转换，以便外部用户可以使用这些服务。

静态地址转换基本配置步骤如下：

(1)在内部本地地址与内部合法地址之间建立静态地址转换。在全局设置状态下输入：

　　ip nat inside source static 内部本地地址 内部合法地址

(2)指定连接网络的内部端口。在端口设置状态下输入：

　　ip nat inside

(3)指定连接外部网络的外部端口。在端口设置状态下输入：

　　ip nat outside

2. 动态地址转换

动态地址转换也是将本地地址与内部合法地址进行一对一的转换，但是动态地址转换是从内部合法地址池中动态地选择一个未使用的地址对内部本地地址进行转换。

动态地址转换基本配置步骤：

(1)在全局设置模式下，定义内部合法地址池：

　　ip nat pool 地址池名称 起始 IP 地址 终止 IP 地址 子网掩码

其中地址池名称可以任意设定。

(2)在全局设置模式下，定义一个标准的 access-list 规则以规定允许哪些内部地址可以进行动态地址转换：

　　access-list 标号 permit 源地址 通配符

其中标号为 1~99 之间的整数。

(3)在全局设置模式下，将由 access-list 指定的内部本地地址与指定的内部合法地址池进行地址转换：

　　ip nat inside source list 访问列表标号 pool 内部合法地址池名字

(4)指定与内部网络相连的内部端口在端口设置状态下：

　　ip nat inside

(5)指定与外部网络相连的外部端口：

　　ip nat outside

　　注意：可以根据实际需要定义多个内部端口及多个外部端口。

3. 复用动态地址转换

复用动态地址转换首先是一种动态地址转换，但是它可以允许多个内部本地地址共用一个内部合法地址。只申请到少量 IP 地址但却经常同时有多于合法地址个数的用户上外部网络的情况，这种转换极为有用。

注意：当多个用户同时使用一个 IP 地址，外部网络通过路由器内部利用上层的如 TCP 或 UDP 端口号等唯一标识某台计算机。

复用动态地址转换配置步骤：

（1）在全局设置模式下，定义内部合法地址池：

ip nat pool 地址池名字 起始 IP 地址 终止 IP 地址 子网掩码

其中地址池名字可以任意设定。

（2）在全局设置模式下，定义一个标准的 access-list 规则以规定允许哪些内部本地地址可以进行动态地址转换：

access-list 标号 permit 源地址 通配符

其中标号为 1~99 之间的整数。

（3）在全局设置模式下，设置在内部的本地地址与内部合法 IP 地址间建立复用动态地址转换：

ip nat inside source list 访问列表标号 pool 内部合法地址池名字 overload

（4）在端口设置状态下，指定与内部网络相连的内部端口：

ip nat inside

（5）在端口设置状态下，指定与外部网络相连的外部端口：

ip nat outside

 实训项目

使用 NAT 接入广域网

 实训目的

（1）了解 NAT 的工作原理。
（2）掌握 NAT 的配置方法。

任务2-3 使用NAT
接入广域网实训

操作步骤

（1）打开 Packet Tracer 软件，如图 2.3.1 所示，点击 File 菜单 Open 按钮，打开文件 2-3.pka，按操作步骤完成实训。选择 serial 线，DCE 端连接 Internet 中 ISP 的 S0/0/0 端口，DTE 端连接 Intranet 中 R0 的 S0/0/0 端口。

（2）完成 ISP 的 IP 地址配置、串口时钟配置和默认路由配置。

① 路由器改名为 ISP。

点击 Internet，打开 ISP 的 CLI 窗口，单击回车。

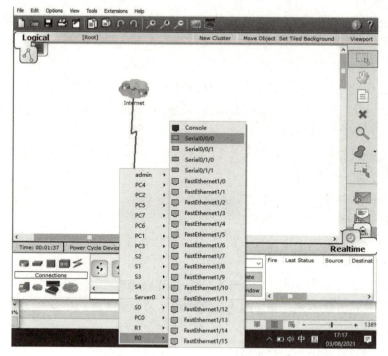

图 2.3.1　打开文件 2-3.pka

　　Router＞en

　　Router#conf t

　　Router(config)#hostname ISP

②配置 S0/0/0 端口地址并打开端口。

　　ISP(config)#int s0/0/0

　　ISP(config-if)#ip address 202.101.224.9 255.255.255.252

　　ISP(config-if)#no shutdown

③DCE 端需要配置时钟速度。

　　ISP(config-if)#clock rate 4000000

　　ISP(config-if)#exit

④创建环回口，编号为 0，并配置 IP 地址。

　　ISP(config)#interface loopback 0

　　ISP(config-if)#ip address 1.1.1.1 255.255.255.255

　　ISP(config-if)#exit

注意：环回口一般作为测试端口，其地址的掩码可设为全 1，即 255.255.255.255，其余端口的掩码一般不能设为全 1。

⑤配置默认路由通过环回口转发。

　　ISP(config)#ip route 0.0.0.0 0.0.0.0 loopback 0

(3)单击左上角 Back 返回主拓扑界面，再点击 Intranet，进入企业内网，通过配置动态路由协议 OSPF，使内网全网全通。

(4)完成 R0 动态路由配置。

①查看 R0 当前路由情况。

打开 R0 的 CLI 窗口，单击回车。

输入密码 test_con。

　　R0>en

　　Password：

输入密码 cisco。

查看当前路由情况。

　　R0#show ip route

　　Codes: C-connected, S-static, I-IGRP, R-RIP, M-mobile, B-BGP
　　　　　D-EIGRP, EX-EIGRP external, O-OSPF, IA-OSPF inter area
　　　　　N1-OSPF NSSA external type 1, N2-OSPF NSSA external type 2
　　　　　E1-OSPF external type 1, E2-OSPF external type 2, E-EGP
　　　　　i-IS-IS, L1-IS-IS level-1, L2-IS-IS level-2, ia-IS-IS inter area
　　　　　*-candidate default, U-per-user static route, o-ODR
　　　　　P-periodic downloaded static route

　　Gateway of last resort is not set

　　C　　172.16.0.0/16 is directly connected, FastEthernet0/0
　　C　　172.17.0.0/16 is directly connected, FastEthernet0/1

注意：以上显示当前路由器直连了两个网络，而与 ISP 相连的 S0/0/0 端口没有打开，所以此时没显示。

②配置与 ISP 连接的端口 S0/0/0 的 IP 地址。

　　R0#conf t

　　R0(config)#int s0/0/0

　　R0(config-if)#ip address 202.101.224.10 255.255.255.252

　　R0(config-if)#no shut

　　R0(config-if)#exit

③配置动态路由协议 OSPF。

　　R0(config)#router ospf 1

R0(config-router)#network 172.16.0.0 0.0.255.255 area 0
R0(config-router)#network 172.17.0.0 0.0.255.255 area 0

注意：R0 直连网络有三个，由于企业网将采用 NAT（网络地址转换）方式与互联网连接，故在 R0 上宣告网络时，仅宣告内网的网络，不宣告 202.101.224.8/30 网段。

R0(config-router)#router-id 255.255.255.255

本例中希望 R0 路由器成为 DR，故将其 router-id 设为最大值，此命令重启设备后生效。

R0(config-router)#default-information originate
R0(config-router)#exit

本例中 R0 为边界路由器，与外网相连，是内部网络的默认出口，故配置 default-information originate，该命令配置后，使用 OSPF 协议的同区域内所有路由器将自动添加默认路由，指向 R0。

④配置本路由器默认路由。

配置默认路由的转发端口：
R0(config)#ip route 0.0.0.0 0.0.0.0 s0/0/0
配置默认路由下一跳地址：
R0(config)#ip route 0.0.0.0 0.0.0.0 202.101.224.9
R0(config)#end
R0#write
R0#reload

注意：reload 命令的作用是重启设备，使用该命令前一定要先保存配置。

(5)完成 R1 的动态路由配置。
①打开 R1 的 CLI 窗口，单击回车。
输入密码 test_con。
　R1>en
　Password：
输入密码 cisco。
　R1#conf t
　R1(config)#router ospf 1
②宣告所有直连网络：
　R1(config-router)#network 192.168.10.0 0.0.0.255 area 0
　R1(config-router)#network 192.168.20.0 0.0.0.255 area 0

R1(config-router)#network 192.168.99.0 0.0.0.255 area 0

R1(config-router)#network 172.16.0.0 0.0.255.255 area 0

③将所有未连接路由器的端口全部配置为被动接口：

R1(config-router)#passive-interface fastEthernet 0/1.10

R1(config-router)#passive-interface fastEthernet 0/1.20

R1(config-router)#passive-interface fastEthernet 0/1.99

R1(config-router)#end

R1#write

(6)完成 S0 的动态路由配置。

①打开 S0 的 CLI 窗口，单击回车。

输入密码 test_con。

S0>en

Password：

输入密码 cisco。

S0#conf t

S0(config)#router ospf 1

②宣告所有直连网络：

S0(config-router)#network 172.17.0.0 0.0.255.255 area 0

S0(config-router)#network 192.168.30.0 0.0.0.255 area 0

S0(config-router)#network 192.168.40.0 0.0.0.255 area 0

S0(config-router)#network 192.168.100.0 0.0.0.255 area 0

S0(config-router)#network 192.168.200.0 0.0.0.255 area 0

③三层交换机 S0 与 R0 连接的端口是三层端口 F0/1，将所有未连接路由器的端口全部配置为被动接口：

S0(config-router)#passive-interface vlan 30

S0(config-router)#passive-interface vlan 40

S0(config-router)#passive-interface vlan 100

S0(config-router)#passive-interface vlan 200

S0(config-router)#end

S0#write

注意：当三层交换机的 IP 地址配置在 vlan 端口上时，被动接口的配置也使用 vlan 端口。

④在 R0、R1、S0 上分别查看路由表。

R0#show ip route

Codes: C-connected, S-static, I-IGRP, R-RIP, M-mobile, B-BGP
       D-EIGRP, EX-EIGRP external, O-OSPF, IA-OSPF inter area
       N1-OSPF NSSA external type 1, N2-OSPF NSSA external type 2
       E1-OSPF external type 1, E2-OSPF external type 2, E-EGP
       i-IS-IS, L1-IS-IS level-1, L2-IS-IS level-2, ia-IS-IS inter area
       *-candidate default, U-per-user static route, o-ODR
       P-periodic downloaded static route

Gateway of last resort is 0.0.0.0 to network 0.0.0.0

C   172.16.0.0/16 is directly connected, FastEthernet0/0
C   172.17.0.0/16 is directly connected, FastEthernet0/1
O   192.168.10.0/24 [110/2] via 172.16.0.2, 00:17:19, FastEthernet0/0
O   192.168.20.0/24 [110/2] via 172.16.0.2, 00:17:19, FastEthernet0/0
O   192.168.30.0/24 [110/2] via 172.17.0.2, 00:05:55, FastEthernet0/1
O   192.168.40.0/24 [110/2] via 172.17.0.2, 00:05:55, FastEthernet0/1
O   192.168.99.0/24 [110/2] via 172.16.0.2, 00:17:19, FastEthernet0/0
O   192.168.100.0/24 [110/2] via 172.17.0.2, 00:05:55, FastEthernet0/1
O   192.168.200.0/24 [110/2] via 172.17.0.2, 00:05:55, FastEthernet0/1
     202.101.224.0/30 is subnetted, 1 subnets
C   202.101.224.8 is directly connected, Serial0/0/0
S*   0.0.0.0/0 is directly connected, Serial0/0/0
       [1/0] via 202.101.224.9

注意：边界路由器的默认路由一般采用静态路由，路由表中显示的 S* 中，S 表示静态路由，* 表示默认路由。

R1#show ip route
Codes: C-connected, S-static, I-IGRP, R-RIP, M-mobile, B-BGP
       D-EIGRP, EX-EIGRP external, O-OSPF, IA-OSPF inter area
       N1-OSPF NSSA external type 1, N2-OSPF NSSA external type 2
       E1-OSPF external type 1, E2-OSPF external type 2, E-EGP
       i-IS-IS, L1-IS-IS level-1, L2-IS-IS level-2, ia-IS-IS inter area
       *-candidate default, U-per-user static route, o-ODR
       P-periodic downloaded static route

Gateway of last resort is 172.16.0.1 to network 0.0.0.0

C   172.16.0.0/16 is directly connected, FastEthernet0/0
O   172.17.0.0/16 [110/2] via 172.16.0.1, 00:07:14, FastEthernet0/0
C   192.168.10.0/24 is directly connected, FastEthernet0/1.10
C   192.168.20.0/24 is directly connected, FastEthernet0/1.20
O   192.168.30.0/24 [110/3] via 172.16.0.1, 00:06:40, FastEthernet0/0
O   192.168.40.0/24 [110/3] via 172.16.0.1, 00:06:40, FastEthernet0/0
C   192.168.99.0/24 is directly connected, FastEthernet0/1.99
O   192.168.100.0/24 [110/3] via 172.16.0.1, 00:06:40, FastEthernet0/0
O   192.168.200.0/24 [110/3] via 172.16.0.1, 00:06:40, FastEthernet0/0
O*E2 0.0.0.0/0 [110/1] via 172.16.0.1, 00:10:27, FastEthernet0/0

注意：此路由器的默认路由由 OSPF 自动获得，路由表中显示的 O*E2 中，O 表示 OSPF 路由协议，*表示默认路由，E2 表示 OSPF 外部类型 2。

S0#show ip route
Codes: C-connected, S-static, I-IGRP, R-RIP, M-mobile, B-BGP
       D-EIGRP, EX-EIGRP external, O-OSPF, IA-OSPF inter area
       N1-OSPF NSSA external type 1, N2-OSPF NSSA external type 2
       E1-OSPF external type 1, E2-OSPF external type 2, E-EGP
       i-IS-IS, L1-IS-IS level-1, L2-IS-IS level-2, ia-IS-IS inter area
       *-candidate default, U-per-user static route, o-ODR
       P-periodic downloaded static route

Gateway of last resort is 172.17.0.1 to network 0.0.0.0

O   172.16.0.0/16 [110/2] via 172.17.0.1, 00:05:35, FastEthernet0/24
C   172.17.0.0/16 is directly connected, FastEthernet0/24
O   192.168.10.0/24 [110/3] via 172.17.0.1, 00:05:35, FastEthernet0/24
O   192.168.20.0/24 [110/3] via 172.17.0.1, 00:05:35, FastEthernet0/24
C   192.168.30.0/24 is directly connected, Vlan30
C   192.168.40.0/24 is directly connected, Vlan40
O   192.168.99.0/24 [110/3] via 172.17.0.1, 00:05:35, FastEthernet0/24
C   192.168.100.0/24 is directly connected, Vlan100

C   192.168.200.0/24 is directly connected, Vlan200
O *E2 0.0.0.0/0 [110/1] via 172.17.0.1, 00:05:35, FastEthernet0/24

> 注意：交换机的 IP 地址配置在 VLAN 上，所以路由表中相应的出口端口也是 VLAN 端口。

(7)在 R0 上配置 NAT，使内网能 ping 通外网。

①打开 R0 的 CLI 窗口，单击回车。

输入密码 test_con。

R0>en

Password：

输入密码 cisco。

R0#conf t

②配置内外网端口，其中 F0/0 和 F0/1 设为内网端口，S0/0/0 设为外网端口。

R0(config)#int f0/0

R0(config-if)#ip nat inside

R0(config-if)#int f0/1

R0(config-if)#ip nat inside

R0(config-if)#int s0/0/0

R0(config-if)#ip nat outside

R0(config-if)#exit

③配置内网规则。

本例中允许内网中所有网段访问外网。

R0(config)#access-list 1 permit any

④配置外网地址池。

本例中企业外网仅有一个 IP 地址，所以外网地址池的起始地址和终止地址相同，均为外网地址。

R0(config)#ip nat pool test 202.101.224.10 202.101.224.10 netmask 255.255.255.0

⑤配置内外网地址映射规则。

R0(config)#ip nat inside source list 1 pool test overload

R0(config)#end

R0#write

(8)测试 NAT 转换和内外网连接。

①在 R0 上启用 NAT 调试功能。

R0#debug ip nat

IP NAT debugging is on

②在 S0 上 ping 外网 ISP 的地址。

S0#ping 202.101.224.9

Type escape sequence to abort.

Sending 5, 100-byte ICMP Echos to 202.101.224.9, timeout is 2 seconds:

!!!!!

Success rate is 100 percent (5/5), round-trip min/avg/max = 1/3/11 ms

③在 R0 上可查看网络地址转换情况。

NAT:s=172.17.0.2->202.101.224.10, d=202.101.224.9 [105]

以上显示表示源端发送到目的端的 echo 包，源地址 172.17.0.2 转换为 202.101.224.10，发往目的地址 202.101.224.9。

NAT*:s=202.101.224.9, d=202.101.224.10->172.17.0.2 [1]

以上显示表示目的端返回源端的 echo-reply 包，源地址 202.101.224.9，发往目的地址 202.101.224.10 转换为 172.17.0.2。

思考：ISP 能 ping 通内网地址吗？

④关闭 R0 上的 NAT 调试功能。

R0#no debug ip nat

IP NAT debugging is off

R0#write

(9)打开 PT Activity(PT 活动窗口)点击窗口下方 Check Results(检验结果)按钮，点击 Assessment Items(评价项目)，可以查看当前实验结果是否完成，如图 2.3.2 所示。

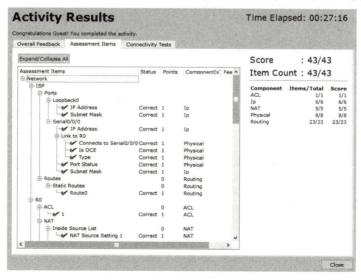

图 2.3.2 查看 Activity Results 对话框检验实训结果

实训总结

任务评价

2.3 任务三 使用 NAT 接入广域网

课后任务单

| 学号： | 姓名： | 日期： |

问题1：完成静态 NAT 配置测试。

问题2：完成动态 NAT 配置测试。

问题3：完成 PAT 配置测试。

任务评价

评价考核				
序号	评价项目	自我评价	互相评价	教师评价	综合评价
1	是否预习				
2	引导问题				
3	团队协同				
4	实训任务				
5	课后问题				

注：评价统一采用 A(优)、B(良)、C(良好)、D(尚需努力)四个等级。

2.4 任务四 使用 ACL 进行安全管理

课前学习任务单

| 学号： | 姓名： | 日期： |

学习目标

1. 了解访问控制列表的作用；
2. 掌握根据源 IP 地址过滤数据包的方法；
3. 掌握根据协议和端口号过滤数据包的方法；
4. 掌握检验访问控制列表的方法。

引导问题

1. 简述 ACL 的工作原理。

2. 简述 ACL 的应用场合。

3. 简述 ACL 的配置方法。

任务评价

 相关知识

2.4.1 常见网络安全隐患

网络安全隐患包含的范围比较广，分类方法也比较多，如根据威胁对象可以分为对网络数据的威胁和对网络设备的威胁，根据来源可以分为内部威胁和外部威胁。

安全隐患的来源一般可以分为以下几类：

(1)自然力如火灾、水灾、风暴或非人为工业事故等造成的硬件故障、电源故障、软件错误。

(2)人为但属于操作人员无意的失误造成数据丢失或损坏。

(3)网络内部或外部人员的恶意攻击和破坏。

其中，第3类产生的危害最大。外部威胁主要来自一些有意或无意的对网络的非法访问，造成网络有形或无形的损失，黑客就是最典型的代表。还有一种网络威胁来自网络系统内部人员，他们熟悉网络结构和系统操作步骤，并拥有合法的操作权限。中国首例"黑客"操纵股价案例便是网络安全隐患中安全策略失误和内部威胁的典型实例。

为了防止来自各方面的网络安全威胁，除进行宣传教育外，最主要的方法就是制订一个严格的安全策略，通过配置访问控制列表 ACL，在防火墙通过包过滤技术等实现一套可行的网络安全解决方案。

2.4.2 认识访问控制列表

现代网络通过路由技术正在不断地把分布在不同区域、不同类型、不同用途的网络连接起来，就像一个复杂的交通网络。随着网络技术在各领域的应用越来越广泛，网络安全成为人们关注的重点。需要一种简单有效的方法来管理网络的数据流量，就好像在交通网络中安装交通信号灯、设置禁行标志、规定单行线路一样。

访问控制列表(access control list)就是用来在使用路由技术的网络里，识别和过滤由某些网络发出的或者被发送去某些网络的符合规定条件的数据流量，以决定这些数据流量是应该转发还是丢弃的技术。

面对越来越复杂的网络环境，网络管理员必须在允许正当访问的同时，拒绝不受欢迎的连接，因为有些连接对我们的重要设备和数据具有危险性。虽然有些方法可以应对这种挑战，如加密技术、回叫技术等，但是这些方法不能提供对数据流量精确、灵活的控制。而访问控制列表可以通过对网络数据流量的控制，过滤有害的数据包，达到执行安全策略的目的。通过正确应用访问控制列表，网络管理员几乎可以实现任何他想的到的安全策略。正是由于具备这样的特性，访问控制列表成为实现防火墙的重要手段。

在使用访问控制列表时，把预先定义好的访问控制列表作用在路由器的接口，对接口进方向(inbound)或者出方向(outbound)的数据包进行过滤。但是访问控制列表只能过滤经过路由器的数据包，对于路由器自己产生的数据包，应用在接口上的访问控制列表是不能过滤的。

除了在串行接口、以太网接口等物理接口上应用访问控制列表以实现控制数据流量的功能外，访问控制列表还具有很多其他的应用方式。例如，在虚拟终端线路(VTY)上应用访问控制列表，可以实现允许网络管理员通过 VTY 接口远程登录(telnet)到路由器的同时，阻止没有权限的用户远程登录到路由器的功能。另外，访问控制列表还可以应用队列技术、网络地址转换(NAT)，基于策略的路由等多种技术。

2.4.3　访问控制列表的工作过程及规范

由于访问控制列表是用来过滤数据流量的技术，所以它一定是被放置在接口上使用的。

同时，由于在接口上数据流量有进(in)和出(out)两个方向，所以在接口上使用访问控制列表也有进(in)和出(out)两个方向，进方向的访问控制列表负责过滤进入接口的数据流量，出方向的访问控制列表负责过滤从接口发出的数据流量。对于路由器的接口来说，同一个接口上，每种路由协议(如 IP 协议和 IPX 协议)都可以配置两个访问控制列表，一个是进(in)方向，另一个是出(out)方向。

图 2.4.1 显示了进方向的访问控制列表的工作流程。当设备端口收到数据包时，首先确定 ACL 是否被应用到了该端口，如果没有，则正常地路由该数据包；如果有，则处理 ACL，从第一条语句开始，将条件和数据包内容相比较，如果没有匹配，则处理列表中的下一条语句，如果匹配，则执行允许或拒绝的操作。如果整个列表中都没有找到匹配的规则，则丢弃该数据包。

用于出方向的 ACL 工作过程与之相似。当设备收到数据包时，首先将数据包路由到输出端口，然后检查该端口是否应用 ACL，如果没有，则将数据包排在队列中，发送端口；否则，将数据包与 ACL 条目进行比较处理，如图 2.4.2 所示。

无论使用哪个方向的访问控制列表，都会对网络速率产生影响。但是和访问控制列表所带来的好处相比，这种对速率的影响就显得微不足道了。

访问控制列表基本上可分为两大类：标准访问控制列表和扩展访问控制列表。标准访问控制列表根据数据包的源 IP 地址定义规则进行数据包的过滤。扩展访问控制列表根据数据包的源 IP 地址，目的 IP 地址，源端口号，目的端口号和协议来定义规则进行数据包的过滤。

访问控制列表的配置有两种方式：按照编号的访问控制列表和按照命名的访问控制列表。标准访问控制列表的编号范围是 1～99、1300～1999，扩展访问控制列表的编号范围是 100～199、2000～2699。

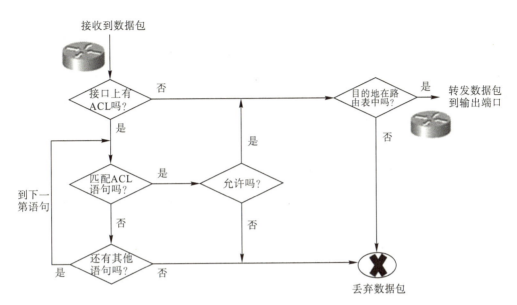

图 2.4.1 进方向的访问控制列表工作流程

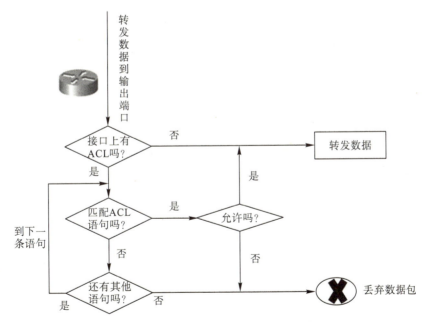

图 2.4.2 出方向的访问控制列表工作流程

访问控制列表实际上是一系列判断语句，这些语句具有自上而下的逻辑排列关系。当我们把一个访问控制列表放置在接口上时，被过滤的数据包会一个一个地和这些语句的条件进行顺序比较，以找出符合条件的数据包。当数据包不能符合某条语句的条

智能交通网络构建与管理

件时,它将向下与下一条语句的条件比较,直到符合该条语句的条件为止。如果一个数据包与所有的语句条件不匹配,在访问控制列表的最后有一条隐含的全部拒绝语句,它将强制性地把这个数据包丢弃。最后一条隐含的语句不是我们在建立访问控制列表时人为添加的,而是系统在每个访问控制列表后面都自动添加的,所以在访问控制列表的语句中,应该至少有一条语句的操作是"允许",否则,应用访问控制列表的接口将无法让任何数据包通过。

每条语句对于匹配其条件的数据包的操作,要么是"允许"(permit),要么是"拒绝"(deny)。如果一条语句的操作是"允许",那么匹配该条语句条件的数据包将被发送到目的接口;如果这条语句的操作是"拒绝",那么匹配该条语句条件的数据包将被丢弃,同时向该数据包的发送者发出 ICMP 消息,通知它"目的地不可达"。

定义访问控制列表时,应该遵循下列规则:

(1)访问控制列表的列表号指明了是哪种协议的访问控制列表。

各种协议有自己的访问控制列表及列表号,如 IP 的访问控制列表、IPX 的访问控制列表等。而每种协议的访问控制列表又分为标准访问控制列表和扩展访问控制列表。这些访问控制列表是通过访问控制列表号区分的。

(2)一个访问控制列表的配置是单协议、单接口、单方向的。

在路由器的每个接口上,每种协议都可以配置进方向和出方向两个访问控制列表。如果路由器上启用了 IP 和 IPX 两种协议栈,那么路由器的一个接口上可以配置 IP、IPX 两种协议,每种协议都有进出两个方向,共四个访问控制列表。

(3)访问控制列表的语句顺序决定了对数据包的控制顺序。

访问控制列表由一系列语句组成。当数据包的信息和访问控制列表语句内的条件开始比较时,是按照从上到下的顺序进行的。数据包按照语句顺序和访问控制列表的语句进行逐一比较,一旦数据包的信息符合某条语句的条件,数据包就被执行该条语句所规定的操作,访问控制列表中余下的语句不再和数据包的信息比较,所以,错误的语句顺序将使我们得不到所要实现的结果。

(4)最有限制性的语句应该放在访问控制列表语句的首行

由于访问控制列表的操作是由上而下逐条地比较语句的条件和数据包的信息,所以应把最有限制性的语句放在访问控制列表的首行或者靠前的位置,把"全部允许"或者"全部拒绝"这样的语句放在末行或者接近末行,以防止出现本该拒绝的数据包被放过的错误。

(5)在将访问控制列表应用到接口之前,一定要先建立访问控制列表。

在全局模式下建立访问控制列表,然后把它应用到接口的出方向或者进方向,在接口上应用一个不存在的访问控制列表是不可能的。

(6)访问控制列表的语句不能被逐条删除,只能一次性地删除整个访问控制列表。

(7)在访问控制列表的最后,有一条隐含的"全部拒绝"语句,所以在访问控制列表里一定要至少有一条"允许"语句。

(8)访问控制列表只能过滤经过路由器的数据包,不能过滤路由器本身发出的数据包。

2.4.4 标准访问控制列表配置方法

(1)在三层交换机和路由器上应用标准访问控制列表,首先在全局模式配置标准访问控制列表,然后将配置的标准访问控制列表作用在设备接口,并根据数据流向指明在该口按进入或转出时过滤。

(2)在全局模式配置标准访问控制列表时,可以采用列表编号的访问控制列表或者命名的访问控制列表。列表编号的访问控制列表配置命令如下:

视频

标准ACL配置

router(config)#access-list acl-no. permit | deny 源地址 {反掩码}

其中,acl-no.是标准访问控制列表的编号(一般数值范围是1~99,不同厂商的列表编号数值范围略有不同)将在接口引用该列表编号。permit 表示在接口过滤时允许通过,deny 表示在接口过滤时拒绝通过。标准访问控制列表根据源 IP 地址过滤数据包。反掩码由32位连续的比特"0"和比特"1"组成,用来指明对源 IP 地址过滤时,相应地址比特位是否检查,"0"表示检查相应的地址比特,"1"表示不检查相应的地址比特。

router(config-if)#ip access-group acl-no. in | out

其中,在设备相应接口引用上述定义的标准访问控制列表 acl-no.,in 表示在进入该接口时过滤,out 表示转出时过滤。

(3)命名的标准访问控制列表配置命令如下:

router(config)#ip access-list standard acl-name

router(config-sta-nacl)#permit | deny 源地址 {反掩码}

其中,acl-name 是标准访问控制列表名称,是以英文字母开头的字符串,将在相关接口引用该列表名称。permit 表示在接口过滤时允许通过,deny 表示在接口过滤时拒绝通过。标准访问控制列表根据源 IP 地址过滤数据包,反掩码用来指明对源 IP 地址过滤时,相应 IP 地址比特位是否检查,规则同上。

router(config-if)#ip access-group acl-name in | out

其中,在设备相应接口引用上述定义的标准访问控制列表 acl-name,in 表示在进入该口时过滤,out 表示转出时过滤。

(4)标准访问控制列表要应用在尽量靠近目的主机的路由设备端口上。

2.4.5 扩展访问控制列表的配置方法

在全局模式下建立扩展访问控制列表,其配置命令如下:

router(config)#access-list access-list-number {permit | deny} protocol source

source-wildcard {operator port} destination destination-wildcard {operator port}

其中，access-list-number 为 IP 扩展访问控制列表编号，范围是 100～199 和 2000～2699，不同厂商的列表编号数值范围略有不同。

使用 permit 或 deny 关键字可以指定哪些匹配访问列表语句的报文允许通过接口或者被拒绝通过。该选项所提供的功能与标准 IP 访问控制列表相同。

protocol 即协议表项，定义了需要被检查的协议，如 IP、TCP、UDP、ICMP 等。协议选项很重要，因为 TCP/IP 的各种协议之间有很密切的关系，如 IP 数据包可用于 TCP、UDP，以及各种路由协议的传输。如果指定 IP，则访问控制列表将只检查 IP 数据包，并进行匹配，而不再检查 IP 数据包所承载的 TCP、UDP 等上层协议。如果根据特殊协议进行报文过滤，就要指定该协议。此外，应该将更具体的表项放在访问控制列表靠前的位置，例如，如果允许 IP 地址的语句放在拒绝 TCP 地址的语句前面，则后一个语句根本不起作用。但如果将这两条语句换一下位置，则在允许该地址上其他协议的同时，拒绝了该地址的 TCP。

source-wildcard 指源地址和通配符掩码，源地址是主机或一组主机的点分十进制表示，必须与通配符掩码配合使用，用来指定源地址比较操作时，必须比较匹配的位数。通配符掩码是一个 32 位二进制数，其中的"0"表示该位必须比较匹配，"1"表示该位不需要比较匹配，可以忽略，例如，通配符掩码 0.0.0.255，表示只比较 IP 地址的前 24 位，后 8 位忽略；通配符掩码 0.0.7.255，表示只比较 IP 地址的前 21 位，后 11 位忽略；通配符掩码 0.0.255.255，表示只比较 IP 地址的前 16 位，后 16 位忽略。有两个特殊的通配符掩码：0.0.0.0 和 255.255.255.255，可以用关键字 host 和 any 表示。host 表示一种精确的匹配，使用时放在 IP 地址之前，如"host 192.168.10.8"，表示匹配 IP 地址为 192.168.10.8 的一台主机。Any 表示任何 IP 地址，在进行比较操作时，不对该 IP 地址进行比较，完全忽略。

operator 是指操作符，可以使用操作符＜（小于）、＞（大于）、＝（等于）和≠（不等于）等，具体的操作符命令见表 2.4.1。

port 指端口号，范围是 0～65535。放在源 IP 地址后的端口号，为源端口号；放在目的 IP 地址后的端口号，为目的端口号。端口号 0 代表所有 TCP 端口或 UDP 端口。一些特殊的端口号可以直接用其对应的协议名称表示。例如，TCP 端口 80 号可以用 www 表示；TCP 端 23 号可以用 telnet 表示；TCP 端口 21 号可以用 ftp 表示；UDP 端口号 53 可以用 domain 表示；UDP 端口 520 号可以用 rip 表示。

目的地址和通配符掩码的结构与源地址和通配符掩码的结构相同，目的端口号的指定法与源端口号的指定方法相同。

表 2.4.1　操作符命令表

命令字	描述
eq	等于端口号 port
gt	大于端口号 port
lt	小于端口号 port
neq	不等于端口号 port
range	介于端口号 port1 和 port2 之间

拓展知识

2.4.6　交换机端口安全概述

一般管理型交换机都具有端口安全功能，利用该功能可以实现网络接入安全。交换机的端口安全机制是工作在交换机二层端口上的一个安全特性，它主要有以下几个功能：

(1)只允许特定 MAC 地址的设备接入交换机的指定端口，从而防止用户将非法或未授权的设备接入网络。

(2)限制端口接入的设备数量，防止用户将过多的设备接入到网络中。

(3)有些交换机还可以指定接入端口设备的 IP 地址。

当一个端口被配置为安全端口后，交换机将检查从此端口接收到的帧的源 MAC 地址，并检查在此端口配置的最大安全地址数。如果安全地址数没有超过配置的最大值，则交换机会检查安全地址表。若此帧的源 MAC 地址没有被包含在安全地址表中，那么交换机将自动学习此 MAC 地址，并将它加入安全地址表，标记为安全地址，进行后续转发；若此帧的源 MAC 地址已经存在于安全地址表中，那么交换机将直接对帧进行转发。安全端口的安全地址表项既可以通过交换机自动学习，也可以手工配置。

1. 配置安全端口限制

(1)一个安全端口必须是一个 Access 端口及连接终端设备的端口，而非 Trunk 端口。

(2)一个安全端口不能是一个聚合端口(aggregate port)。

(3)一个安全端口不能是 SPAN 的目的端口。

一个千兆端口上最多支持 120 个同时申明 IP 地址和 MAC 地址的安全地址。另外，这种同时申明 IP 地址和 MAC 地址的安全地址占用的硬件资源，与访问控制列表(ACL)等功能所占用的系统资源共享，因此，当在某个端口上应用了访问控制列表(ACL)时，相应地该端口上所能设置的申明 IP 地址和 MAC 地址的安全地址数目将会减少。

完成交换机端口安全配置之后，还必须配置违例产生时针对违例的处理模式。违例处理模式一般有下列三种。

(1) protect：当违例产生时，交换机将丢弃该安全端口接收到的数据帧，不转发该数据帧。

(2) restrict：当违例产生时，交换机不仅丢弃该安全端口接收到的数据帧，而且发送一个 SNMP Trap 报文。

(3) shutdown：当违例产生时，交换机不仅丢弃该安全端口接收到的数据帧，而且发送一个 SNMP Trap 报文，并将该端口关闭。

2. 交换机端口镜像

端口镜像(port mirroring)就是将一个或多个源端口、一个或多个源 VLAN 的网络流量镜像(复制)到某个目的端口，然后在这个目的端口连接网络分析仪，捕获数据包进行分析。端口镜像可以实现本地镜像和远程镜像。本地镜像是指源端口和目的端口在同一台交换机上，远程镜像可以跨交换机实现。端口镜像并不会影响源端口的数据交换，它只是将源端口发送或接收的数据包副本发送到目的端口。

在进行端口镜像时，被监视的端口称为源端口，监视端口称为目的端口。源端口类型可以是 switched port、routed port 或者 AP 聚合端口，可以对输入或者输出的数据帧进行监视。目的端口类型只能是 switched port 和 routed port，不能是聚合端口。源端口和目的端口既可以在同一 VLAN 中，也可以在不同 VLAN 中。不同厂商，不同类型交换机的端口镜像配置命令略有不同，但基本方法和步骤是一样的，下面以思科交换机最新版系统命令为例介绍端口镜像配置方法。

交换机端口镜像配置一般分两步，第一步，创建端口镜像会话，并设置源端口；第二步，创建端口镜像会话，并设置目的端口。在全局模式下可以创建多个镜像会话，即同时配置多个源和目的的镜像，用会话编号识别源和目的之间的镜像关系。配置命令如下：

switch(config)#monitor session session-no. source | destination interface interface-no. | vlan vlan-no. | remote vlan-no.

其中，session-no. 为定义的会话编号，使用相同会话编号，在源和目的之间建立镜像会话，不同交换机支持的会话数量略有不同。保留字 source 表示定义源端口，保留字 destination 表示定义目的端口，保留字 interface 表示后面使用物理接口，inerface-no. 为物理接口类型和编号；保留字 vlan 表示后面使用 VLAN 接口，vlan-no. 为 VLAN 识别号；保留字 remote 表示后面使用远程镜像，vlan-no. 为远程镜像时使用的 VLAN 识别号。

例如，对思科交换 S3560 机配置端口镜像，在端口 24 监控端口 1、端口 6 和 VLAN10、VLAN20 的流量，在端口 23 远程监控 VLAN60 的流量。配置命令如下：

Switch(config)#monitor session 1 source interface f0/1
Switch(config)#monitor session 1 source interface f0/6
Switch(config)#monitor session 1 source vlan 10-20
Switch(config)#monitor session 1 destination interface f0/24
Switch(config)#monitor session 2 source remote vlan 60
Switch(config)#monitor session 2 destination interface f0/23

使用 ACL 进行安全管理

(1)掌握访问控制列表的工作原理。
(2)掌握标准访问控制列表的配置方法。
(3)掌握扩展访问控制列表的配置方法。

视频

任务2-4 使用ACL进行安全管理实训

操作步骤

打开 Packet Tracer 软件，点击 File 菜单 Open 按钮，打开文件 2-4.pka，按操作步骤完成实训。

(1)确定访问控制需求。

因安全管理需要，本案例中，访问控制的需求如下：

a. vlan 10 内所有电脑以及 PC1(192.168.20.1)不得访问路由器 R0 及其右侧网络，也不得访问外网。

b. 对于 R0 路由器，仅允许 admin 主机(192.168.100.100)进行远程登陆管理，禁止其他任何地址远程登录任何网络设备。

c. 允许 admin 主机(192.168.100.100)ping 服务器 Server0；禁止其他任何 IP 地址 ping 服务器 Server0，允许 Server0 服务器 ping 出。

(2)设计需求①的 ACL 规则、应用端口与方向。

①分析 ACL 需求。

需求 a 涉及的数据包来源包括 1 个网段和 1 个主机，但不涉及传输层的端口以及上层协议，所以可以采用标准 ACL。标准 ACL 采用的规则类似于源路由防火墙，仅判定 IP 包头部的源 IP 地址字段。

由于 ACL 规则匹配是采用自上至下逐条匹配的方法，一旦有一条匹配上，就直接跳转执行，后面的规则就不再匹配了。

②分析应用端口。

分析应用端口，就是考虑在哪个门设卡，对数据包进行检查。

根据需求，设卡的端口可选择在 R1 的 F0/0 或者 R0 的 F0/0。

出于减少网络流量的考虑，优先考虑 R1 的 F0/0 端口。

③分析方向选择。

分析方向选择，就是考虑在设卡点是对流入设备的数据包进行检查，还是对从设备流出的数据包进行检查。

由于需要检查从 R1 发往 R0 的数据包，所以将规则应用在 R1 的 F0/0 端口上时，要检查流出的数据包，方向是 out；将规则应用在 R0 的 F0/0 端口上时，要检查流入的数据包，方向是 in。

④设计 ACL 规则。

- 禁止网段 192.168.10.0/24 的数据包通过；
- 禁止主机 192.168.20.1/24 的数据包通过；
- 允许所有数据包通过。

(3) 设计需求 b 的 ACL 规则、应用端口与方向。

①分析 ACL 需求。

需求 b 既涉及数据包来源的主机，也涉及数据包采用的协议类型，所以只能采用扩展 ACL，扩展 ACL 可针对源 IP 地址、目的 IP 地址、传输层端口号以及上层协议来进行匹配。

②分析应用端口。

由于使用 telnet 命令连接网络设备的任意端口（包括环回口），其效果相同，均能实现远程登录，所以要将规则应用于 R0 的所有端口。

③分析方向选择。

将规则应用于 R0 的所有端口上时，显然应该在数据包进入设备时，进行检查和判定，所以方向是 in。

④设计 ACL 规则。

- 允许主机 192.168.100.100 telnet R0 所有端口（三个端口）；
- 禁止任何来源 telnet R0 所有端口（三个端口）；
- 允许所有 IP 包通过。

(4) 设计需求 c 的 ACL 规则、应用端口与方向。

①分析 ACL 需求。

需求 c 不是简单对 Server0 进行所有的 ping 限制，而是仅限制 ping 入 Server0 的包，但不限 Server0 ping 出的包。ping 命令用到了 ICMP 协议，其发出包是 echo 包，返回包是 echo-reply 包。

②分析应用端口。

要对任何主机进行限制，可以直接在与主机连接的网络设备端口上应用规则。

要对 Server0 进行限制，应该在 S0 的与 Server0 连接的端口 vlan 200 上应用规则。

③分析方向选择。

针对需求，我们可以对流入的数据包进行检查，也可以对流出的数据包进行检查。如果对流入的数据包进行检查，我们可以允许 Server0 发出的 echo 包，仅允许 Server0 发往 admin 的 echo-reply 包，禁止 Server0 发往其他地址的 echo-reply 包。这样除了 admin 以外，任何 IP 地址 ping 服务器 Server0 时，都无法收到 Server0 发出的返回包，起到了禁止除 admin 以外任何 IP 地址 ping 服务器 Server0 的目的。

如果对流出的数据包进行检查，我们可以允许发往 Server0 的 echo-reply 包，仅允许 admin 发往 Server0 的 echo 包，禁止其他地址发往 Server0 的 echo 包。这样，除了 admin 以外，任何 IP 地址发往 Server0 的 ping 包都会被阻断。

④设计 ACL 规则。

针对 in 方向：

- 允许主机 Server0(192.168.200.1)发往任意地址的 echo 包；
- 允许主机 Server0 发往主机 admin(192.168.100.100)的 echo-reply 包；
- 拒绝主机 Server0 发往任意地址的 echo-reply 包；
- 允许所有 IP 包。

针对 out 方向：

- 允许任意地址发往主机 Server0(192.168.200.1)的 Echo-reply 包；
- 允许主机 admin(192.168.100.100)发往主机 Server0 的 echo 包；
- 拒绝任意地址发往主机 Server0 的 echo-reply 包；
- 允许所有 IP 包。

(5)针对需求 a，对 R1 的 F0/0 出口方向进行标准 ACL 配置。

①创建 ACL 规则列表。

创建 ACL 规则列表的方法是，在全局配置模式运行：

access-list 编号 permit | deny 源地址

其中编号范围是 1~99。

源地址中如果是某个网络，则需要写出网络地址和反掩码。

源地址中如果是任意地址，可用 any 表示。

源地址中如果是某台主机，可用 host 主机 IP 地址表示。

打开 R1 的 CLI 窗口，单击回车。

  This is R1！

  User Access Verification

  Password：

输入密码 test_con。

智能交通网络构建与管理

R1>en
Password：
输入密码 cisco。
   R1#conf t
   R1(config)#access-list 10 deny 192.168.10.0 0.0.0.255
   R1(config)#access-list 10 deny host 192.168.20.1
   R1(config)#access-list 10 permit any
以上为编号 10 的规则列表。
第 1 条规则是拒绝网络 192.168.10.0/24，注意网络地址后是反掩码。
第 2 条规则是拒绝主机 192.168.20.1，此时采用 host 主机 IP 的方式表示主机。
第 3 条规则表示允许任意地址。

> 注意：3 条规则的次序一定不能乱，若第 3 条移动成第 1 条，则所有地址均被允许，后面拒绝也没用了。

②应用规则列表。
将编号 10 的规则列表应用于 R1 的 f0/0 端口上，方向为 out。
   R1(config)#int f0/0
   R1(config-if)#ip access-group 10 out
   R1(config-if)#end
   R1#wr
③测试 ACL 配置。
在 PC0、PC1 上 ping 172.16.0.1。
   Packet Tracer PC Command Line 1.0
   PC>ping 172.16.0.1

   Pinging 172.16.0.1 with 32 bytes of data：

   Reply from 192.168.10.254：Destination host unreachable.

   Reply from 192.168.10.254：Destination host unreachable.

   Reply from 192.168.10.254：Destination host unreachable.

   Reply from 192.168.10.254：Destination host unreachable.

   Ping statistics for 172.16.0.1：
      Packets：Sent = 4, Received = 0, Lost = 4 (100% loss),
   PC>
显示目的地不可达，已经被阻断了。
在 PC3 上 ping 172.16.0.1，成功。
(6)针对需求 b 进行配置。

①创建 ACL 规则列表。

创建扩展 ACL 的配置命令为在全局模式下运行：

access-list access-list-number ｛ permit ｜ deny ｝ protocol source source-wildcard [operator port] destination destination-wildcard

即：access-list 编号 permit｜deny 协议 源网络 源网络的反掩码 [端口号] 目的网络 目的网络的反掩码

其中：

编号范围在 100～199 之间；

协议有很多，可使用"?"查看帮助，常见的有 ip、tcp、udp、icmp 等；

端口号为可选项，常用协议可直接写协议名称。

打开 R0 的 CLI 窗口，输入密码进入全局配置模式。

R0(config)♯access-list 110 permit tcp host 192.168.100.100 host 172.16.0.1 eq telnet
R0(config)♯access-list 110 permit tcp host 192.168.100.100 host 172.17.0.1 eq telnet
R0(config)♯access-list 110 permit tcp host 192.168.100.100 host 202.101.224.10 eq telnet
R0(config)♯access-list 110 deny tcp any host 202.101.224.10 eq 23
R0(config)♯access-list 110 deny tcp any host 172.16.0.1 eq 23
R0(config)♯access-list 110 deny tcp any host 172.17.0.1 eq 23
R0(config)♯access-list 110 permit ip any any

前 3 条规则表示允许主机 192.168.100.100(admin)telnet R0 的三个端口。

第 4～7 条规则表示拒绝任意地址 telnet R0 的三个端口。

最后 1 条规则表示允许任意源地址到任意目的地址的所有 IP 包通过。

②应用规则列表。

R0(config)♯int f0/0
R0(config-if)♯ip access-group 110 in
R0(config-if)♯exit
R0(config)♯int f0/1
R0(config-if)♯ip access-group 110 in
R0(config-if)♯exit
R0(config)♯int s0/0/0
R0(config-if)♯ip access-group 110 in
R0(config-if)♯

③测试 ACL 配置。

在 admin 的命令提示符窗口，远程登陆 R0。

PC＞telnet 172.17.0.1

Trying 172.17.0.1...OpenThis is R0!

User Access Verification

Password：

输入密码 test_vty。

R0＞en

Password：

输入密码 cisco。

R0#

登录成功。

在 S0 上远程登录 R0。

S0# telnet 172.17.0.1

Trying 172.17.0.1...

% Connection timed out; remote host not responding

登录失败。

也可尝试在别的设备上远程登录 R0。

(7)针对需求 c 进行配置。

①创建 ACL 规则列表。

打开 S0 的 CLI 窗口，单击回车。

Password：

输入密码 test_con。

S0＞en

Password：

输入密码 cisco。

S0# conf t

S0(config)# access-list 120 permit icmp host 192.168.200.1 any echo

S0(config)# access-list 120 permit icmp host 192.168.200.1 host 192.168.100.100 echo-reply

S0(config)# access-list 120 deny icmp host 192.168.200.1 any echo-reply

S0(config)# access-list 120 permit ip any any

②应用规则列表。

S0(config)# int vlan 200

S0(config-if)# ip access-group 120 in

注意：当三层交换机 IP 地址设置在 vlan 端口上时，ACL 规则也应用于 vlan 端口。

③测试 ACL 配置。

在 admin 上 ping 服务器 Server0。

  PC>ping 192.168.200.1

  Pinging 192.168.200.1 with 32 bytes of data：

  Reply from 192.168.200.1：bytes=32 time=0ms TTL=127

  Reply from 192.168.200.1：bytes=32 time=0ms TTL=127

  Reply from 192.168.200.1：bytes=32 time=0ms TTL=127

  Reply from 192.168.200.1：bytes=32 time=0ms TTL=127

  Ping statistics for 192.168.200.1：

    Packets：Sent = 4，Received = 4，Lost = 0 (0% loss)，

  Approximate round trip times in milli-seconds：

  Minimum = 0ms，Maximum = 0ms，Average = 0ms

在 Server0 上 ping 三层交换机 S0。

  SERVER>ping 192.168.200.254

  Pinging 192.168.200.254 with 32 bytes of data：

  Reply from 192.168.200.254：bytes=32 time=1ms TTL=255

  Reply from 192.168.200.254：bytes=32 time=0ms TTL=255

  Reply from 192.168.200.254：bytes=32 time=0ms TTL=255

  Reply from 192.168.200.254：bytes=32 time=0ms TTL=255

  Ping statistics for 192.168.200.254：

    Packets：Sent = 4，Received = 4，Lost = 0 (0% loss)，

  Approximate round trip times in milli-seconds：

    Minimum = 0ms，Maximum = 1ms，Average = 0ms

  SERVER>

在 S0 上 ping 服务器 Server0，如图 2.4.3 所示。

  S0#telnet 172.17.0.1

  Trying 172.17.0.1...

  % Connection timed out；remote host not responding

  S0#ping 192.168.200.1

  Type escape sequence to abort.

  Sending 5，100-byte ICMP Echos to 192.168.200.1，timeout is 2 seconds：

  ……

  Success rate is 0 percent (0/5)

S0#

(8)打开 PT Activity(PT 活动窗口)点击窗口下方 Check Results(检验结果)按钮，点击 Assessment Items(评价项目)，可以查看当前实训结果是否完成，如图 2.4.4 所示。

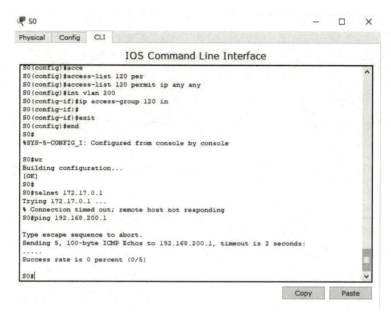

图 2.4.3　在 S0 上 ping 服务器 Server0

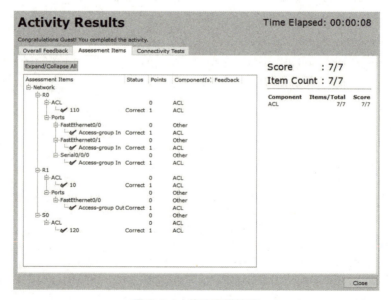

图 2.4.4　检验实训结果

实训总结

任务评价

2.3 任务三 使用 NAT 接入广域网

课后任务单

| 学号： | 姓名： | 日期： |

问题1：完成标准 ACL 配置测试。

问题2：完成扩展 ACL 配置测试。

问题3：查阅资料学习如何基于时间配置 ACL。

任务评价

评价考核				
序号	评价项目	自我评价	互相评价	教师评价	综合评价
1	是否预习				
2	引导问题				
3	团队协同				
4	实训任务				
5	课后问题				

注：评价统一采用 A(优)、B(良)、C(合格)、D(尚需努力)四个等级。

项目三
Windows Server 2019 服务器搭建

项目背景

某智能场站公司计划在现有网络中部署一台服务器,为全公司提供 DHCP 服务、DNS 服务、FTP 服务和 Web 服务,为此新购进一台服务器,需要完成操作系统安装、服务配置和管理工作。

操作系统可选择 Windows Server 系列和 Linux 系列。本项目选择 Windows Server 2019,它是微软(Microsoft)官方推出的服务器版操作系统。从 Windows Server 2019 网络操作系统的安装和环境配置、DNS 服务器的配置与管理、DHCP 服务器的配置与管理、Web 和 FTP 服务器的配置与管理这常用的四个部分进行布署,可满足公司日常服务器维护与管理需求。

学习目标

1. 掌握 Windows Server 2019 操作系统的基本设置;
2. 掌握用户与组的配置与管理;
3. 掌握文件系统的配置与管理;
4. 掌握基本磁盘和动态磁盘的配置与管理;
5. 掌握 DNS 服务器的配置与管理;
6. 掌握 WEB 服务器的配置与管理;
7. 掌握 FTP 服务器的配置与管理;
8. 掌握 DHCP 服务器的配置与管理。

3.1 任务一 Windows Server 2019 安装与基本配置

课前学习任务单

| 学号： | 姓名： | 日期： |

任务环境

1. 虚拟软件 VMware 已安装；
2. Windows Server 2019 安装镜像已保存在硬盘上；
3. VMware 中已安装 Windows Server 2019。

任务目标

1. 掌握 VMware 软件的使用方法；
2. 掌握 Windows Server 2019 安装方法；
3. 掌握 Windows Server 2019 系统环境配置方法；
4. 掌握用户账户和组账户的管理方法；
5. 掌握 IP 地址配置和资源共享方法。

引导问题

1. 简述服务器操作系统与普通用户操作系统的区别。

2. 简述用户从组中继承权限的原则。

3. 简述用户账户和密码的配置规则。

任务评价

 相关知识

3.1.1 系统简介

Windows Server 2019 是微软公司研发的服务器操作系统,于 2018 年 10 月 2 日发布,于 2018 年 10 月 25 日正式商用。该系统基于 Windows Server 2016 开发,提供了更丰富的 GUI 界面,又包含了大量服务器相关的新特性,进一步融合了更多云计算、大数据时代的新特性,包括更先进的安全性,广泛支持容器基础,原生支持混合云扩展,提供低成本的超融合架构,让用户在本地数据中心也可以连接云创新平台。

1. 版本介绍

Windows Server 2019 包括三个许可版本:

Datacenter Edition(数据中心版):适用于高虚拟化数据中心和云环境;

Standard Edition(标准版):适用于物理或最低限度虚拟化环境;

Essentials Edition(基本版):适用于最多 25 个用户或最多 50 台设备的小型企业。

2. 安装需求

以下是 Windows Server 2019 的最低系统要求,最低系统要求适用于所有安装选项(服务器核心、带桌面体验的服务器和 Nano Server)以及标准版和数据中心版,如果计算机未满足"最低"要求,将无法正确安装本产品,实际要求将因系统配置和所安装应用程序及功能而异。

1)处理器

处理器性能不仅取决于处理器的时钟频率,还取决于处理器内核数以及处理器缓存大小。以下是本产品对处理器的要求:

1.4 GHz 64 位处理器;

与 x64 指令集兼容;

支持 NX 和 DEP;

支持 CMPXCHG16b、LAHF/SAHF 和 PrefetchW;

支持二级地址转换(EPT 或 NPT)。

2)RAM

以下是本产品对 RAM 的要求:

512 MB(对于带桌面体验的服务器安装选项为 2 GB);

用于物理主机部署的 ECC(纠错代码)类型或类似技术。

> 注意:如果使用支持的最低硬件参数(1 个处理器核心,512 MB RAM)创建一个虚拟机,然后尝试在该虚拟机上安装此版本,安装将会失败。

为了避免这个问题,请执行下列操作之一:

(1)向要在其上安装此版本的虚拟机分配 800 MB 以上的 RAM。在完成安装后,可以根据实际服务器配置更改 RAM 分配,最少分配量可为 512 MB。如果使用其他语言和更新修改了安装程序的启动映像,则可能需要分配 800 MB 以上的 RAM,否则无法完成安装。

(2)使用 SHIFT+F10 中断此版本在虚拟机上的引导进程。在打开的命令提示符下,使用 Diskpart.exe 创建并格式化一个安装分区。运行 Wpeutil createpagefile /path=C:\pf.sys(假设创建的安装分区为 C:)。关闭命令提示符并继续安装。

3)存储控制器和磁盘空间要求

运行 Windows Server 2019 的计算机必须包括符合 PCI Express 体系结构规范的存储适配器。服务器上归类为硬盘驱动器的永久存储设备不能为 PATA。Windows Server 2019 不允许将 ATA/PATA/IDE/EIDE 用于启动驱动器、页面驱动器或数据驱动器。

系统分区对磁盘空间的最低要求为 32 GB。

4)网络适配器要求

与此版本一起使用的网络适配器应包含以下特征:

至少有千兆位吞吐量;

符合 PCI Express 体系结构规范;

支持网络调试(KDNet);

支持预启动执行环境(PXE)。

5)其他要求

运行此版本的计算机还必须具有:

DVD 驱动器(如果要从 DVD 媒体安装操作系统)。

以下并不是严格需要的,但某些特定功能需要:

基于 UEFI 2.3.1c 的系统和支持安全启动的固件;

受信任的平台模块;

支持超级 VGA(1024 x 768)或更高分辨率的图形设备和监视器;

键盘和鼠标(或其他兼容的指针设备)。

3.1.2 安装 Windows Server 2019

1. 安装前准备

保证能够正常进入 Windows 7 系统;

下载原版 Windows Server 2019 系统镜像文件。

2. 安装步骤

STEP 1　首先打开 VMware Workstation Pro 软件 → 点击 Create a New Virtual Machine → 选择 Typical 安装模式,显示如图 3.1.1 所示界面。

项目三
Windows Server 2019 服务器搭建

图 3.1.1　进入 VMware 安装系统镜像

STEP 2　选择"Windows Server 2019 系统镜像文件"→ 按需选择安装版本进行安装，显示如图 3.1.2 所示界面。

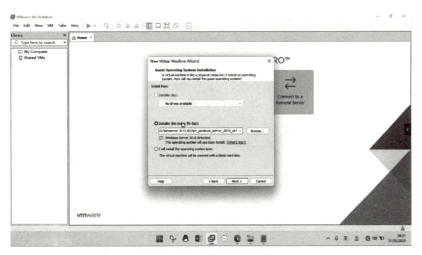

图 3.1.2　选择镜像文件

STEP 3　在"Version of windows to install"选项卡中选择"Windows Server 2019 Standard 版"，最后输入安装密钥，显示如图 3.1.3 所示界面。

STEP 4　进入安装界面 → 选择"Windows Server 2019 Standard(桌面)"→点击"下一步"，显示如图 3.1.4 所示界面，进入"安装向导"，自动安装。

STEP 5　安装完成 → 点击按钮"Resume this guest operating system"进入系统界面，显示如图 3.1.5 所示界面。

· 227 ·

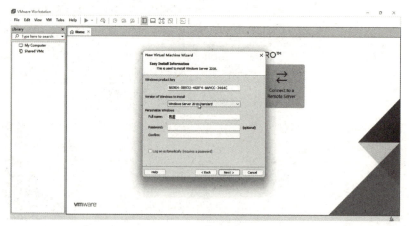

图 3.1.3　选择系统版本

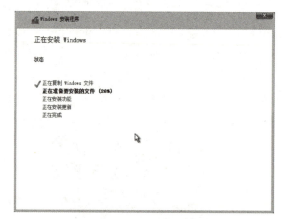

图 3.1.4　开始安装系统

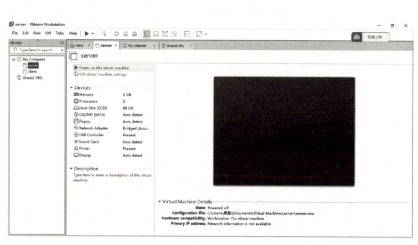

图 3.1.5　安装完成后进入系统界面

3. 设置 VMware Workstation 的联网方式

系统安装完成后，需要注意的是 VMware 的联网方式。安装完 VMware Workstation 之后，默认会给主机系统增加两个虚拟网卡 VMware Network Adapter VMnet1 和 VMware Network Adapter VMnet8，这两个虚拟网卡分别用于不同的联网方式。VMware 常用的联网方式如表 3.1.1 所示。

表 3.1.1　虚拟机网络连接属性及其意义

选择网络连接属性	意　义
Use bridged networking（桥接网络）	使用（连接）VMnet0 虚拟交换机，此时虚拟机相当于网络上的一台独立计算机，与主机一样，拥有一个独立的 IP 地址
Use network address translation（使用 NAT 网络）	使用（连接）VMnet8 虚拟交换机，此时虚拟机可以通过主机单向访问网络上的其他工作站（包括 Internet 网络），其他工作站不能访问虚拟机
Use Host-Only networking（使用主机网络）	使用（连接）Vmnet1 虚拟交换机，此时虚拟机只能与虚拟机、主机互连，网络上的其他工作站不能访问

STEP 1　打开 VMware Workstation Pro，选择"VM"→"Settings"打开虚拟主机设置对话框，选择"Hardware"→"Network Adapter"→"Network connection"选项→选择"Bridged：Connected directly to the physical network"模式，显示如图 3.1.6 所示界面。

图 3.1.6　选择联网方式为桥接模式

一般来说，bridged networking（桥接网络）方式最方便，因为这种连接方式可以将虚拟机当做网络中的真实计算机使用，在完成各种网络实验时效果也最接近于真实环境。但如果没有足够多可用于连接 Internet 的 IP 地址，也可以将虚拟机网络设置为 NAT 方式，从而通过物理机连接到 Internet。

4. 激活及更新系统

Windows Server 2019 系统安装完成后需要将系统激活才能继续使用，并且需要及时更新，目的是为了不断增强系统功能，避免因漏洞而造成不必要的故障，保护系统安全。

STEP 1　打开"开始"菜单→点击"设置"打开设备对话框 → 点击下方"Windows 没有激活"链接，如图 3.1.7 所示。

图 3.1.7　设置对话框

STEP 2　在"激活"对话框中 → 选择"更改产品密钥" → 输入"密钥"激活系统，如图 3.1.8 所示 → 系统激活后显示如图 3.1.9 所示界面。

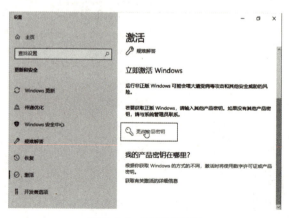

图 3.1.8　激活对话框

图 3.1.9　激活系统

STEP 3　单击左下角"开始"菜单右侧的"服务器管理器"图标 → 打开"服务器管理器"窗口 → 选中左侧的"本地服务器" → 在"属性"区域中 → 单击"Windows 更新"右侧的"仅使用 Windows 更新下载更新"超链接，显示如图 3.1.10 所示的界面。

STEP 4　单击"高级选项"链接 → 显示如图 3.1.11 所示的"更改设置"窗口 → 再选择"自动下载更新"即可。

图 3.1.10　"系统信息"窗口

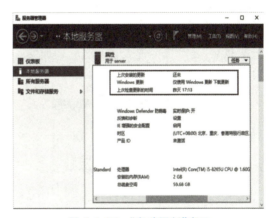

图 3.1.11　"自动更新"窗口

3.1.3　Windows Server 2019 基本配置

在 Windows Server 2019 系统安装完成后，应先设置一些基本配置，如计算机名、IP 地址、用户账户和文件共享等，这些均可在"服务器管理器"中完成。

1. 更改计算机名

Windows Server 2019 系统在安装过程中没有设置计算机名，而是使用由系统随机配置的计算机名。为方便网络管理人员管理服务器，应将其更改

视频

服务器基本配置

为易记或有一定意义的名称。

STEP 1　点击"开始"→"服务器管理器"(或者直接点击"菜单"右边的"服务器管理器"按钮)→ 打开"服务器管理器"窗口 → 再单击左侧的"本地服务器"按钮,如图3.1.12所示。

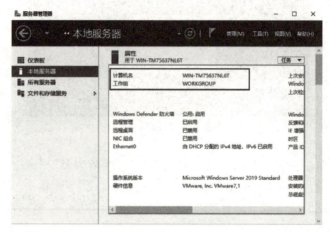

图3.1.12　"服务器管理器"窗口

STEP 2　单击计算机名称,出现修改计算机名的对话框,如图3.1.13所示。

STEP 3　单击"更改"按钮,显示如图3.1.14所示的"计算机名/域更改"对话框 → 在"计算机名"文本框中键入新的名称,如"server"→ 在"工作组"文本框中可以更改计算机所处的工作组,如"NJCI"。

图3.1.13　"系统属性"对话框

图3.1.14　"计算机名/域更改"对话框

STEP 4 单击"确定"按钮 → 显示"欢迎加入 NJCI 工作组"的提示框 → 单击"确定"按钮 → 显示"重新启动计算机"提示框，提示必须重新启动计算机才能应用更改。

STEP 5 单击"确定"按钮 → 回到"系统属性"对话框 → 再单击"关闭"按钮，关闭"系统属性"对话框 → 接着出现对话框，提示必须重新启动计算机以应用更改。

STEP 6 单击"立即重新启动"按钮，即可重新启动计算机并应用新的计算机名，若选择"稍后重新启动"，则不会立即重新启动计算机。

2. 配置网络

配置网络是提供各种网络服务的前提。Windows Server 2019 安装完成以后，默认为自动获取 IP 地址，即自动从网络中的 DHCP 服务器获得 IP 地址。不过，由于 Windows Server 2019 用来为网络提供服务，所以通常需要设置静态 IP 地址。另外，还需要配置网络发现、文件共享等功能，实现与网络的正常通信。

配置 TCP/IP 的步骤如下：

STEP 1 右击桌面右下角任务托盘区域的"网络连接"图标 → 点击"打开"网络和 Internet"设置"按钮 → 选择"以太网"快捷菜单中的"更改适配器选项"，打开如图 3.1.15 所示界面。

STEP 2 在"网络连接"窗口找到"Ethernet0 网络"→ 单击"Ethernet0" → 打开"本地连接状态"对话框，如图 3.1.16 所示。

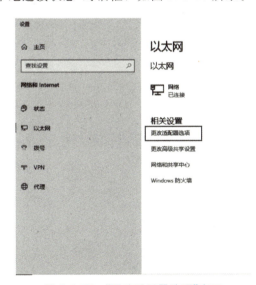

图 3.1.15 "更改适配器选项"窗口　　　　图 3.1.16 "本地连接状态"对话框

STEP 3 单击"属性"按钮，显示如图 3.1.17 所示的"本地连接属性"对话框，Windows Server 2019 中包含 IPv6 和 IPv4 两个版本的 Internet 协议，并且都已默认启用。

智能交通网络构建与管理

STEP 4 在"此连接使用下列项目"选项框中选择"Internet 协议版本 4（TCP/IPv4）"→ 单击"属性"按钮，显示如图 3.1.18 所示的"Internet 协议版本 4（TCP/IPv4）属性"对话框 → 选中"使用下面的 IP 地址"单选按钮 → 分别键入为该服务器分配的 IP 地址、子网掩码、默认网关和 DNS 服务器，如果要通过 DHCP 服务器获取 IP 地址，则保留默认的"自动获得 IP 地址"。

图 3.1.17 "本地连接属性"对话框

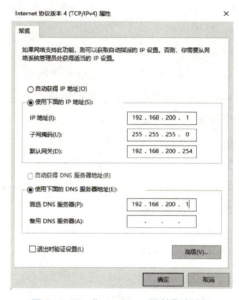

图 3.1.18 "TCP/IPv4 属性"对话框

STEP 5 单击"确定"按钮，保存所做的修改。

3. 管理用户账户和组

为了保障系统的安全性，Windows Server 2019 提供以下几项功能：

严格定义各种账户权限，阻止用户进行具有危害性的网络操作。

使用组规划用户权限，简化账户权限的管理。

禁止非法计算机连入网络。

应用本地安全策略和组策略制定更详细的安全规则。

1）用户账户

计算机用户账户由将用户定义到某一系统的所有信息组成的记录，账户为用户和计算机提供安全凭证，包括用户名和用户登陆所需要的密码，以便用户和计算机能够登录到网络并访问域资源的权利和权限。

2）支持两种用户账户

域账户，可以登录到域上，获得访问该网络的权限。

本地账户，只能登录到本地计算机，并访问其资源。

3）本地用户账户

本地账户存储在本地计算机上的 SAM 中。

4）Windows Server2019 默认账户：

(1) Administrator 账户

可以执行计算机管理的所有操作，如创建修改用户账户和组、管理安全策略、分配允许用户访问资源的权限等。作为管理员，应该创建一个普通用户账户，在执行非管理任务时使用该用户账户，仅在执行管理任务时才使用 Administrator 账户。

(2) Guest 账户

为临时访问用户设置的账户。为保证系统安全，Guest 账户默认状态为禁用。

5）本地组

对用户进行分组管理可更加有效、灵活地进行权限的分配设置，以方便管理员对系统进行管理。常用默认组有用于用户权限分层的：Administrators、Users、PowerUsers、Guests；有用于系统配置管理的：BackupOperators、Event-logReaders 等。还有一些是用于软件管理的，比如说 IIS_IUSRs 等，是安装了 IIS 或 SQL Server 之类的平台而默认启用的，这样可以便于软件更好地获取权限和便于更好地管理维护。

用户会从属于组，从组继承权限。比如有常见的内置用户 Administrator（系统超级管理员）和 Guest（访客，默认情况下停用）。

用户和组都是可以自由创建的，创建者也可以编辑和删除创建的组和用户。也就是说只要是用某个用户角色自己创建的就可以自由删除。但是要注意：

(1) 系统内置的或默认的"组"（包括 Administrators、BackupOperators、Cryptographic Operators、Distributed COM Users、Guests、IIS_IUSRS、Network Configuration Operators、Performance Log Users、Performance Monitor Users、Power Users、Remote Desktop Users、ReplicatorUsers）都不能删除，可以理解为内置组为系统创建，而系统账户为 SYSTEM，它的权限高于一切账户，甚至是 Administrator。

(2) 对于"用户"，除了 Administrator 和 Guest 不能删除外，其余的都可以，而且所有用户都可以停用（而不删除），但要保证系统中至少含有一个属于"Administratos 组"的管理员账户（也包括超级管理员），要不然就失去了系统的支配权。

(3) 如果删除相关的组，属于该组的用户将会失去相关的管理或使用权限。而且用户自己创建的组或用户，一旦删除就不能恢复了。

6）创建本地用户账户

用户账户遵循以下约定：

(1) 命名约定

账户名必须唯一。

账户名不能包含以下字符：*；？/\<>：=，+<>"|．．

账户名最长不能超过20个字符。

(2)密码原则

Administrator账户必须设置密码，防止他人随便使用。

密码不能太简单，最多由128个字符组成，最小长度为8个字符。

密码由大小写字母、数字及合法的非字母数字的字符混合组成，例如"ZGnj2023@test"。

7)创建"teacher"账户

用户可以在"计算机管理"管理单元的"本地用户和组"单元创建本地用户账户，首先确保登录用户必须是Administrator账户或者拥有管理员权限。

STEP 1　点击"开始"→"windows管理工具"→"计算机管理"→"本地用户和组"→"用户"，右键选择"新用户"，如图3.1.19所示。

STEP 2　打开"新用户"对话框，输入用户名、命名和描述、密码，如图3.1.20所示，点击"创建"按钮。

图3.1.19　添加新用户　　　　　　图3.1.20　输入用户名和密码

STEP 3　双击创建好的账户"teacher"，此时该账户默认加入"Users"组，我们将其改为管理员组，点击"隶属于"选项卡→"添加"→"选择组"→"高级"→单击"立即查找"按钮→选择"Administrators"，点击确认即可添加，如图3.1.21所示。

STEP 4　点击"User"→"删除"，将删除账户"teacher"的"User"组。

图 3.1.21　新用户添加进 Administrators 组

4. 文件系统与共享资源

1) 文件系统

文件系统是操作系统用于明确存储设备或分区上的文件的方法和数据结构，操作系统中负责管理和存储文件信息的软件机构称为文件管理系统，简称文件系统。常见的文件系统有：FAT16、FAT32、NTFS。

(1) FAT。

FAT(file allocation table)文件分配表，包括 FAT16 和 FAT32，FAT16 支持的分区最大为 2 GB，随着计算机硬件和应用的不断提高，FAT16 文件系统已不能很好地适应系统的要求。在这种情况下，推出了增强的文件系统 FAT32，支持最大单个文件为 4 GB，支持最大分区为 128 GB。所以，FAT 是一种适用于小型磁盘和简单文件夹结构的文件系统，不能满足 Windows Server 2019 的需求。

(2) NTFS。

NTFS(new technology file system)是 Windows NT 内核的系列操作系统支持的、一个特别为网络和磁盘配额、文件加密等管理安全特性设计的磁盘格式，支持长文件名，提供数据保护和恢复，能通过目录和文件许可实现安全性，并支持跨越分区，支持最大单个文件为 2 TB，支持最大分区为 2 TB。

NTFS 之所以被广泛应用，除了因为 Microsoft 公司本身在操作系统市场的绝对优势外，其本身也具有诸多优点：

(1) NTFS 中的所有文件是以 key-value 的形式存储和组织的，能够迅速地通过文件属性 key 来寻找和定位任意文件的 value 值，提高了操作系统对文件数据的处理效率。

(2) 为系统文件或重要文件建立安全描述符，凡是通过操作系统或 API 对文件进行修改和破坏的行为，都受到操作系统的保护。近年来出现的绕过操作系统或者直接访问硬件磁盘闪存等行为，暂时不能通过文件系统进行保护。

(3) NTFS 不绑定某个硬件磁盘扇区，当发现磁盘受到破坏或无法读取数据时，将通过操作系统相关机制对扇区或卷进行复位。文件系统的这种独立性，使得 NTFS 本身具有更高的安全性。

(4) 具有可扩容的卷空间。操作系统将所有数据按照文件的形式存储和统一管理，目的之一是实现连续数据的非连续存储。在不对信息进行分类区分而是统一管理下，卷的状态和管理更加容易。

2) 设置资源共享

在默认状态下，Windows Server 2019 服务器所有文件夹都不是共享状态，如果要提供资源共享的话，就必须先将该文件夹设置为共享，再创建不同的用户组，将相同访问权限的用户加入同一用户组，然后给用户授权相应的访问权限。

STEP 1 以管理员登录计算机 server，点击"开始"→"windows 管理工具"→"计算机管理"→"本地用户和组"→"组"，右键选择"新建组"，组名为"teacher group"，描述为"教师组"→点击"添加"按钮，结果如图 3.1.22 所示。

STEP 2 点击"高级"按钮→"立即查找"→在"搜索结果"中选择需要加入该组的用户，结果如图 3.1.23 所示。

图 3.1.22　新建组

图 3.1.23　搜索用户添加进组

STEP 3 点击"共享夹"→"共享"→"新建共享",打开对话框 → 文件夹路径选择需要共享的文件即可,结果如图 3.1.24 所示。

STEP 4 "共享权限设置"→"自定义权限"→"添加"→ 选择"teacher group"→"完全控制",点击"确定"→ 如果共享文件夹允许任意用户访问,应启用"Guest 账户",权限为"完全控制",结果如图 3.1.25 所示。

图 3.1.24　设置共享文件夹路径　　　　图 3.1.25　自定义文件夹共享权限

STEP 5 返回"共享文件夹"界面,结果如图 3.1.26 所示,可以看到本地计算机上所有共享的文件夹,共享名称后带有"$"符号的是隐藏共享文件夹,网上的用户是无法通过网上邻居直接浏览的。

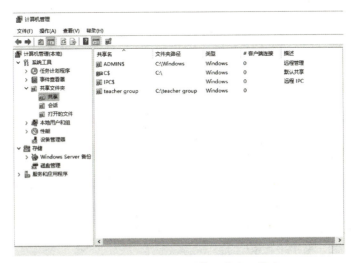

图 3.1.26　查看本地计算机共享文件夹

STEP 6 登录计算机 client → 右击"开始" → 打开"运行",或者按"WIN+R" → 输入"\\192.168.200.1",如图 3.1.27 所示,即可查看 server 上共享的文件夹"teacher group",如图 3.1.28 所示。

图 3.1.27 运行对话框　　　　图 3.1.28 查看共享文件夹

实训项目

Windows Server 2019 安装与基本配置

(1)掌握使用 VMware 进行 Windows Server 2019 网络操作系统安装的方法。
(2)掌握 IP 地址、子网掩码、DNS、网关的配置方法。
(3)掌握创建用户账户、组账户以及权限设置的方法。
(4)掌握设置共享文件夹的方法。

操作步骤

(1)在当前操作系统上安装 VMware,并在 VMware 中安装 Windows Server 2019 网络操作系统。

(2)要求 Windows Server 2019 的安装分区大小为 30 GB,文件系统为 NTFS,计算机名为"server 学号",管理员密码为"SuperPw_学号",服务器的 IP 地址为"192.168.200.学号",子网掩码为"255.255.255.0",DNS 服务器为"192.168.200.学号",默认网关为"192.168.200.254",属于工作组"Test"。

(3)在"server 学号"上创建用户账户"student 学号"和组"student group",并将

"student 学号"加入"student group"组,控制用户"student 学号"下次登录时要修改密码。

(4)在"server 学号"上创建用户账户"teacher"和组"teacher group",并将"teacher"加入"teacher group"组,控制用户"teacher"下次登录时要修改密码。

(5)为了对公司局域网中的共享文件进行集中式管理,提高文件资源的安全性,决定对局域网的文件系统进行设置,需要完成的任务如下:

在服务器磁盘 C 驱动器(应为 NTFS 格式)中新建一个文件夹,命名为"公共文件",将其设为共享文件夹,并将其设为"student group"用户可以完全控制;

在服务器磁盘 D 驱动器(应为 NTFS 格式)中新建一个文件夹,命名为"特殊共享文件",将其设为共享文件夹,并将其设为"teacher group"用户可以完全控制,"student group"用户可以只读访问,其他用户不能访问。

智能交通网络**构建**与管理

实训总结

任务评价

3.1 任务一　Windows Server 2019 安装与基本配置

课后任务单

| 学号： | 姓名： | 日期： |

问题1：简述 IP 地址配置方法。

问题2：简述用户权限的设置方法。

问题3：简述实现文件夹共享的方法。

任务评价

评价考核					
序号	评价项目	自我评价	互相评价	教师评价	综合评价
1	是否预习				
2	引导问题				
3	团队协同				
4	实训任务				
5	课后问题				

注：评价统一采用 A(优)、B(良)、C(合格)、D(尚需努力)四个等级。

3.2 任务二 配置与管理 DNS 服务器

课前学习任务单

| 学号： | 姓名： | 日期： |

为了方便用户访问公司局域网中各种类型的服务器，网络管理员决定架设 DNS 服务器，并根据公司的特点对其进行配置，通过本任务能够理解 DNS 的域名空间结构、DNS 服务器的部署环境，明确 DNS 服务器的各种角色及其作用。

学习目标

1. 掌握两个以上 DNS 服务器的建立与管理方法；
2. 掌握 DNS 正向查询和反向查询的功能及配置方法；
3. 掌握各种 DNS 服务器的配置方法；
4. 掌握 DNS 资源记录的规划和创建方法。

引导问题

1. 简述域名的层次结构。

2. 列出常见的顶级域名。

3. 简述域名解析的过程。

任务评价

相关知识

3.2.1 域名系统基本概念

域名系统(domain name system,DNS)是进行域名(domain name)和与之相对应的 IP 地址(IP address)转换的服务器,使用户能够更方便地访问互联网。DNS 使用 UDP 端口 53。当前,对于每一级域名长度的限制是 63 个字符,域名总长度则不能超过 253 个字符。

1. 域名和域名系统

IP 地址采用点分十进制后增加了可读性,但还是不便记忆,因此 TCP/IP 协议引入了域名系统(DNS)。

域名也称为主机识别名或主机名,它由具有一定意义的、方便人们记忆和书写的英文单词、缩写或中文拼音等组成,现在还可以使用中文域名。与 IP 地址相比,它更直观,更便于记忆。

IP 地址与域名之间存在着对应关系,在 Internet 中可以通过 DNS 服务器进行域名解析,完成将域名转换为 IP 地址的工作。

2. 域名系统的层次结构

域名系统采用层次结构,按地理域或机构域进行分层,是一种树形结构,如图 3.2.1 所示。

树的顶部为根节点,根下面的就是域,而域又可以进一步划分为子域,每一个域或子域都有域名。

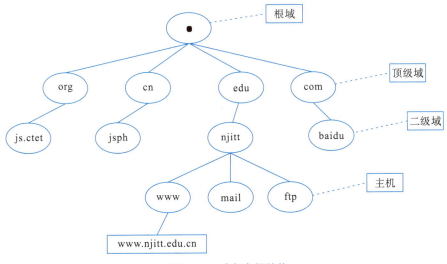

图 3.2.1 域名空间结构

根服务器主要用来管理互联网的主目录，最早是IPv4，全球只有13台，以"A"至"M"命名，其中"A"为主根服务器，在美国，由美国互联网机构Network Solutions运作。其余12个均为辅根服务器，其中9个在美国，1个在英国，1个在瑞典，1个在日本。在与现有IPv4根服务器体系架构充分兼容的上，"雪人计划"于2016年在全球16个国家完成25台IPv6根服务器架设，形成了13台原有根加25台IPv6根的新格局，中国部署了其中的4台，由1台主根服务器和3台辅根服务器组成，打破了中国过去没有根服务器的困境。

层次型主机域名可表示为"主机名.本地名.组名.网点名"，例如：南京交通职业技术学院网址 www.njitt.edu.cn，域名中的域分为多级，顶级域名为"cn"，代表中国；二级域为"edu.cn"，代表教育机构；三级域名为"njitt.edu.cn"等。

域名还可以按地理域划分，如域名"nj.js.cn"，代表"南京－江苏－中国"。

除了代表各个国家或地区的顶级域名(见表3.2.1)之外，ICANN还定义了若干顶级类别域名(见表3.2.2)。

表 3.2.1　国家或地区顶级域名

国家或地区	域名
中国	cn
中国香港	hk
中国台湾	tw
中国澳门	mo
日本	jp
英国	uk
澳大利亚	au

表 3.2.2　部分顶级类别域名

机构类型	域名
基础建设	arpa
商业机构	com
教育机构	edu
网络服务机构	net
政府机构	gov
军事系统	mil
非营利性组织	ogr
国际组织	int

3. 域名的管理

域名由中心管理机构将最高一级名字划分为几个部分，并将各部分的管理权授予相应机构。每个管理机构可以将自己管辖范围内的名字进一步划分为若干子部分，也将子部分的管理权授予若干子机构。这样逐级授权而形成的最终域名就可以得到Internet管理中心的认可。

为保证主机域名的唯一性，每个机构或子机构中只要确保下一级的名字不重名就可以，而不同层可以有同名。这样上层不必管理更下层的命名，下层的命名变化也不影响上层的工作，使得Internet中心管理机构的管理工作并不繁重。

4. 域名解析

将域名转换为IP地址称为域名解析，域名解析由DNS服务器完成，DNS服务器完成名字至地址的映射，是域名系统的核心。DNS 服务器也有层次结构，它们相对独立，又相互合作，DNS 服务器中的地址映射信息会随着网络的变化，不断进行调整。

将 IP 地址转换为主机物理地址称为地址解析，是协议地址到物理地址的映射过程，地址解析时要根据网络使用的协议和硬件编址方案，由地址解析协议（ARP）和反向地址解析协议（RARP）完成，如图 3.2.2 所示。

图 3.2.2　域名解析

5. DNS 名称的解析方法

DNS 名称的解析方法主要有 2 种，一种是通过 hosts 文件进行解析，还有一种是通过 DNS 服务器进行解析。

1）hosts 文件

hosts 是一个没有扩展名的系统文件，可以用记事本等工具打开，其作用就是将一些常用的网址域名与其对应的 IP 地址建立一个关联"数据库"，当用户在浏览器中输入一个需要登录的网址时，系统会首先自动从 hosts 文件中寻找对应的 IP 地址，一旦找到，系统会立即打开对应网页，如果没有找到，系统会再将网址提交 DNS 域名解析服务器进行 IP 地址的解析。

需要注意的是，hosts 文件配置的映射是静态的，如果网络上的计算机更改了地址需要及时更新 IP 地址，否则将不能访问，显然这种方法是不适用于 Internet 的。

2）DNS 服务器

DNS（domain name server，域名服务器）是进行域名（domain name）和与之相对应的 IP 地址（IP address）转换的服务器。DNS 中保存了一张域名（domain name）和与之相对应的 IP 地址（IP address）的表，以解析消息的域名。

(1) DNS 工作原理。

主要包括如下 3 个组成部分：

①域名空间（domain name space）和资源记录（resource record）；

②域名服务器（domain name server）；

③解析器（resolver）。

(2) DNS 查询模式。

DNS 系统采用递归查询请求的方式来响应用户的查询，其一般过程如下：

①客户端首先向首选域名服务器查询。

②首选域名服务器检查本地资源记录，如果存在则作权威回答，如果不存在，则检查本地缓存，如果有记录则直接返回结果。若本地资源记录和缓存记录都不存在，则向根域名服务器查询。

③根域名服务器返回相应顶级域的权威域名服务器的地址，首选域名服务器继续向该顶级权威域名服务器查询。

④顶级权威域名服务器返回次级域的权威域名服务器地址，首选域名服务器如此迭代查询，直到得到对查询域名的权威回答，保存在本地缓存中并返回给客户端，完成此次查询。目前绝大多数的网络都会开放 DNS 服务，DNS 数据包不会被防火墙等网络安全防护设备拦截，因此，可以基于 DNS 协议建立隐蔽通道，从而顺利穿过防火墙，在客户端和服务器之间隐蔽地传输数据。

6. DNS 服务器的类型

1）主域名服务器

负责维护一个区域的所有域名信息，是特定区域的所有信息的权威信息源，数据可以修改。

2）辅助域名服务器

当主域名服务器出现故障、关闭或负载过重时，辅助域名服务器作为主域名服务器的备份提供域名解析服务。辅助域名服务器中的区域文件中的数据是从另外的一台主域名服务器中复制过来的，是不可以修改的。

3）缓存域名服务器

从某个远程服务器取得每次域名服务器的查询回答，一旦取得一个答案就将它放在高速缓存中，以后查询相同的信息就用高速缓存中的数据回答。缓存域名服务器不是权威的域名服务器，因为它提供的信息都是间接信息。

4）转发域名服务器

负责所有非本地域名的本地查询。转发域名服务器接到查询请求后，在其缓存中查找，如找不到就将请求依次转发到指定的域名服务器，直到查找到结果为止，否则返回无法映射的结果。

3.2.2　安装 DNS 服务器

设置 DNS 服务器的首要任务是建立 DNS 区域和域的树状结构。DNS 服务器以区域为单位来管理服务。区域是一个数据库，用来链接 DNS 名称和相关数据，如 IP 地址和网络服务，在 Internet 中一般使用二级域名来命名，如 baidu.com。而 DNS 区域分为两类：一类是正向搜索区域，即域名到 IP 地址的数据库，用于提供将域名转换为 IP 地址的服务；另一类是反向搜索区域，即 IP 地址到域名的数据库，用于提供将 IP 地址转换为域名的服务。

任务3-2　DNS服务器配置与管理

1. 安装 DNS 服务器的准备

将虚拟机的 Network Adapter 连接方式设置为：Bridged（桥接）。

server 用来承载 DNS 服务，指定 IP 地址：192.168.200.2，子网掩码：255.255.255.0，

默认网关：192.168.200.254，DNS：192.168.200.2 等，设置域名为 teacher.com。

client 用来测试 DNS 服务，指定 IP 地址：192.168.200.3，子网掩码：255.255.255.0，默认网关：192.168.200.254，DNS：192.168.200.2 等，如图 3.2.3 所示。

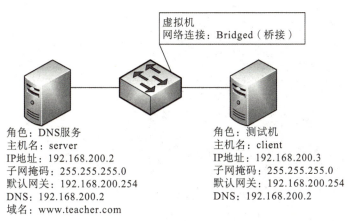

图 3.2.3　部署 DNS 服务器

2. 开始安装

STEP 1　点击"开始"→"服务器管理器"→"仪表板"→"添加角色和功能"→"选择服务器角色"→"DNS 服务器"→"添加功能"，如图 3.2.4 所示。

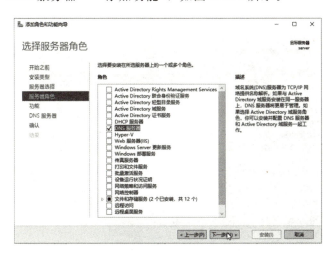

图 3.2.4　添加角色和功能

STEP 2　点击"下一步"→"安装"→"关闭"，即可完成 DNS 服务器的安装。

3. DNS 服务器的停止和启动

可以用 net 命令或者通过 DNS 管理器启动 DNS 服务器。

1)使用 net 命令

STEP 1　使用管理员账户登录,单击打开 PowerShell,输入命令"net stop dns"关闭 DNS 服务器,"net start dns"启动 DNS 服务器,如图 3.2.5 所示。

图 3.2.5　使用 net 命令停止和启动 DNS 服务器

2)DNS 管理器

STEP 1　点击"开始"→"Windows 管理工具"→"DNS"→在打开的对话框中选择"server"→右键选择"所有任务"→"停止"或"启动",如图 3.2.6 所示。

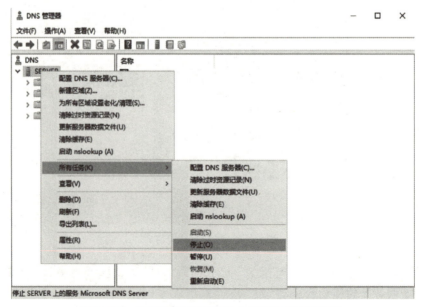

图 3.2.6　使用 DNS 管理器停止或启动 DNS 服务器

4. 创建正向主要区域

STEP 1 打开"DNS"→右击"正向查找区域"→"新建区域",打开"新建区域向导"。

STEP 2 点击"下一步"→"区域类型"→"主要区域",如图 3.2.7 所示。

STEP 3 点击"下一步"→"区域名称",输入"teacher.com",如图 3.2.8 所示。

图 3.2.7　建立正向查找区域

图 3.2.8　输入区域名称

STEP 4 点击"下一步"→"teacher.com.dns"→选择"允许非安全和安全的动态更新"→点击"完成",如图 3.2.9 所示。

STEP 5 双击"正向查找区域"→双击"teacher.com"→右击右边空白区域→"新建主机(A 或 AAAA)",经弹出的对话框中填入主机名为"www",完全限定的域名"www.teacher.com",IP"192.168.200.2",如图 3.2.10 所示。

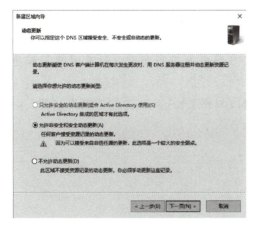

图 3.2.9　设置查找动态更新

图 3.2.10　新建主机

5. 创建反向主要区域

反向查找区域用于通过 IP 地址查询 DNS 名称。

STEP 1　打开"DNS"→右击"反向查找区域"→"新建区域",打开"新建区域向导"。

STEP 2　点击"下一步"→"区域类型"→"主要区域"→"IPv4 反向查找区域"→输入当前服务器网络 ID"192.168.200",自动生成反向查找区域的名称"200.168.192.in-addr.arpa",如图 3.2.11 所示。

STEP 3　点击"下一步"→"200.168.192.in-addr.arpa.dns"→选择"安全的动态更新"→点击"完成"。

STEP 4　双击"反向查找区域"→双击"200.168.192.in-addr.arpa.dns"→右击右边空白区域→"新建指针(PTR)",经弹出的对话框中填入,如图 3.2.12 所示。

图 3.2.11　建立 IPv4 反向查找区域

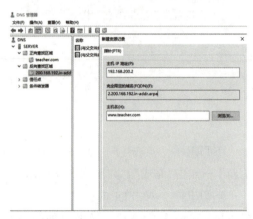

图 3.2.12　反向查找区域新建指针

3.2.3　配置 DNS 客户端测试 DNS 服务器

安装并配置好 DNS 服务器后,应该对 DNS 服务器进行测试,最常用的工具是 nslookup 和 ping 命令。

nslookup 是手动 DNS 查询的常用工具,可以判断 DNS 服务器是否工作正常,用法如下:

nslookup [-option…] [host to find] [sever]

1. 直接查询

nslookup domain [dns-server]

2. 查询其他记录

nslookup -qt = type domain [dns-server]

表 3.2.2　nslookup 查询参数

参数	作用	参数	作用
A	地址记录	MR	改名的邮箱记录
AAAA	地址记录	MX	邮件服务器记录
AFSDB Andrew	文件系统数据库服务器记录	NS	名字服务器记录
ATMA	ATM 地址记录	PTR	反向记录
CNAME	别名记录	RP	负责人记录
HINHO	硬件配置记录，包括 CPU、操作系统信息	RT	路由穿透记录
ISDN	域名对应的 ISDN 号码	SRV	TCP 服务器信息记录
MB	存放指定邮箱的服务器	TXT	域名对应的文本信息
MG	邮件组记录	X25	域名对应的 X.25 地址记录
MINFO	邮件组和邮箱的信息记录		

3. 查询更具体的信息

nslookup-d［其他参数］domain［dns-server］

在查询的时候，加上-d 参数，即可查询域名的缓存。

4. 测试 DNS 服务器

下面在客户端 client 上，测试 DNS 服务器。

STEP 1　登录 client，在"运行"中输"cmd"，打开命令行窗口，首先使用 ping 命令测试 DNS 服务器 server 的 IP 地址能否 ping 通，如果可以 ping 通，则输入"nslookup www.teacher.com"，如图 3.2.13 所示。

图 3.2.13　测试 DNS 服务器

实训项目

配置与管理 DNS 服务器

实训目的

(1) 能够架设 DNS 服务器。
(2) 能根据要求对 DNS 的正向区域中的相关参数进行设置。
(3) 能根据要求设置 DNS 反向区域的参数。
(4) 能对 DNS 服务器进行管理。
(5) 能用指令测试 DNS 服务是否正常。

操作步骤

为了方便用户访问智能场站公司局域网中各种类型的服务器，网络管理员决定架设 DNS 服务器，并根据公司的特点对其进行配置，需完成的任务如下：

(1) 在一台服务器上安装 DNS 服务器；
(2) 配置 DNS 服务器，创建 student.com 正向查找区域；
(3) 新建主机 WWW，IP 为 10.1.1.1，别名为 ftp，指向 www；
(4) 创建 student.com 反向查找区域；
(5) 用 nslookup 测试 DNS 能否正常工作。

实训总结

任务评价

智能交通网络构建与管理

3.2 任务二　配置与管理 DNS 服务器

课后任务单

| 学号： | 姓名： | 日期： |

问题1：简述 DNS 服务器配置中主机名和别名的作用。

问题2：简述 DNS 正向解析和反向解析配置过程的区别。

问题3：简述通过 nslookup 测试域名服务器的方法。

任务评价

评价考核					
序号	评价项目	自我评价	互相评价	教师评价	综合评价
1	是否预习				
2	引导问题				
3	团队协同				
4	实训任务				
5	课后问题				

注：评价统一采用 A(优)、B(良)、C(合格)、D(尚需努力)四个等级。

3.3 任务三 配置与管理 Web 和 FTP 服务器

课前学习任务单

| 学号： | 姓名： | 日期： |

任务环境

1. 虚拟软件 VMware 已安装；
2. Windows Server 2019 安装镜像已保存在硬盘上；
3. VMware 中已安装 Windows Server 2019。

任务目标

1. 掌握架设 Web 和 FTP 服务器；
2. 掌握使用虚拟主机和虚拟目录发布网站；
3. 掌握 Web 服务器配置与安全管理；
4. 掌握使用指令测试网站服务是否正常。

引导问题

1. 简述 IIS 的含义及其包含的服务。

2. 简述 Web 服务器和 FTP 服务器的功能。

3. 简述 IIS 中主目录和虚拟目录的作用。

任务评价

 相关知识

3.3.1 IIS 服务

IIS(internet information server，互联网信息服务)，是由微软公司提供的基于 Microsoft Windows 操作系统的互联网基本服务。

1. IIS 能做什么

IIS 可以实现 Intranet 上的主要信息服务，包括创建 WWW(Web)服务器、创建 FTP 服务器、创建虚拟目录、设置和管理 Web 站点及管理 Web 服务器等。

1）站点的目录结构

站点通过目录结构存储信息，而每个站点都有一个主目录和若干子目录。

2）主目录

主目录是一个 Web 站点或 FTP 站点的根节点，网络发布的信息存放在主目录和与其相关联的子目录中。一个站点必须有一个主目录。对 Web、FTP 等站点的访问，实际是对 Web、FTP 站点对应的主目录的访问。

3）虚拟目录

虚拟目录的作用是为服务器上的任何一个物理目录创建一个别名。

4）子目录

子目录可以是主目录下层的真实的物理子目录，也可以是一个虚拟目录。对于外界访问者来说，虚拟目录和子目录没有什么区别。

5）默认主目录

Web 站点的默认主目录是"X:\ineptub\wwwroot"，FTP 站点的默认主目录是"X:\ineptub\ftproot"，X 是 Windows 操作系统所在的系统分区盘符。

2. HTTP 状态代码

当客户端使用 HTTP 访问一台正在运行 IIS 的服务器上的内容时，IIS 返回一个表示该响应的状态的数字代码，称为 HTTP 状态代码。HTTP 状态代码记录在 IIS 日志中，也会显示在客户端浏览器中，表示请求是否成功，网站开发人员可根据返回的 HTTP 状态代码分析网站故障的确切原因。

下面列举几个常见的 HTTP 状态代码：

2 开头(请求成功)表示成功处理了请求的状态代码。

3 开头(请求被重定向)表示要完成请求，需要进一步操作。

4 开头(请求错误)表示请求可能出错，妨碍了服务器的处理，如表 3.3.1 所示。

表 3.3.1　HTTP 状态代码 404 错误代码

代码	表示请求状态	解决方法
404（未找到）	服务器找不到请求的网页	查看文件目录是否错误

5 开头（服务器错误）表示服务器在尝试处理请求时发生内部错误。这些错误可能是服务器本身的错误，而不是请求出错。

3.3.2　IIS 的安装与搭建

视频

IIS 的安装与搭建

1. 需求和环境

IIS 服务器、客户机与虚拟机之间网络连接采用 Bridged（桥接）方式；

IIS 服务器 server 安装系统 Windows Server 2019，IP：192.168.200.2，网站名：http://www.teacher.com；

client 为客户机，测试网站服务是否成功，IP：192.168.200.3，网络拓扑图如图 3.3.1 所示。

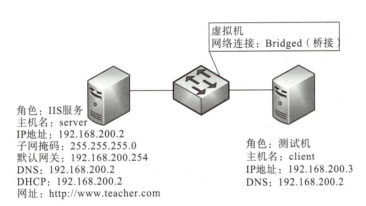

图 3.3.1　IIS 服务器拓扑图

2. IIS 服务器安装

STEP 1　依次单击"开始"→"Windows 管理工具"→"服务器管理器"→"仪表板"→"添加角色和功能向导"→"下一步"→"安装类型"，选择"基于角色和功能的安装"，如图 3.3.2 所示。

STEP 2　单击"下一步"→"服务器选择"，选择"SERVER"，如图 3.3.3 所示。

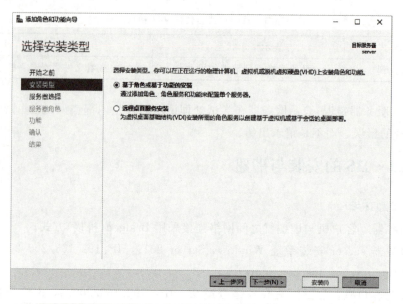

图 3.3.2　添加角色和功能向导

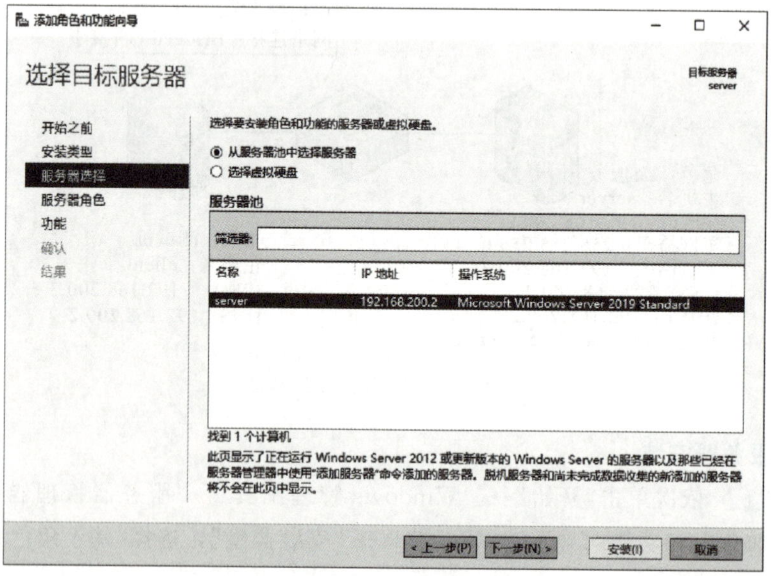

图 3.3.3　"服务器选择"对话框

STEP 3　继续单击"下一步"按钮 → 选择"服务器角色"对话框 → 选择"Web 服务器(IIS)"，如图 3.3.4 所示。

STEP 4　继续单击"下一步"按钮 → 显示"选择角色服务"对话框，可以为该角色选择详细的组件，把"安全性"下面的所有组件全部勾上，如图 3.3.5 所示。

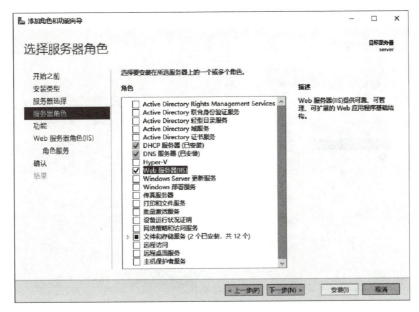

图 3.3.4 "选择服务器角色"对话框

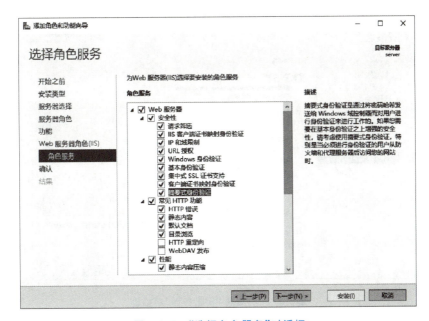

图 3.3.5 "选择角色服务"对话框

STEP 5　把下拉条向下拉,将"FTP 服务器"勾选上,如图 3.3.6 所示。

STEP 6　单击"下一步"按钮,单击"安装"按钮即可开始安装,如图 3.3.7 所示。

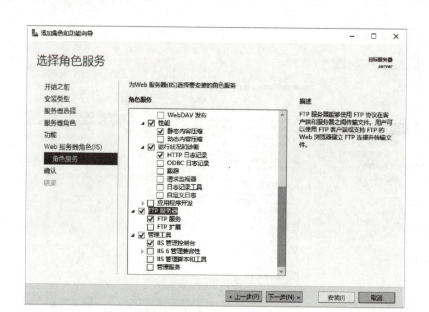

图 3.3.6 添加"FTP 服务器"对话框

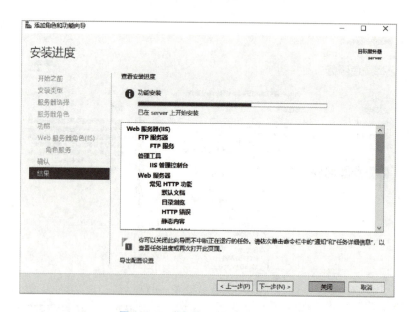

图 3.3.7 "安装 IIS 服务器"对话框

3. IIS 服务器测试

IIS 安装完成后，还应该对 Web 服务器进行测试，检查网站是否安装成功。

1）本地测试

STEP 1 打开"浏览器"→输入"http://192.168.200.2"，显示如图 3.3.8 所示

界面，表示网站访问成功。

图 3.3.8 访问 Web 网站

此外，还可通过其他方式访问本地网站：

(1)访问本地服务器名 server。

http://server

(2)访问 localhost(本地服务器)，用于测试。

http://localhost/

(3)访问本地机回送地址 127.0.0.1，用于测试。

http://127.0.0.1

2)客户端测试

登录该局域网另一台电脑"client"。

STEP 1　打开"浏览器"→输入"http://192.168.200.2"，显示如图 3.3.8 所示界面，表示网站访问成功。

3.3.3　创建 Web 网站

接下来，我们要创建一个属于自己的 Web 网站，并且使在本地局域网内的用户都可以访问。

1. 暂停 Default Web Site

STEP 1　点击"开始"→"Windows 管理工具"→"Internet 信息服务(IIS)"→"SERVER"→"网站"→"Default Web Site"，显示如图 3.3.9 所示界面。

视频

创建Web网站

智能交通网络**构建与管理**

STEP 2　因为 IIS 会自动打开默认 Web 网站，所以接下来先将"Default Web Site"暂停，右击"Default Web Site"→"管理网站"→"停止"，显示如图 3.3.10 所示界面。

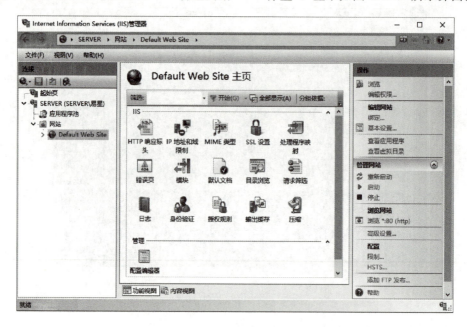

图 3.3.9　"Internet 信息服务(IIS)"对话框

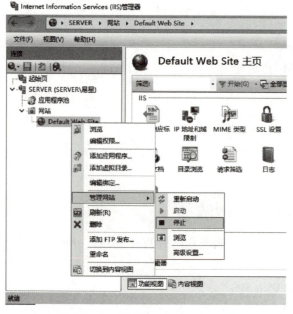

图 3.3.10　停止"Default Web Site"

2. 发布主页或程序

STEP 1 在 C 盘上创建一个文件夹 teacher webroot 存放网页，每个网站都需要一个首页，是网站的入口，一般首页取名为 index 或 default 加上扩展名，扩展名可以是＊.htm、＊.html、＊.aspx、＊.jsp，这里我们取名为"index.html"，网页的制作可以使用 Dreamweaver 或者其他编辑器，如图 3.3.11 所示。

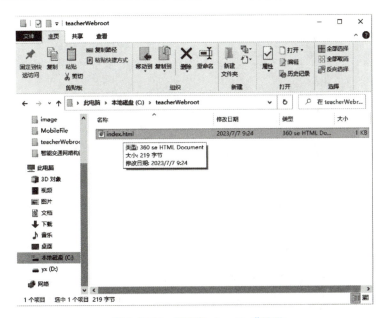

图 3.3.11 新建"index.html"网页

STEP 2 打开"IIS 管理器"→"server"→右击"网站"，在弹出的对话框中选择"添加网站"，如图 3.3.12 所示。

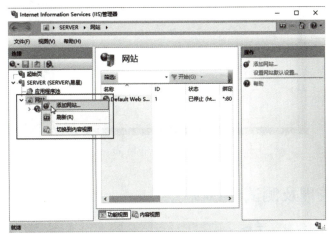

图 3.3.12 创建一个新的网站

STEP 3 在对话框中填入以下信息：网站名称、物理路径、绑定类型、IP 地址、端口，如图 3.3.13 所示，单击"确定"按钮返回"IIS 管理器"查看自己建立的网站。

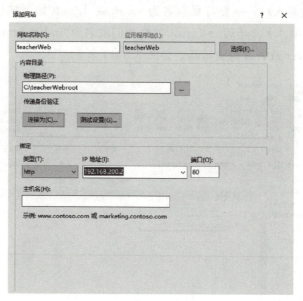

图 3.3.13 网站名称及物理路径设置

STEP 4 打开"浏览器"→ 输入"http：∥192.168.200.2"，显示如图 3.3.14 所示页面，表示网站访问成功。

图 3.3.14 发布网站

3.3.4 管理及测试 Web 站点

1. 修改 Web 网站默认文档

访问域名的时候最先加载的页面称为默认文档，一般是指 index.asp、index.html、

index.htm、defalut.asp、defalut.html……刚才,我们将网站首页取名为 index.html,所以浏览网站时自动加载 index.html 页面。但是,假如我们的网站首页没有取 index.html 就需要修改 Web 网站的默认文档。

STEP 1　在"IIS 管理器"中 → 双击右边"默认文档"按钮 → 右击"添加默认文档",如图 3.3.15 所示。

图 3.3.15　修改 Web 网站默认文档

2. 创建域名访问网站

STEP 1　打开"DNS 管理器"→"SERVER"→"正向查找区域"→右击"teacher.com"→"新建主机"→输入别名"www",目标主机"www.teacher.com",如图 3.3.16 所示。

STEP 2　登入 client,打开浏览器 → 输入"http://www.teacher.com",显示如图 3.3.17 所示页面,表示网站访问成功。

图 3.3.16　创建域名访问网站

图 3.3.17　网站域名访问成功

3. 创建 web 网站虚拟目录

在 server 服务器 C 盘上创建一个名为 BBS 的虚拟目录，C:\teacherBBS\index1.html

STEP 1　打开 IIS 管理器→"SERVER"→"网站"→右击"teacherWeb"，在弹出的对话框中选择"添加虚拟目录"，如图 3.3.18 所示。

图 3.3.18　创建 web 网站虚拟目录

STEP 2　在弹出的对话框中输入别名"BBS"，物理路径选择"C:\teacherBBS"，点击"确定"按钮，如图 3.3.19 所示。

STEP 3　登入 client，打开浏览器→输入"http://www.teacher.com/BBS"，显示如图 3.3.20 所示页面，表示虚拟目录 BBS 网站访问成功。

图 3.3.19　添加虚拟目录的物理路径　　　图 3.3.20　虚拟目录 BBS 网站访问成功

4. 禁止使用匿名账户访问网站

STEP 1　打开 IIS 管理器→"SERVER"→"网站"→双击"身份验证",如图 3.3.21 所示。

图 3.3.21　IIS 管理器身份验证

STEP 2　在打开的"身份验证"窗口中,右击"匿名身份验证"选择"禁用",右击"Windows 身份验证"选择"开启",如图 3.3.22 所示。

图 3.3.22　禁用匿名身份验证

STEP 3 登入 client，打开浏览器 → 输入"http://www.teacher.com/bbs"，显示如图 3.3.23 所示对话框，需要用户进行身份认证才能访问。

图 3.3.23 需要用户验证身份认证才能访问

STEP 4 正常情况下访问网站，需要将"身份验证"再改回来，开启"匿名身份验证"，禁用"Windows 身份验证"。

5. 限制访问 Web 网站的客户端数量

STEP 1 打开 IIS 管理器→"SERVER"→"网站"→"teacherWeb"→ 单击"限制"，在弹出的对话窗设置"限制连接数"为 1，如图 3.3.24 所示。

图 3.3.24 限制访问网站的客户端数量

STEP 2 在 server 上打开浏览器，访问网站"http://192.168.200.2"→ 随后在 client 上打开浏览器，访问网站"http://192.168.200.2"，显示无法访问，如图 3.3.25 所示。

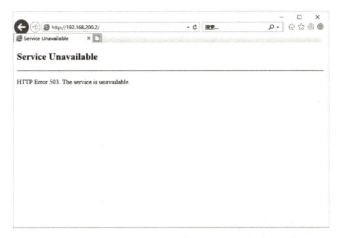

图 3.3.25　无法访问 Web 网站

6. 使用 IP 限制访问 Web 网站

STEP 1　打开 IIS 管理器→"SERVER"→"网站"→"teacherWeb"→单击"IP 限制和域限制",如图 3.3.26 所示。

图 3.3.26　使用 IP 限制访问 Web 网站

STEP 2　在打开的窗口中点击"添加拒绝条目",打开如图 3.3.27 所示对话框,我们可以设置特定的 IP 地址,也可设置一定的 IP 范围。这里我们设置测试端 client 的 IP 为"192.168.200.3"。

STEP 3　在 server 可以访问网站"http://192.168.200.2"→随后在 client 上打开浏览器访问网站"http://192.168.200.2",显示禁止访问,如图 3.3.28 所示。

图 3.3.27 设置特定 IP 地址限制访问

图 3.3.28 被限制的 IP 地址禁止访问

7. 架设多个 Web 网站

架设多个 Web 网站可以通过以下 3 种方式：(1) 使用不同端口；(2) 使用不同主机头；(3) 使用不同 IP 地址。这里我们采用第三种方式，使用不同 IP 地址的方法实现。

STEP 1 以管理员身份登录 Web 服务器 server → 右击桌面右下角的网络连接图标 → 打开"网络和共享中心" → 单击"本地连接" → 单击"属性" → 打开"Internet 协议版本 4(TCP/IPv4)" → 点击"高级"按钮，显示如图 3.3.29 所示窗口。

STEP 2 点击"添加" → 在弹出的窗口中输入一个新的 IP 地址"192.168.200.1"，子网掩码"255.255.255.0"，如图 3.3.30 所示 → 单击"确定"按钮，完成添加 IP 配置。

图 3.3.29 打开 Internet 协议版本

图 3.3.30 添加 IP 地址

STEP 3 新建一个 Web 网站 studentWeb，参照前面的新建 Web 网站设置 → 右击"studentWeb" → 选择"编辑网站绑定" → 在弹出的对话框中输入刚才添加的 IP 地址"192.168.200.1"，如图 3.3.31 所示。

图 3.3.31　网站绑定 IP 地址

STEP 4 在 client 上打开浏览器访问网站"http://192.168.200.1"，"http://192.168.200.2"，显示如图 3.3.32 所示页面。

图 3.3.32　测试 Web 网站

3.3.5　创建 FTP 服务器

文件传输协议 FTP(file transfer protocol)用于将文件从一个主机复制到另一个主机，网络上进行"上传"和"下载"就是利用 FTP 程序实现的。

1. 需求和环境

FTP 服务器、客户机与虚拟机之间采用桥接模式。

视频

创建FTP服务器

FTP 服务器 server 安装系统 Windows Server 2019，IP：192.168.200.100，网站名：ftp://192.168.200.100，域名：ftp://ftp.teacher.com。

client 为客户机，用于测试 FTP 服务是否成功，IP：192.168.200.3，网络拓扑图如图 3.3.33 所示。

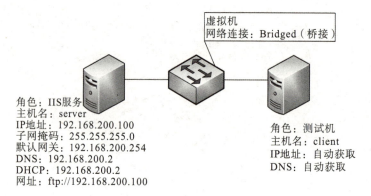

图 3.3.33　FTP 服务器网络拓扑图

2. 安装 FTP 服务器

STEP 1　以管理员身份登录 server 服务器，前面在安装 IIS 服务器时我们已经选择了 FTP 服务器，如图 3.3.34 所示，所以此处不用再安装 FTP 服务器。

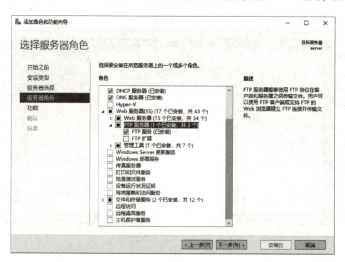

图 3.3.34　已安装 FTP 管理器

3. 创建和访问 FTP 站点

创建 FTP 站点前，我们需要给 server 服务器添加一个新的 IP 地址，供 FTP 站点使用，在安装 DHCP 服务器时我们预留了一个 IP 地址 192.168.200.100，正好用于 FTP 站点。

STEP 1　以管理员身份登录 server → 右击桌面右下角的网络连接图标 → 打开

"网络和共享中心" → 单击"本地连接" → 单击"属性" → 打开"Internet 协议版本 4 (TCP/IPv4)" → 点击"高级"按钮 → 添加 IP，如图 3.3.35 所示。

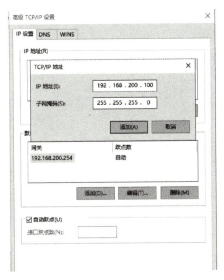

图 3.3.35　本地添加 IP 地址

STEP 2　打开 IIS 管理器 → 右击"SERVER" →"添加 FTP 站点"，如图 3.3.36 所示。

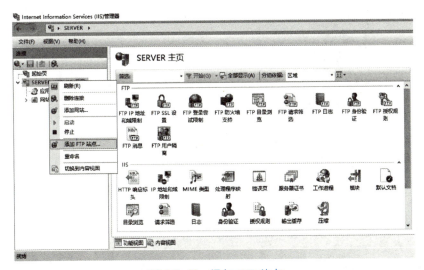

图 3.3.36　添加 FTP 站点

STEP 3　在弹出的窗口中填入 FTP 站点名称(ftp)，物理路径(C:\ftp)，如图 3.3.37 所示。

STEP 4　点击"下一步" → "IP 地址"选择"192.168.200.100"，"端口"默认 21，"自动启动 FTP 站点"勾选"无 SSL"，如图 3.3.38 所示。

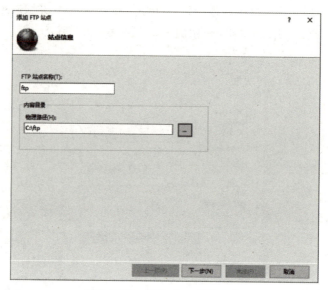

图 3.3.37 添加 FTP 站点名称

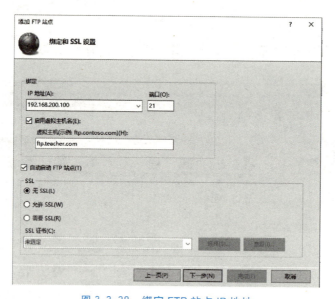

图 3.3.38 绑定 FTP 站点 IP 地址

STEP 5 点击"下一步"→"身份验证"勾选"匿名"和"基本"→"授权"选择"所有用户"→"权限"根据需要勾选"读取"和"写入"→点击"完成",如图 3.3.39 所示。

STEP 6 打开 IE 浏览器,在地址栏输入"ftp://192.168.200.100",如图 3.3.40 所示。

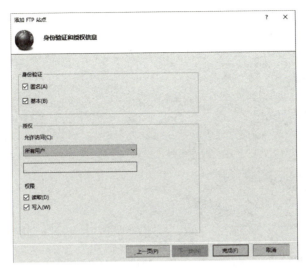

图 3.3.39　设置 FTP 身份验证和权限

图 3.3.40　FTP 访问成功

4. 创建域名访问 FTP 站点

STEP 1　打开 DNS 服务器→"SERVER"→"正向查找区域"→右击"新建主机"→在弹出对话框中输入主机"ftp"，IP："192.168.200.100"，如图 3.3.41 所示。

图 3.3.41　创建域名访问 FTP 站点

智能交通网络**构建与管理**

STEP 2 在 client 上打开资源管理器 → 在地址栏输入"ftp://ftp.teacher.com"，显示如图 3.3.42 所示界面。

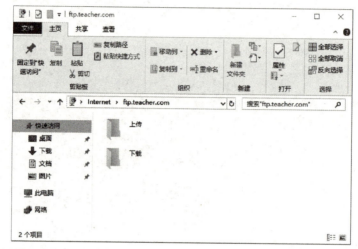

图 3.3.42 资源管理器访问 FTP 成功

5. FTP 站点安全配置

在 IIS 管理器中可进行 FTP 防火墙支持、FTP 请求筛选、FTP 身份验证、FTP 授权规则等安全设置，如图 3.3.43 所示，可根据站点不同需求进行安全设定，详细步骤参照 Web 站点安全设置。

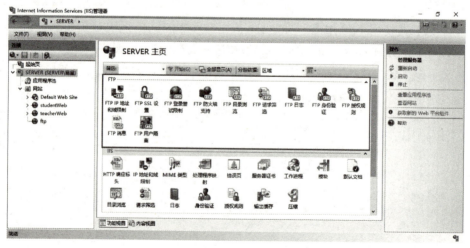

图 3.3.43 FTP 站点安全配置

拓展知识

3.3.6 超文本传输协议 HTTP

HTTP 用于 WWW 中，以明文、超文本、音频和视频等形式传输数据。超文本系统是一个用计算机链接相关文档，实现各种检索的系统。

3.3.7 超文本传输安全协议 HTTPS

HTTPS 是以安全为目标的 HTTP 通道，简单讲是 HTTP 的安全版。即 HTTP 下加入 SSL 层，HTTPS 的安全基础是 SSL，因此加密的详细内容就在于 SSL。

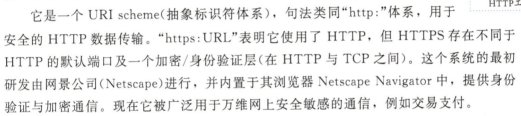

HTTP工作原理

它是一个 URI scheme(抽象标识符体系)，句法类同"http:"体系，用于安全的 HTTP 数据传输。"https:URL"表明它使用了 HTTP，但 HTTPS 存在不同于 HTTP 的默认端口及一个加密/身份验证层(在 HTTP 与 TCP 之间)。这个系统的最初研发由网景公司(Netscape)进行，并内置于其浏览器 Netscape Navigator 中，提供身份验证与加密通信。现在它被广泛用于万维网上安全敏感的通信，例如交易支付。

3.3.8 万维网 WWW

WWW(world wide web)译为万维网，也简称为 Web 或 3W 等，它是指遍布全球并被链接在一起的信息存储库，综合了易修改、可移植和对用户友好的特性。

WWW 是现代计算机网络界最杰出的成果，可以毫不夸张地说，没有 WWW 就没有 Internet 的今天。

WWW 技术提供各种信息服务，客户端使用浏览器访问 Internet 资源，WWW 根据用户的需求组织和传输各种信息，不管所要访问的服务器或信息究竟在什么地方，都可通过浏览器查到所需信息。

3.3.9 统一资源定位符 URL

URL 用于标识或定位网络上的文档或其他资源，即指明信息所在的位置和使用方式，可以理解为 Internet 和 Web 的地址(网址)。每个 Web 主页，包括 Web 节点中的网页，都有一个存放地址，它们需要通过 URL 来定位。URL 的语法形式如下：

<协议>://<信息资源地址>[:端口号/<文件路径>]

(1)协议。表示所访问的服务器的通信协议，如 HTTP、FTP 等。

(2)信息资源地址。域名、IP 地址等。

(3)端口号。应用程序提供的服务类型。省略时，表示的就是默认端口号。

例如：http://www.njitt.edu.cn:8080/458/list.htm

3.3.10　超文本标记语言 HTML

HTML"超文本"就是指页面内可以包含图片、链接，甚至音乐、程序等非文字元素。

网页由头部（head）和主体（body）两部分组成，其中"头"部提供关于网页的信息，包含页面标题和其他参数，"主体"部分提供网页的具体内容，它包括文本和标识。例如，为了让文本的某一部分用黑体方式显示，可以在文本的首尾加上标记<B>和</B>。

一个网页对应于一个 HTML 文件，HTML 文件以.htm 或.html 为扩展名。可以使用任何能够生成 TXT 类型源文件的文本编辑器来产生 HTML 文件。所有标识符放在<　>中，有些标识符可单独使用，而大部分标识符成对使用，成对使用的标识符分别称为开始标识符和结束标识符。开始标识符可以有属性和值，而结束标识符不能有属性和值，而且在标识前必须有斜杠（/）。

例如：
<！DOCTYPE html>
<html>
<head>
<meta charset="utf-8">
<title>欢迎来到教师之家（www.teacher.com）</title>
</head>
<body>
<h1>欢迎来到教师之家</h1>
<p>这是第一个网站</p>
</body>
</html>

3.3.11　静态文档、动态文档和活动文档

静态文档是内容固定的文档，浏览器只能得到它的一个副本。

动态文档并不存在一种预先定义好的格式，它是在浏览器请求文档时由 Web 服务器动态创建的，文档的内容根据请求的不同而有所变化。

CGI、ASP、JSP 和 PHP 等是创建动态文档的技术，它们定义了如何编写动态文档，如何将输入数据提供给程序及如何处理输出结果等。

活动文档是一个在浏览器端运行的程序。例如，动画或与用户交互的程序，它们需要在浏览器端运行。

网页学习教程推荐：

菜鸟教程 https://www.runoob.com

我要自学网 https://www.51zxw.net

 实训项目

配置与管理 Web 和 FTP 服务器

实训目的

(1) 能够架设 Web 和 FTP 服务器。
(2) 能用虚拟目录和虚拟主机发布网站。
(3) 能对 Web 和 FTP 服务器进行管理。
(4) 能够对 Web 和 FTP 服务器进行安全设置。
(5) 能用指令测试 Web 和 FTP 服务是否正常。

操作步骤

(1) 为了发布公司的网站并对其进行管理，网络管理员决定用 IIS 架设网站服务器，并根据公司的要求对其进行配置管理，需完成的任务如下：

① 安装 IIS 组件；

② 配置 DNS，域名为 student.com，新建主机 www、host1、host2；

③ 新建网站 www.student.com；

④ 修改网站的属性，包括默认文件、主目录、访问权限；

⑤ 配置虚拟主机 host1.student.com 和 host2.student.com；

⑥ 设置安全属性，用 Windows 域服务器的摘要式身份验证的方法访问 www.student.com；

⑦ 禁止 IP 地址为 192.168.5.1 的主机和 172.16.0.0/24 的网络访问 host1.student.com；

⑧ 实现远程管理该网站。

(2) 为了方便员工访问公司的共享文件，网络管理员决定架设 FTP 服务器，并根据公司的要求对其进行配置管理，需完成的任务如下：

① 安装 IIS 组件；

② 配置 DNS，域名为 teacher.com，新建主机 FTP；

③ 用 Active Directory 隔离用户新建 FTP 站点 ftp.teacher.com；

④ 用隔离用户新建 FTP 站点 ftp1.teacher.com；

⑤ 用不隔离用户新建 FTP 站点 ftp2.teacher.com；

⑥ 修改网站的属性，包括目录安全性，配置各种消息；

⑦ 禁止 IP 地址为 192.168.100.1 的主机网络访问 FTP 站点。

实训总结

任务评价

3.3 任务三　配置与管理 Web 和 FTP 服务器

课后任务单

| 学号： | 姓名： | 日期： |

问题1：简述修改网站的默认文件、主目录、访问权限等属性的方法。

问题2：简述禁止某网段或主机访问网站的方法。

问题3：简述 FTP 服务器配置中，各种权限的含义。

任务评价

评价考核				
序号	评价项目	自我评价	互相评价	教师评价	综合评价
1	是否预习				
2	引导问题				
3	团队协同				
4	实训任务				
5	课后问题				

注：评价统一采用 A(优)、B(良)、C(合格)、D(尚需努力)四个等级。

3.4 任务四 配置与管理 DHCP 服务器

课前学习任务单

| 学号： | 姓名： | 日期： |

为了方便公司员工上内联网，减少地址冲突，网络管理员架设了 DHCP 服务器对内部的 IP 地址等通信配置信息进行集中式的管理，需完成架设 DHCP 服务器并进行配置、对 DHCP 服务器进行管理与维护、对 DHCP 客户端进行配置并用指令测试 DHCP 服务器是否工作正常。

学习目标

1. 了解 DHCP 的功能特点；
2. 了解 DHCP 服务的工作原理；
3. 了解 DHCP 服务在局域网中的作用。

任务目标

1. 能够架设 DHCP 服务器；
2. 能够对 DHCP 服务器和客户端进行配置；
3. 能对 DHCP 服务器进行管理与维护；
4. 能用指令测试 DHCP 服务器是否工作正常。

引导问题

1. 简述 DHCP 服务的工作原理。

2. 简述 DHCP 服务器对有线网络和无线网络的默认租约。

3. 简述 DHCP 服务器对 IP 地址的分配类型。

任务评价

 相关知识

3.4.1 DHCP 服务器

在 TCP/IP 协议的网络中，每一台计算机都必须至少有一个 IP 地址，才能与其他计算机连接通信。为了便于统一规划和管理网络中的 IP 地址，需要用到 DHCP(dynamic host configure protocol，动态主机配置协议)服务器。这种网络服务有利于对局域网络中的客户机 IP 地址进行有效管理，不需要一个一个手动指定 IP 地址，而是由服务器控制一段 IP 地址范围，客户机登录服务器时就可以自动获得服务器分配的 IP 地址和子网掩码。

1. DHCP 分配类型

DHCP 服务器提供了三种 IP 分配方式：自动分配(automatic allocation)、手动分配(manual allocation)和动态分配(dynamic allocation)。

自动分配是当 DHCP 客户端第一次成功地从 DHCP 服务器获取一个 IP 地址后，就永久地使用这个 IP 地址。

手动分配是由 DHCP 服务器管理员专门指定 IP 地址。

动态分配是当客户端第一次从 DHCP 服务器获取到 IP 地址后，并非永久使用该地址，每次使用完后，DHCP 客户端就释放这个 IP，供其他客户端使用。动态分配是最常见的分配方式。

2. 租约过程

客户端从 DHCP 服务器获得 IP 地址的过程叫做 DHCP 的租约过程。

IP 地址的有效使用时间段称为租用期，租用期满之前，客户端必须向 DHCP 服务器请求继续租用。服务器接受请求后才能继续使用，否则无条件放弃。

默认情况下，路由器隔离广播包，不会将收到的广播包从一个子网发送到另一个子网。当 DHCP 服务器和客户端不在同一个子网时，充当客户端默认网关的路由器将广播包发送到 DHCP 服务器所在的子网，这一功能就称为 DHCP 中继(DHCP relay)。

1) DHCP 报文种类

(1) DHCP DISCOVER：客户端开始 DHCP 过程的第一个报文，是请求 IP 地址和其他配置参数的广播报文。

(2) DHCP OFFER：服务器对 DHCP DISCOVER 报文的响应，是包含有效 IP 地址及配置的单播(或广播)报文。

(3) DHCP REQUEST：客户端对 DHCP OFFER 报文的响应，表示接受相关配置。客户端续延 IP 地址租期时也会发出该报文。

(4) DHCP DECLINE：当客户端发现服务器分配的 IP 地址无法使用(如 IP 地址冲

突时），将发出此报文，通知服务器禁止使用该 IP 地址。

（5）DHCP ACK：服务器对客户端的 DHCP REQUEST 报文的确认响应报文。客户端收到此报文后，才真正获得了 IP 地址和相关的配置信息。

（6）DHCP NAK：服务器对客户端的 DHCP REQUEST 报文的拒绝响应报文。客户端收到此报文后，会重新开始新的 DHCP 过程。

（7）DHCP RELEASE：客户端主动释放服务器分配的 IP 地址。当服务器收到此报文后，回收该 IP 地址，并可以将其分配给其他的客户端。

（8）DHCP INFORM：客户端获得 IP 地址后，发送此报文请求获取服务器的其他网络配置信息，如 DNS 等。

DHCP 服务器向 DHCP 客户端出租的 IP 地址一般都有一个租借期限，期满后 DHCP 服务器便会收回出租的 IP 地址。为了能继续使用原先的 IP 地址，DHCP 客户端会向 DHCP 服务器发送续租的请求。

2）续租的工作流程

（1）在使用租期过去 50% 时刻处，客户端向服务器发送单播 DHCP REQUEST 报文续延租期。

（2）如果收到服务器的 DHCP ACK 报文，则租期相应向前延长，续租成功。如果没有收到 DHCP ACK 报文，则客户端继续使用这个 IP 地址。在使用租期过去 87.5% 时刻处，向服务器发送广播 DHCP REQUEST 报文续延租期。

（3）如果收到服务器的 DHCP ACK 报文，则租期相应向前延长，续租成功。如果没有收到 DHCP ACK 报文，则客户端继续使用这个 IP 地址。在使用租期到期时，客户端自动放弃使用这个 IP 地址，并开始新的 DHCP 过程。

3）DHCP 自动状态机

DHCP 获得 IP 地址的步骤：discover→offer→request→ack(nak)

DHCP 刷新租期的步骤：request→ack(nak)

DHCP 释放 IP 的步骤：release

4. DHCP 工作过程

DHCP 功能分为两个部分：一个是服务器端，而另一个是客户端，客户端不用安装，Windows 在默认情况下都启动 DHCP Client 服务。DHCP 透过"租约"的概念，有效且动态地分配客户端的 TCP/IP 设定。

DHCP 客户机在启动时，会搜寻网络中是否存在 DHCP 服务器。如果找到，则给 DHCP 服务器发送一个请求。DHCP 服务器接到请求后，为 DHCP 客户机选择 TCP/IP 配置的参数，并把这些参数发送给客户端。

如果已配置冲突检测设置，则 DHCP 服务器在将租约中的地址提供给客户机之前会使用 ping 测试作用域中每个可用地址的连通性。这可确保提供给客户的每个 IP 地址都没有被手动 TCP/IP 配置的另一台非 DHCP 计算机使用。

其中新客户端的租约过程有 4 个步骤，如图 3.4.1 显示。

图 3.4.1　新客户端的租约过程

根据客户端是否第一次登录网络，DHCP 的工作形式会有所不同。客户端从 DHCP 服务器上获得 IP 地址的所有过程可以分为以下六个步骤：

工作过程 1：寻找 DHCP 服务器

当 DHCP 客户端第一次登录网络的时候，计算机发现本机上没有任何 IP 地址设定，将以广播方式发送 DHCP DISCOVER 信息来寻找 DHCP 服务器，即向 255.255.255.255 发送特定的广播信息。网络上每一台安装了 TCP/IP 协议的主机都会接收这个广播信息，但只有 DHCP 服务器才会做出响应，如图 3.4.2 所示。

图 3.4.2　寻找 DHCP 服务器

工作过程 2：分配 IP 地址

在网络中接收到 DHCP DISCOVER 信息的 DHCP 服务器会做出响应，从尚未分配的 IP 地址池中挑选一个分配给 DHCP 客户机，向 DHCP 客户机发送一个包含分配的 IP 地址和其他设置的 DHCP OFFER 信息，如图 3.4.3 所示。

图 3.4.3　DHCP 服务器分配 IP 地址

工作过程 3：接受 IP 地址

DHCP 客户端接受到 DHCP OFFER 信息之后，选择第一个接收到的 OFFER 信息，然后以广播的方式回答一个 DHCP REQUEST 信息，该信息包含向它所选定的 DHCP 服务器请求 IP 地址的内容，如图 3.4.4 所示。

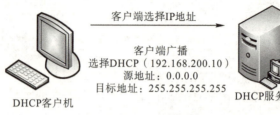

图 3.4.4　接受 IP 地址

工作过程 4：IP 地址分配确认

DHCP 服务器收到 DHCP 客户端回答的 DHCP REQUEST 信息之后，向 DHCP 客户端发送一个包含它所提供的 IP 地址和其他设置的 DHCP ACK 信息，告诉 DHCP 客户端可以使用它提供的 IP 地址。然后，DHCP 客户机便将其 TCP/IP 协议与网卡绑定，另外，除了 DHCP 客户机选中的 DHCP 服务器外，其他的 DHCP 服务器将收回曾经提供的 IP 地址，如图 3.4.5 所示。

图 3.4.5　IP 地址分配确认

工作过程 5：重新登录

以后 DHCP 客户端每次重新登录网络时，就不需要再发送 DHCP DISCOVER 信息了，而是直接发送包含前一次所分配的 IP 地址的 DHCP REQUEST 信息。当 DHCP 服务器收到这一信息后，它会尝试让 DHCP 客户机继续使用原来的 IP 地址，并回答一个 DHCP ACK 信息。如果此 IP 地址已无法再分配给原来的 DHCP 客户机使用，DHCP 服务器会给 DHCP 客户机回答一个 DHCP NACK 信息。原来的 DHCP 客户机收到此 DHCP NACK 信息后，它就必须重新发送 DHCP DISCOVER 信息来请求新的 IP 地址。

工作过程 6：更新租约

DHCP 服务器向 DHCP 客户机出租的 IP 地址一般都有一个租借期限，期满后 DHCP 服务器便会收回出租的 IP 地址。如果 DHCP 客户机要延长其 IP 租约，则必须更新其 IP 租约。DHCP 客户机启动时和 IP 租约期限到达租约的 50% 时，DHCP 客户机都会自动向 DHCP 服务器发送更新其 IP 租约的信息。

3.4.2 DHCP 服务器安装与配置

1. DHCP 服务器的需求和环境

DHCP 服务器 server 的 IP 地址 192.168.200.2,将 IP 地址池设为 192.168.200.1~200,保留地址 192.168.200.1~5,192.168.200.100。客户端 client 自动获取的路由器和 DNS 服务器的网络拓扑图如图 3.4.6 所示。

视频

任务3-4 DHCP服务器安装与配置

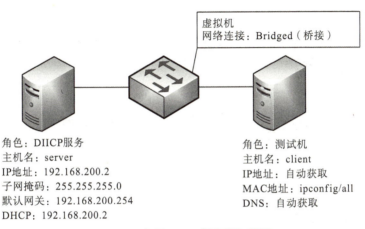

图 3.4.6 部署 DHCP 服务器拓扑图

2. DHCP 服务器安装

STEP 1 点击"开始"→"管理工具"→"服务器管理器"→"仪表板"→"添加角色和功能"→"DHCP 服务器",点击"添加功能",如图 3.4.7 所示。

STEP 2 点击"下一步"按钮,点击"安装"按钮,最后点击"关闭",即可完成 DHCP 服务器的安装。

STEP 3 点击"开始"→"Windows 管理工具"→"DHCP",打开 DHCP 控制台,可以进行配置与管理,如图 3.4.8 所示。

图 3.4.7 添加 DHCP 服务器   图 3.4.8 DHCP 控制台

3. 创建 DHCP 作用域

STEP 1　右击"SERVER"→"IPv4"→"新建作用域"→输入作用域名称，如图 3.4.9 所示。

STEP 2　点击"下一步"→输入起始 IP 地址"192.168.200.1"，结束 IP 地址 "192.168.200.253"→"下一步"→输入"要排除的 IP 地址范围"→"下一步"→"租用期限为 1 天"，如图 3.4.10 所示。

图 3.4.9　创建 DHCP 作用域

图 3.4.10　排除的 IP 地址范围

STEP 3　点击"下一步"→"是，我想现在配置这些选项"，如图 3.4.11 所示。

STEP 4　点击"下一步"→输入路由器地址，如图 3.4.12 所示。

图 3.4.11　完成 DHCP 服务器安装

图 3.4.12　设置路由器 IP

STEP 5　点击"下一步"→输入 DNS 地址，如图 3.4.13 所示。

STEP 6　点击"下一步"→"跳过 WINS 服务器"→"下一步"→"激活作用域"，显示如图 3.4.14 所示页面。

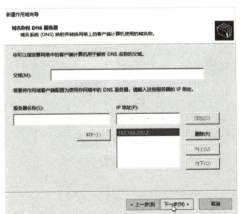

图 3.4.13 设置 DNS 服务器地址

图 3.4.14 完成激活作用域

4. 测试 DHCP 服务器

安装并配置好 DHCP 服务器后,应该对 DHCP 服务器进行测试,下面在客户端 client 上,测试 DHCP 服务器。

STEP 1 登录 client → 打开"网络和 Internet 设置" → 将 IP 设为自动获取,如图 3.4.15 所示。

STEP 2 右击"开始" → "运行",输入"cmd",打开命令行窗口 → 输入"ipconfig /all",可以查看 IP 地址、网关、DNS、DHCP 地址,如图 3.4.16 所示。

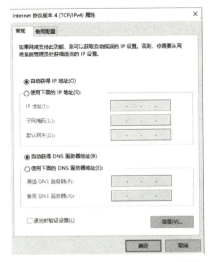

图 3.4.15 将客户端 IP 设置自动获取

图 3.4.16 获取测试端 MAC 地址

STEP 3 登录 server → 打开"DHCP" → 点击"地址租用",此时可以看到正在使用的客户端"client",如图 3.4.17 所示。

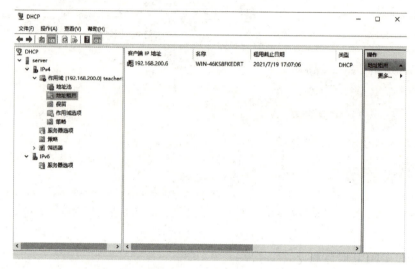

图 3.4.17　DHCP 服务器地址租用

5. 保留特定 IP 地址

如果用户想保留特定的 IP 地址给指定的客户端使用,不用每次重启后更换 IP 地址,需要将 IP 地址与客户端的 MAC 地址绑定。

STEP 1　打开"DHCP"→"保留"→保留名称"server-1"→IP 地址"192.168.200.3"→MAC 地址"00-0C-29-47-A4-EE",如图 3.4.18 所示。

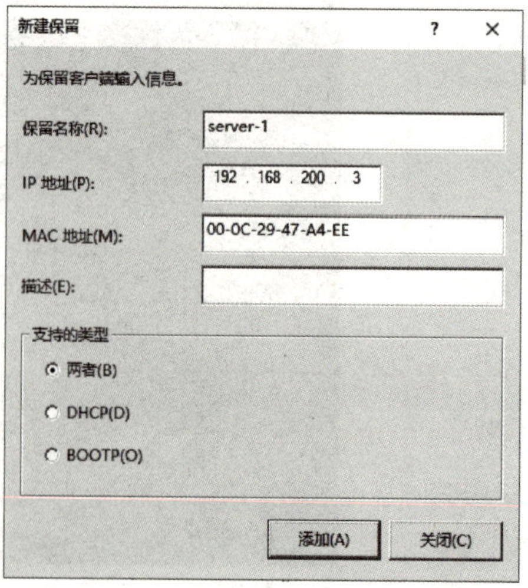

图 3.4.18　新建保留特定 IP 地址

项目三

Windows Server 2019 服务器搭建

STEP 2　登录 client → 右击"开始"→"运行"中输入"cmd"，打开命令行窗口。
STEP 3　输入如下命令，如图 3.4.19 所示。
（1）释放现有 IP：ipconfig /release
（2）更新 IP：ipconfig /renew
（3）查看 IP 地址、网关、DNS、DHCP 地址：ipconfig /all

图 3.4.19　保留地址

实训项目

配置与管理 DHCP 服务器

实训目的

（1）能够架设 DHCP 服务器；
（2）能够对 DHCP 服务器进行配置；
（3）能够对 DHCP 客户端进行配置；
（4）能对 DHCP 服务器进行管理与维护；
（5）能用指令测试 DHCP 服务器是否工作正常。

操作步骤

为了方便公司员工上内联网，减少地址冲突，网络管理员架设了 DHCP 服务器对内部的 IP 地址等通信配置信息进行集中式的管理，需完成的任务如下：
（1）新建作用域名为 student.com。
（2）IP 地址的范围为 192.168.1.1～192.168.1.254，掩码长度为 24 位。

293

(3)排除地址范围为 192.168.1.1～192.168.1.5(服务器使用的地址)。

(4)租约期限为 24 小时。

(5)该 DHCP 服务器同时向客户机分配 DNS 的 IP 地址为 192.168.1.2，父域名称为 teacher.com，路由器(默认网关)的 IP 地址为 192.168.1.1，WINS 服务器的 IP 地址为 192.168.1.3；将 IP 地址 192.168.1.4(MAC 地址：00-00-3C-12-23-25)保留，供 FTP 服务器使用。

(6)在 Windows 7 或 Windows 10 上测试 DHCP 服务器的运行情况；用 ipconfig 命令查看分配的 IP 地址以及 DNS、默认网关、WINS 服务器等信息是否正确；测试访问 Web 和 FTP 服务器是否成功；查看 DHCP 服务器的租约信息。

实训总结

任务评价

1.4 任务四 配置与管理 DHCP 服务器

课后任务单

| 学号： | 姓名： | 日期： |

问题1：比较静态 IP 地址配置和通过 DHCP 服务器分配地址的应用场合。

问题2：简述如何在 DHCP 服务器的地址池中要配置多个网段地址。

问题3：简述如何在 DHCP 服务器中将 IP 地址与 MAC 地址绑定。

任务评价

评价考核					
序号	评价项目	自我评价	互相评价	教师评价	综合评价
1	是否预习				
2	引导问题				
3	团队协同				
4	实训任务				
5	课后问题				

注：评价统一采用 A(优)、B(良)、C(合格)、D(尚需努力)四个等级。

项目三
Windows Server 2019 服务器搭建

 综合实训

通过模拟器配置与管理服务器

学习目的

(1)掌握配置 DHCP 服务器和 DHCP 中继的方法。
(2)掌握配置和测试 DNS 服务器的方法。
(3)掌握测试 Web 服务器和 FTP 服务器的方法。

任务目标

(1)在服务器 Server0 上创建 Web 服务器、DHCP 服务器、DNS 服务器、FTP 服务器；
(2)在 R0 上配置 DHCP 服务器，vlan10、vlan20 的电脑通过 R0 动态获取 IP 地址；
(3)vlan30、vlan40 的电脑通过 Server0 动态获取 IP 地址。

操作步骤

(1)打开 Packet Tracer 软件，点击 File 菜单 Open 按钮，打开文件 3-4.pka，如图 3.4.20 所示，参照实验结果，按操作步骤完成综合实训。单击 Server0，点击 Config 标签，单击左侧 HTTP，打开 HTTP 配置窗口，将 HTTP 设为 On。

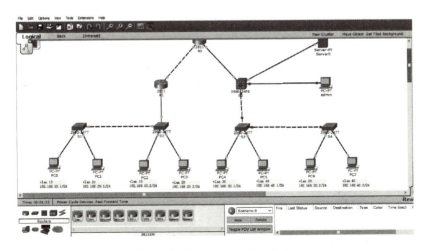

图 3.4.20　打开 3-4.pka 文件

(2)在 Server0 的 Config 标签下，单击左侧 FTP，打开 FTP 配置窗口，将 Service 设为 On，在 UserName 和 Password 输入框中分别输入 test，勾选 Write、Read、List、

· 297 ·

单击右侧＋，如图 3.4.21 所示。

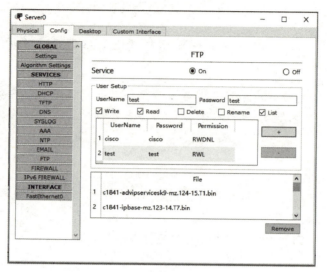

图 3.4.21　Server0 配置 FTP 服务器

(3)在 Server0 的 Config 标签下，单击左侧 DNS，打开 DNS 配置窗口，将 DNS Service 设为 On，在 Name 输入框中输入 www.test.com.cn，在 Address 输入框中输入 192.168.200.1，单击 Add 添加一条记录；继续在 Name 输入框中输入 ftp.test.com.cn，在 Address 输入框中输入 192.168.200.1，单击 Add 添加一条记录，如图 3.4.22 所示。

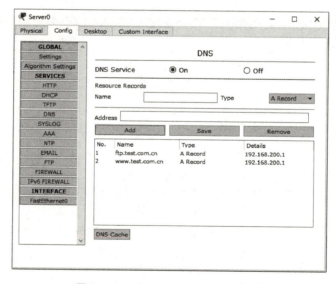

图 3.4.22　Server0 配置 DNS 服务器

(4)在 Server0 的 Config 标签下,单击左侧 DHCP,打开 DHCP 配置窗口,将 Service 设为 On,在 Pool Name 输入框中输入 vlan30,在 Default Gateway 输入框中输入 192.168.30.254,在 DNS Server 输入框中输入 192.168.200.1,在 Start IP Address 输入框中输入 192.168.30.100,在 Subnet Mask 输入框中输入 255.255.255.0,在 Maximum number of Users 输入框中输入 100,单击 Add 添加地址池 vlan30;在 Pool Name 输入框中输入 vlan40,在 Default Gateway 输入框中输入 192.168.40.254,在 DNS Server 输入框中输入 192.168.200.1,在 Start IP Address 输入框中输入 192.168.40.100,在 Subnet Mask 输入框中输入 255.255.255.0,在 Maximum number of Users 输入框中输入 100,单击 Add 添加地址池 vlan40,如图 3.4.23 所示。

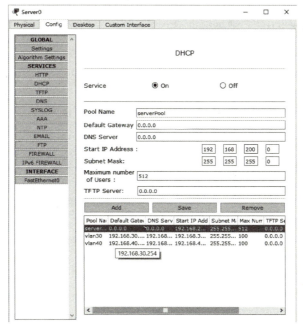

图 3.4.23　Server0 配置 DHCP 服务器

(5)在 vlan 30 和 vlan 40 的网关所在设备 S0 上配置 DHCP 中继。

打开 S0 的 CLI 窗口,单击回车。

　　Password:

输入密码 test_con。

　　S0＞en

　　Password:

输入密码 cisco。

　　S0♯conf t

　　Enter configuration commands, one per line.　End with CNTL/Z.

S0(config)#int vlan 30

S0(config-if)#ip helper-address 192.168.200.1

S0(config-if)#exit

S0(config)#int vlan40

S0(config-if)#ip helper-address 192.168.200.1

S0(config-if)#end

S0#wr

(6)测试 vlan 30、vlan40 动态获取 IP 地址。

在 PC4、PC5、PC6、PC7 的 IP Configuration 中选中 DHCP，查看 IP 地址是否可自动获取，并分析各台电脑获取的 IP 地址。

(7)在 R0 上配置 DHCP 地址池。

打开 R0 的 CLI 窗口，单击回车。

Password：

输入密码 test_con。

R0>en

Password：

输入密码 cisco。

R0#conf t

Enter configuration commands, one per line. End with CNTL/Z.

R0(config)#ip dhcp pool vlan10

R0(dhcp-config)#network 192.168.10.0 255.255.255.0

R0(dhcp-config)#default-router 192.168.10.254

R0(dhcp-config)#dns-server 192.168.200.1

R0(dhcp-config)#exit

R0(config)#ip dhcp pool vlan20

R0(dhcp-config)#network 192.168.20.0 255.255.255.0

R0(dhcp-config)#dns-server 192.168.200.1

R0(dhcp-config)#default-router 192.168.20.254

R0(dhcp-config)#exit

R0(config)#ip dhcp excluded-address 192.168.10.1 192.168.10.99

R0(config)#ip dhcp excluded-address 192.168.10.200 192.168.10.254

R0(config)#ip dhcp excluded-address 192.168.20.1 192.168.20.99

R0(config)#ip dhcp excluded-address 192.168.20.200 192.168.20.254

R0(config)#end

R0#wr

(8)在 R1 上配置 DHCP 中继。

打开 R1 的 CLI 窗口，单击回车。

　Password：

输入密码 test_con。

　R1＞en

　Password：

输入密码 cisco。

　R1#conf t

　R1(config)#int f0/1.10

　R1(config-subif)#ip helper-address 172.16.0.1

　R1(config-subif)#exit

　R1(config)#int f0/1.20

　R1(config-subif)#ip helper-address 172.16.0.1

　R1(config-subif)#end

　R1#wr

(9)测试 vlan 10、vlan20 动态获取 IP 地址。

在 PC0、PC1、PC2、PC3 的 IP Configuration 中选中 DHCP，查看 IP 地址是否可自动获取，并分析各台电脑获取的 IP 地址。

(10)测试 DNS。

打开 PC4 的命令提示符窗口。

　PC＞nslookup

　Server:[192.168.200.1]

　Address:　192.168.200.1

　＞www.test.com.cn

　Server:[192.168.200.1]

　Address:　192.168.200.1

　Non-authoritative answer：

　Name:　www.test.com.cn

　Address:　192.168.200.1

　＞exit

　PC＞

(11)测试 FTP。

打开 PC4 的命令提示符窗口。

　PC＞ftp www.test.com.cn

　　Trying to connect... www.test.com.cn

Connected to www.test.com.cn
220- Welcome to PT Ftp server
Username:test
331- Username ok, need password
Password:

输入密码 test。

230- Logged in
(passive mode On)
ftp>help
  ?
  cd
  delete
  dir
  get
  help
  passive
  put
  pwd
  quit
  rename

ftp>

(12) 测试 HTTP。

关闭 PC4 的命令提示符窗口，打开 PC4 的 Web Browser 窗口，在地址栏输入 www.test.com.cn，单击 Go，查看是否能打开 Cisco Packet Tracer 主页。

(13) 打开 PT Activity(PT 活动窗口)点击窗口下方 Check Results(检验结果)按钮，点击 Assessment Items(评价项目)，可以查看当前实训结果是否完成，如图 3.4.24 所示。

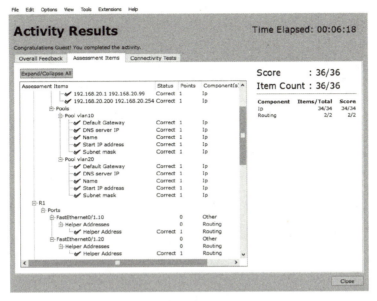

图 3.4.24 查看 Activity Results 对话框检验实训结果

实训总结

任务评价

项目四
Linux 服务器搭建

项目背景

某智能场站公司随着规模的不断壮大，员工人数和产品数量也越来越多，为了提高内部管理和外部营销水平，公司组建了内部局域网。首先，需要在局域网中架设 DNS 服务器，用来提供域名转换成 IP 地址的功能。其次，需要架设 Web 服务器来部署企业网站，方便企业产品的营销以及和客户的沟通。最后，企业网站的更新、内部资料的共享，需要用到文件上传和下载，因此还要架设 FTP 服务器。本项目拟采用 Linux 平台实现 DNS、Web 和 FTP 服务的搭建。

学习目标

1. 掌握 Linux 操作系统；
2. 掌握 Linux 系统环境部署和基本操作；
3. 掌握 Linux 系统 Web 服务器配置方法；
4. 掌握 Linux 系统 DNS 服务器配置方法；
5. 掌握 Linux 系统 FTP 服务器配置方法。

4.1 任务一 Linux 环境部署

课前学习任务单

| 学号： | 姓名： | 日期： |

学习目标

1. 掌握 Linux 操作系统的特点；
2. 掌握 Linux 的安装和配置；
3. 掌握 Linux 常用命令；
4. 掌握 Linux 用户和文件管理。

引导问题

1. 简述 Linux 操作系统体系结构的组成。

2. 简述 Linux 操作系统安装过程中，分区划分的方法。

3. 简述使用 ls 命令显示隐藏文件的方法。

任务评价

相关知识

4.1.1 Linux 简介

Linux，全称 GNU/Linux，是一套免费使用和自由传播的类 Unix 操作系统，是一个多用户、多任务、支持多线程和多 CPU 的操作系统。Linux 使用者不仅可以直观地获取该操作系统的实现机制，而且可以根据自身的需要来修改完善 Linux，使其最大化地适应用户的需要。

Linux 遵循 GNU 通用公共许可证（GPL），任何个人和机构都可以自由地使用 Linux 的所有底层源代码，也可以自由地修改和再发布。由于 Linux 是自由软件，任何人都可以创建一个符合自己需求的 Linux 发行版。目前主流的 Linux 版本有：RedHat、CentOS、Fedora、OenSUSE、Debian、Ubuntu 等。

Linux 作为操作系统的特点主要有：完全免费；高效、安全、稳定；支持多种硬件平台；友好的用户界面；强大的网络功能；支持多任务、多用户。

Linux 包含 3 个主要部分：内核、命令解释层、实用工具。

（1）Linux 内核。

内核又称为 Kernel，是运行程序和管理磁盘及打印机等硬件设备的核心程序。Linux 内核采用模块化的结构，其主要模块包括存储管理、CPU 和进程管理、文件系统管理、设备管理和驱动、网络通信及系统的引导、系统调用等。

（2）命令解释层。

命令解释层又称为 Shell，是系统的用户界面，提供了用户与内核进行交互操作的接口。Shell 是一个命令解释器，它解释由用户输入的命令，并且把它们送到内核。不仅如此，Shell 还有自己的编程语言用于编辑命令，它允许用户编写由 Shell 命令组成的程序。

（3）实用工具。

标准的 Linux 系统都有一套叫做实用工具的程序，它们是专门的程序，如编辑器、计算器等。用户也可以生产自己的工具。

实用工具可分为以下 3 类：

编辑器：用于编辑文件。

过滤器：用于接收数据并过滤数据。

交互程序：允许用户发送信息或接收来自其他用户的信息。

4.1.2 Linux 的安装与配置

1. 准备工作

企业在安装 Linux 操作系统时首先必须充分考虑硬件的基本要求、兼容

视频

任务4-1 Linux 环境部署

性、多重引导、磁盘分区和安装方式等。本节任务的内容是在 VMare Workstation 16 虚拟机中安装 CentOS 7.6 发行版,该版本支持多种安装方式,当前比较主流且方便的安装方式是硬盘安装,也就是先下载 iso 镜像文件,然后刻录到 U 盘作为安装盘。镜像下载链接地址如下:

https://vault.centos.org/7.6.1810/isos/x86_64/。

在安装 Linux 系统前首先要对硬盘进行分区操作。

在分区之前首先需要了解一下 Linux 系统对硬件设备的命名规范。在 Linux 系统中一切都是文件,硬件设备也不例外。Linux 系统中常见的硬件设备的文件名称如表 4.1.1 所示。

表 4.1.1 常见硬件设备及其文件名称

硬件设备	文件名称
IDE 设备	/dev/hd[a-d]
SCSI/SATA/U 盘	/dev/sd[a-d]
打印机	/dev/1p[0-4]
光驱	/dev/cdrom
鼠标	/dev/mouse

硬盘分区由主分区、逻辑分区及扩展分区组成。主分区主要是用来安装操作系统。主分区或扩展分区的编号从 1 开始,到 4 结束。逻辑分区从编号 5 开始。MBR 分区方式最多可以划分出 4 个主分区,也可以划分出 1~3 个主分区和 1 个扩展分区,扩展分区中又包含多个逻辑分区。而在 Windows 10 操作系统中,如果使用 GPT 分区,可以管理 128 个主分区。

在安装 CentOS 7.6 之前,需要根据实际情况,提前对系统的分区进行规划。Linux 作为网络服务器一般可采用如下分区方案:一个用户保存系统和数据的根分区(/);一个交换分区/swap,交换分区不用太大,与物理内存同样大小即可;一般还会单独创建一个/boot 分区,用于保存系统启动时所需的文件;再创建一个/usr 分区,操作系统基本都在这个分区中;还需要创建一个/home 分区,所有的用户信息都在这个分区中;还有/var 分区,服务器的登录文件、邮件、Web 服务器的数据文件都会放在这个分区中;一个/tmp 分区,用来存放临时文件。各分区具体大小可参照表 4.1.2。

表 4.1.2　Linux 系统的硬盘分区参考

分区类型	分区的实际大小
/	1～2 GB(最少要 150～250 MB)
/swap	和实际内存大小相同
/boot	32～100 MB(启动分区，最多只要 100 MB 左右)
/tmp	40～1000 MB(最大可以设为 1 GB 左右)
/home	2～10 GB(每个用户 100 MB 左右，具体自定)
/usr	3～10 GB(最少要 500 MB 左右，一般可分配 4～6 GB)
/var	＞2 GB(硬盘余下全部空间)

2. VM 虚拟机的安装与配置

STEP 1　如图 4.1.1 所示，打开 VM 软件 → 单击"创建新的虚拟机"选项。

STEP 2　如图 4.1.2 所示，选择"典型"单选按钮 → 单击"下一步"按钮。

图 4.1.1　虚拟机软件管理界面

图 4.1.2　新建虚拟机向导

STEP 3　在图 4.1.3 中，选择"稍后安装操作系统"→单击"下一步"按钮。

STEP 4　在图 4.1.4 中，选择客户机操作系统的类型为"Linux"，版本为"CentOS 7 64 位"→单击"下一步"按钮。

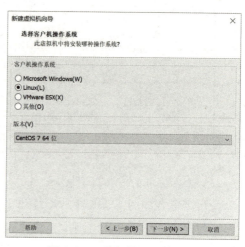

图 4.1.3　选择虚拟机来源　　　　　图 4.1.4　选择操作系统版本

STEP 5　在图 4.1.5 中，输入虚拟机名称，选择安装位置→单击"下一步"按钮。

STEP 6　在图 4.1.6 中，将虚拟机系统的"最大磁盘大小"设置为 40 GB（默认即可）→单击"下一步"按钮。

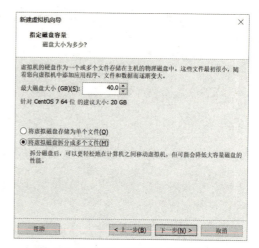

图 4.1.5　设置虚拟名称和安装路径　　　　　图 4.1.6　设置虚拟机最大磁盘大小

STEP 7　在图 4.1.7 所示窗口中单击"自定义硬件"按钮。

STEP 8 在出现的图 4.1.8 所示的界面中,建议将虚拟机系统内存的可用量设置为 2 GB,最低不应低于 1 GB。

图 4.1.7 显示虚拟机配置信息

图 4.1.8 设置虚拟机内存参数

STEP 9 根据宿主机的性能设置 CPU 处理器的数量及每个处理器的核心数量,并开启虚拟化功能,如图 4.1.9 所示。

STEP 10 光驱设备连接选项选中"使用 ISO 镜像文件",设置 CentOS 7.6 系统安装光盘 ISO 镜像文件路径,如图 4.1.10 所示。

图 4.1.9 设置虚拟机处理器参数

图 4.1.10 设置虚拟机光驱参数

STEP 11 网络适配器连接方式选"NAT 模式"即可,如图 4.1.11 所示。

STEP 12 把 USB 控制器、声卡、打印机设备等不需要的设备移除,单击"关闭"按钮,如图 4.1.12 所示。

智能交通网络**构建与管理**

图 4.1.11　设置虚拟机网络适配器参数　　图 4.1.12　移除虚拟机部分非必要硬件

STEP 13　返回虚拟机配置向导界面后，单击"完成"按钮。虚拟机的安装和配置顺利完成。当看到图 4.1.13 所示的界面时，就说明虚拟机已经配置成功了。

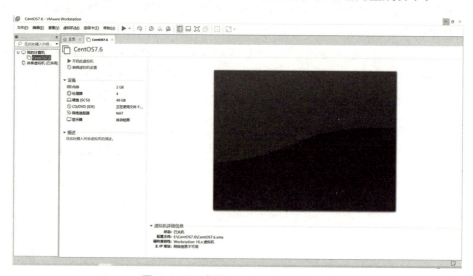

图 4.1.13　虚拟机已经配置成功界面

3. CentOS 7.6 的安装与配置

在虚拟机中安装 CentOS 7.6 系统时，计算机的 CPU 需要支持 VT（virtualization technology，虚拟化技术）。所谓 VT，是指让单台计算机能够分割出多个独立资源区，并让每个资源区按照需要模拟出系统的一项技术。其本质就是通过中间层实现计算机资源的管理和再分配，让系统资源的利用率最大化。如果开启虚拟机后依然提示"CPU 不支持 VT 技术"等报错信息，请重启计算机并进入 BIOS 中开启 VT 虚拟化功能。

STEP 1 虚拟机管理界面中单击"开启此虚拟机"按钮后数秒就可以看到 CentOS 7.6 系统安装界面,如图 4.1.14 所示。然后使用方向键选择"Install CentOS 7"选项来安装 Linux 系统。

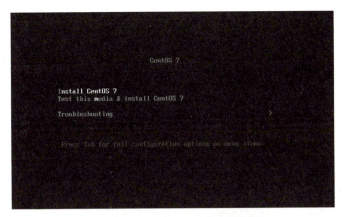

图 4.1.14 CentOS 7 系统安装界面

STEP 2 按回车键后开始加载安装镜像,所需时间在 30~60 s,请耐心等待,选择系统的安装语言(简体中文),如图 4.1.15 所示,然后单击"继续"按钮。

STEP 3 在图 4.1.16 安装信息摘要界面中单击"软件选择"选项,进入图 4.1.17 所示界面,选中"带 GUI 的服务器"单选按钮,然后单击左上角的"完成"按钮回到安装信息摘要界面。

STEP 4 返回安装信息摘要界面后,单击"网络和主机名"选项,进入图 4.1.18 所示界面,将"主机名"设置为 centos7,单击左上角的"完成"按钮。

图 4.1.15 选择系统的安装语音

图 4.1.16 安装信息摘要界面

图 4.1.17 软件选择界面

图 4.1.18 网络和主机名设置界面

STEP 5 返回安装信息摘要界面后,单击"安装位置"选项,进入图 4.1.19 所示界面,单击"自动配置分区"单选按钮,然后单击左上角的"完成"按钮。

STEP 6 返回安装信息摘要界面后,单击"开始安装"按钮即可看到安装进度,如图 4.1.20 所示,然后单击"ROOT 密码"。

图 4.1.19 安装位置设置界面

图 4.1.20 安装进度界面

STEP 7 输入 root 账号的密码,如图 4.1.21 所示。若坚持用弱口令的密码,则需要单击 2 次左上角的"完成"按钮才可返回安装进度界面。在实验环境中可以设置简单密码,但在生产环境中 root 账号密码需足够复杂,否则系统将面临严重的安全问题。等待安装完成后单击"完成配置"按钮,再单击"重启"按钮。

STEP 8 系统重启后,进入图 4.1.22 所示初始化界面,单击"LICENSE IN-FORMATION"选项。

STEP 9 选中"我同意许可协议"复选框,如图 4.1.23 所示,单击左上角的"完成"按钮,返回初始化界面后单击"完成配置"选项。

STEP 10　系统经过又一次的重启后，如图 4.1.24 所示，在界面中选择默认的语言为汉语，然后单击右上角"前进"按钮。

图 4.1.21　ROOT 密码设置界面

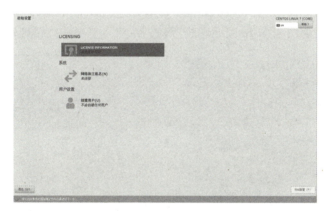

图 4.1.22　系统初始化界面

图 4.1.23　许可协议设置界面

图 4.1.24　语言设置界面

STEP 11 按照图 4.1.25 所示，设置键盘布局为"汉语"，单击"前进"按钮。
STEP 12 按照图 4.1.26 所示，设置位置服务"打开"，单击"前进"按钮。

图 4.1.25 键盘布局设置界面　　　　　图 4.1.26 位置服务设置界面

STEP 13 按照图 4.1.27 所示选择上海时区，然后单击"前进"按钮。
STEP 14 按照图 4.1.28 所示单击"跳过"按钮，忽略在线账号设置。

图 4.1.27 时区设置界面　　　　　图 4.1.28 在线账号设置界面

STEP 15 创建一个本地普通用户，用户名为 user01，密码设为 ZGnj2023（包含大小写字母和数字），如图 4.1.29 和 4.1.30 所示，然后单击"前进"按钮。
STEP 16 在图 4.1.31 所示界面中单击"开始使用 CentOS Linux(S)"按钮，出现图 4.1.32 所示界面。至此，CentOS 7.6 系统安装和部署工作全部完成。

项目四

Linux 服务器搭建

图 4.1.29　普通用户账号设置界面

图 4.1.30　普通用户密码设置界面

图 4.1.31　系统初始化结束界面

图 4.1.32　系统欢迎界面

4.1.3　Linux 常用命令

1. Linux 命令的特点

在 Linux 系统中，命令区分大小写。在命令行中，可以使用"Tab"键来自动补齐命令，即可以只输入命令的前几个字母，然后按"Tab"键。按"Tab"键时，如果系统只找到一个与输入字符相匹配的目录或文件，则自动补齐。另外，利用向上或向下的光标

智能交通网络构建与管理

键，可以翻查曾经执行过的历史命令，并可以再次执行。

2. 目录和文件类命令

1）pwd 命令

pwd 命令用于显示用户当前所处的目录。该命令的语法为：

　　[root@centos7 ~]# pwd

　　! 输出结果：/root。

2）cd 命令

cd 命令用来在不同的目录中进行切换。该命令的语法为：

(1)[root@centos7 usr]# cd lib

　　! 改变目录位置到当前目录下的 lib 子目录。

(2)[root@centos7 usr]# cd ..

　　! 改变目录位置到当前目录的父目录。

(3)[root@centos7 usr]# cd ~

　　! 改变目录位置到当前用户的主目录。

(4)[root@centos7 usr]# cd /

　　! 改变目录位置到当前系统的根目录。

> 说明：在 Linux 系统中，"."代表当前目录；".."代表当前目录的父目录；"~"代表用户主目录。用户在登录系统后，会处于用户的家目录中，该目录一般以/home 开始后跟用户名，这个目录就是用户的初始登录目录。

3）ls 命令

ls 命令用来列出文件或目录信息。该命令的语法为：

ls [参数][目录或文件]

(1)[root@centos7 ~]# ls

　　! 列出当前目录下所有文件和目录（不包括隐藏文件）。

(2)[root@centos7 ~]# ls -a

　　! 列出当前目录下包括以"."开始的隐藏文件在内的所有文件和目录。

(3)[root@centos7 ~]# ls -l

　　! 列出当前目录下的内容包括文件或目录的权限、所有者、文件大小、修改时间和名称等信息。

4）cat 命令

cat 命令用于显示文件内容。该命令的语法为：

cat [参数][文件]

[root@centos7 ~]# cat /doc/file1

　　! 显示/doc/file1 文件的内容。

5）mkdir 命令

mkdir 命令用于创建一个目录。该命令的语法为：

　mkdir [参数] ＜目录名＞

　　[root@centos7 ~]# mkdir dir1

　　！在当前目录下创建 dir1 子目录。

　　[root@centos7 ~]# mkdir -p dir2/subdir2

　　！在 dir2 目录中创建 subdir2 子目录，如果 dir2 目录不存在则同时被创建。

6）rmdir 命令

rmdir 命令用于删除空目录。该命令的语法为：

　rmdir [参数] ＜目录名＞

　　[root@centos7 ~]# rmdir dir1

　　！在当前目录下删除 dir1 空子目录。

7）touch 命令

touch 命令用于建立文件或更新文件的修改日期。该命令的语法为：

　touch [参数] ＜文件＞

　　[root@centos7 doc]# touch a01

　　！在当前目录下创建文件 a01，如果文件已存在则将文件的存取和修改时间改为当前时间。

8）cp 命令

cp 命令主要用于文件或目录的复制。该命令的语法为：

　cp [参数] ＜源文件或目录＞ ＜目标文件或目录＞

　　[root@centos7 ~]# cp ~/.bashrc /tmp/bashrc

　　！复制主目录下的 .bashrc 文件到 /tmp 目录下，并更名为 bashrc。

　　[root@centos7 ~]# cp -r /doc /tmp

　　！复制 /doc 这个目录的内容（包括子目录的内容）到 /tmp 目录下。

9）mv 命令

mv 命令主要用于文件或目录的移动或改名。该命令的语法为：

　mv [参数] ＜源文件或目录＞ ＜目标文件或目录＞

　　[root@centos7 ~]# mv /doc1/file1 /doc2

　　！移动 /doc1 目录下的文件 file1 到 /doc2 目录下，文件名不变。

10）rm 命令

rm 命令主要用于文件或目录的删除。该命令的语法为：

　rm [参数] ＜文件名或目录名＞

（1）[root@centos7 dir1]# rm *

　　！删除当前目录下所有文件（不包括子目录和隐藏文件）。

智能交通网络构建与管理

(2)[root@centos7 dir2]#rm -ir subdir2

! 删除当前目录下子目录 subdir2，包含其下所有文件和子目录，并且在删除前提示用户确认。

11) rpm 命令

rpm 命令主要用于对 RPM 软件包进行管理。RPM 包是 Linux 的各种发行版本中应用广泛的软件包格式之一。该命令的语法为：

rpm [参数] [软件包名]

(1)[root@centos7 ~]#rpm -qa | grep httpd

! 查看系统是否安装了 httpd 服务软件包。

(2)[root@centos7 ~]#rpm -ivh httpd-2.4.6-93.el7.centos.x86_64.rpm

! 安装 httpd 服务软件包。

(3)[root@centos7 ~]#rpm -e httpd-2.4.6-93.el7.centos.x86_64

! 卸载 httpd 服务软件包。

> 注意：卸载软件包时不加扩展名 .rpm。

12) tar 命令

tar 命令用于对文件进行打包压缩或解压。在 Linux 系统中，常见的压缩文件格式比较多，其中主要使用的是 .tar 或 .tar.gz 或 .tar.bz2 格式，这些格式的文件都可以使用 tar 命令解压。该命令的语法为：

tar [参数] [文件]

[root@centos7 ~]#tar -czvf etc.tar.gz /etc

! 把 /etc 目录下所有内容以 gzip 格式打包压缩到当前路径，打包文件命名为 etc.tar.gz。

[root@centos7 ~]#tar -xzvf etc.tar.gz -C /root/etc

! 将当前路径下的打包文件 etc.tar.gz 解压到 /root/etc 目录下（/root/etc 目录必须存在）。

13) find 命令

find 命令用于按照指定条件来查找文件。该命令的语法为：

find [路径] [匹配表达式]

[root@centos7 ~]#find /etc -name " * host * "

! 查找 /etc 目录下所有包含 host 字符的文件。

14) grep 命令

grep 命令用于在文本中执行关键词搜索，显示匹配结果。该命令的语法为：

grep [选项] [文件]

[root@centos7 ~]#grep /sbin/nologin /etc/passwd

！搜索 passwd 文件中含有 /sbin/nologin 的内容，并显示匹配的结果。

3. 系统操作类命令

1）echo 命令

echo 命令用于在终端输出字符串或变量提取后的值。该命令的语法为：

echo [字符串 | $变量]

[root@centos7 ~]# echo "Hello World!"

！把"Hello World!"输出到终端屏幕。

[root@centos7 ~]# echo "Hello World!">file1

！这里使用重定向符号">"把"Hello World!"写入文件 file1。

2）ps 命令。

该命令的语法为：

ps [参数]

[root@centos7 ~]# ps -au

！显示所有进程的详细信息。

3）pidof 命令

pidof 命令用于查询某个指定服务进程的 PID 值。该命令的语法为：

pidof [参数] [服务名称]

[root@centos7 ~]# pidof sshd

！查询本机上 sshd 服务程序的 PID。

4）kill 命令

kill 命令用于终止某个指定 PID（进程号）的进程。该命令的语法为：

kill [参数] [进程 PID]

[root@centos7 ~]# kill 2156

！终止进程号为 2156 的进程。

5）ifconfig 命令

ifconfig 命令用于获取网卡配置与网络状态等信息。该命令的语法为：

ifconfig [网络设备] [参数]

使用 ifconfig 命令来查看本机当前的网卡配置与网络状态等信息时，其实主要查看的就是网卡名称、IP 地址、网卡物理地址（又称为 MAC 地址）等信息。此命令常用参数如下所示。

-a：显示全部接口信息。

-s：显示摘要信息。

<interface> address：为网卡设置 IPv4 地址。

<interface> hw <address>：设置硬件地址。

<interface> [-]arp：指定网卡是否支持 ARP 协议。- 表示不支持 arp。

<interface> up：启动指定网卡。

<interface> down：关闭指定网卡。

［root@lcentos7 ~］#ifconfig -a

！输出结果：

ens33：flags=4163<UP，BROADCAST，RUNNING，MULTICAST> mtu 1500

inet 192.168.10.101 netmask 255.255.255.0 broadcast 192.168.10.255

inet6 fe80：：28b0：b8f7：23ae：2435 prefixlen 64 scopeid 0x20<link>

ether 00：0c：29：e1：58：b1 txqueuelen 1000 （Ethernet）

RX packets 780302 bytes 1164175334 （1.0 GiB）

RX errors 0 dropped 0 overruns 0 frame 0

TX packets 315886 bytes 19145439 （18.2 MiB）

TX errors 0 dropped 0 overruns 0 carrier 0 collisions 0

4.1.4 用户和文件权限管理

1. 用户管理

Linux 操作系统是多用户、多任务的操作系统，它允许多个用户同时登录到系统并使用系统资源。用户账户是用户的身份标识，用户通过用户账户可以登录到系统，并且访问已经被授权的资源。

Linux 系统下的用户账户分为两种：普通用户账户和超级用户账户(root)。普通用户账户在系统中只能进行普通工作，只能访问其拥有的或有权限执行的文件。超级用户账户也叫管理员账户，它的任务是对普通用户和整个系统进行管理。超级用户账户对系统具有绝对的控制权，能够对系统进行一切操作。

在 Linux 中组群是具有相同特性的用户的逻辑集合，使用组群有利于系统管理员按照用户的特性组织和管理用户，提高工作效率。一个用户账户可以同时是多个组群的成员，其中某个组群是该用户的主组群，其他组群为附属组群。下面通过具体案例说明如何通过命令创建用户和设置密码。

1)创建用户

创建用户账户可以使用 useradd 或 adduser 命令。该命令的语法为：

useradd［参数］<usermame>

［root@centos7~］#useradd user1

！创建一个普通用户 user1。

2)设置密码

指定和修改用户账户密码的命令是 passwd。超级用户可以为自己和其他用户设置密码，而普通用户只能为自己设置密码。该命令的语法为：

passwd［参数］［用户名］

[root@centos7~]#passwd user1

! 修改 user1 用户的密码。

2. 文件权限管理

1) 文件和文件权限

文件是操作系统用来存储信息的基本结构，是一组信息的集合。文件通过文件名来唯一地标识。Linux 中的文件名称最长可允许有 255 个字符，这些字符可用 A～Z、0～9、.、_、- 等符号来表示，文件名区分大小写，如果文件名以"."开始，表示该文件为隐藏文件。在 Linux 中的每一个文件或目录都具有访问权限，访问权限决定了谁能访问和如何访问这些文件和目录。

在 root 用户目录下执行 ls -l 命令，会得到如表 4.1.3 所示的结果。

表 4.1.3　运行结果

文件类型和权限	文件个数	文件所有者	文件所属组群	文件大小	修改/创建日期	文件名
-rw-------.	1	root	root	2160	2月 7 00：02	anaconda-ks.cfg
drwxr-xr-x.	2	root	root	6	7月 30 10：21	doc1
drwxr-xr-x.	2	root	root	17	7月 30 10：23	doc2
-rwxr-xr-x.	1	root	root	365	7月 9 16：59	ifcfg-ens33
-rw-r--r--.	1	root	root	2188	2月 6 16：55	initial-setup-ks.cfg

表上面列出了每个文件的详细信息，分为 7 栏，各栏中信息的含义说明如下。

(1) 第 1 栏表示文件类型和文件权限。

- 第 1 个字符用来区分文件的类型，取值为 -、d、l、b、c、s、p。

-：表示该文件是一个普通的文件。

d：表示该文件是一个目录。在 Ext 文件系统中，目录是一种特殊的文件。

l：表示该文件是一个符号链接文件，实际上，它指向另一个文件。

b、c：分别表示该文件为区块设备或其他的外围设备，是特殊类型的文件。

s、p：这些文件关系到系统的数据结构和管道，通常很少见到。

- 第 2～10 个字符表示文件的访问权限。这 9 个字符每 3 个为一组。

第 2～4 个字符表示该文件所有者的权限，简称为 u(user) 权限。

第 5～7 个字符表示该文件所有者所属组群的权限，简称为 g(group) 权限。

第 8～10 个字符表示该文件所有者所属组群以外的权限，简称为 o(other) 权限。

- 这 9 个字符根据权限种类的不同，也分为 3 种类型。

r(read，读取)：对文件而言，是指读取文件内容的权限；对目录来说，是指浏览目录的权限。

w(write，写入)：对文件而言，是指新增、修改文件内容的权限；对目录来说，是指删除、移动目录内文件的权限。

　　x(execute，执行)：对文件而言，是指执行文件的权限；对目录来说，是指进入目录的权限。

　　-：表示不具有该项权限。

　　-rw-rw-r-x：表示该文件是普通文件，文件所有者与同组群用户对文件具有读、写的权限，而其他用户仅具有读取和执行的权限。

　　drwx--x--x：表示该文件是目录文件，目录所有者具有读、写与进入目录的权限，其他用户能进入该目录，却无法读取任何数据。

　　(2)第2栏表示有多少文件名连接到此节点。

　　(3)第3栏表示这个文件(或目录)的所有者账户。

　　在该例中，文件(或目录)的所有者是管理员账户root。

　　(4)第4栏表示这个文件的所属组群。

　　(5)第5栏为这个文件的容量大小，默认单位为Byte。

　　(6)第6栏为这个文件的创建日期或最近的修改日期。

　　(7)第7栏为这个文件的文件名。

　　比较特殊的是，如果文件名之前多一个"."，则代表这个文件为隐藏文件。

　2)修改文件权限

　　在文件建立时系统会自动设置权限，如果这些默认权限无法满足需要，可以使用chmod命令来修改权限。在修改权限时，通常可以用两种方式来表示权限类型：数字表示法和文字表示法。该命令的语法为：

　　chmod [参数] [文件名]

　　(1)数字表示法修改文件权限。

　　所谓数字表示法，是指将读取(r)、写入(w)和执行(x)权限分别以数字4、2、1来表示，其中没有授予的权限用0表示，然后再把所授予的权限相加而成。

　　例如：

　　为文件/etc/file1设置权限，赋予所有者和组群成员读取和写入的权限，而其他人只有读取权限。则应该将权限设置为"rw-rw-r--"，该权限的数字表示法为664，因此可以输入下面的命令来设置权限。

　　　　[root@centos7~]# ll file1

　　　　-rw-r--r--. 1 root root 0 7月 30 10:28 /etc/file1。

　　　　! 显示文件初始权限为644。

　　　　[root@centos7~]# chmod 664 /etc/file1

　　　　! 修改文件权限。

　　　　[root@centos7~]# ll /etc/file1

　　　　-rw-r--r--. 1 root root 0 7月 30 10:29 /etc/file1

！显示修改后的文件权限为 664。

要将.bashrc 这个文件所有的权限都启用，可以使用如下命令。

[root@centos7~]# chmod 777 .bashrc

[root@centos7~]# ls -al .bashrc

-rwxrwxrwx. 1 root root 176 12 月 29 2013 .bashrc

（2）文字表示法修改文件权限。

使用权限的文字表示法时，系统用 4 种字母来表示不同的用户：

u：user，表示所有者。

g：group，表示所属组群。

o：others，表示其他用户。

a：all，表示以上三种用户。

操作权限使用下面三种字符的组合表示：

r：read，读取。

w：write，写入。

x：execute，执行。

操作符号包括以下几种：

+：添加某种权限。

-：减去某种权限。

=：赋予给定权限并取消原来的权限。

例如：

将/etc/test 目录中的所有文件的权限设置为所有人都可读取及写入。

[root@centos7~]# chmod a=rw /etc/test/ *

4.1.5 Vim 编辑器

Vim 编辑器中设置了三种常用的工作模式：命令模式、插入模式和末行模式。

命令模式：控制光标移动，对文本进行复制、粘贴、删除和查找等操作。

插入模式：进行文本输入、单个字符删除，或者从外部粘贴文本。

末行模式：保存或退出文档，以及设置编辑环境。

在每次运行 Vim 编辑器时，默认进入命令模式，如果要输入内容需要按"i"或"o"键进入插入模式，而输入结束后要先按 Esc 键返回命令模式，然后再按":"键进入末行模式，执行文档的保存或退出操作。在 Vim 中，无法直接从插入模式切换到末行模式。命令模式常用的命令如表 4.1.4 所示。

表 4.1.4 命令模式中常用的命令

命令	作用
0 或"Home"键	移到这一行的第 1 个字符
$ 或"End"键	移到这一行的最后 1 个字符
gg	移动到文件第 1 行
G	移动到文件最后一行
nG	移动到文件第 n 行
n<Enter>	向下移动 n 行
x	向后删除一个字符（相当于"Del"键）
X	向前删除一个字符（相当于"Backspace"键）
dd	删除（剪切）光标所在整行
ndd	删除（剪切）从光标处开始的 n 行
yy	复制光标所在整行
nyy	复制从光标处开始的 n 行
p	将之前删除（dd）或复制（yy）的数据粘贴到光标后面
u	撤销上一步的操作
Ctrl+r	重做上一个操作
.	重复前一个操作
?字符串	在文本中从下至上搜索该字符串
/字符串	在文本中从上至下搜索该字符串
n	显示搜索命令定位到的下一个字符串
N	显示搜索命令定位到的上一个字符串

末行模式主要用于保存或退出文件，以及设置 Vim 工作环境，还可以让用户执行外部的 Linux 命令或跳转到文档的特定行数。要想切换到末行模式，在命令模式中输入一个冒号就可以了。末行模式中常用的命令如表 4.1.5 所示。

表 4.1.5 末行模式中常用的命令

命令	作用
:w	保存
:q	退出
:q!	强制退出（放弃对文档的修改内容）
:wq 或 :x	保存并退出

续表

命令	作用
:set nu	显示行号
:set nonu	不显示行号
:! 命令	暂时退出 Vim 到命令行模式执行命令
:整数	跳转到该行
:s/one/two	将当前光标所在行的第一个 one 替换成 two
:s/one/two/g	将当前光标所在行的所有 one 替换成 two
:%s/one/two/g	将全文中的所有 one 替换成 two

拓展知识

4.1.6　Shell 脚本

可以将 Shell 终端解释器当作人与计算机硬件之间的"翻译官",它作为用户与 Linux 系统内部的通信媒介,除了能够支持各种变量与参数外,还提供了诸如循环、分支等高级编程语言才有的控制结构特性。Shell 脚本命令的工作方式有两种:交互式和批处理。

交互式(interactive):用户每输入一条命令就立即执行。

批处理(batch):由用户事先编写好一个完整的 Shell 脚本,Shell 会一次性执行脚本中诸多的命令。

案例:编写简单的 Shell 脚本,批处理执行几个 Linux 命令。

[root@ centos7 ~]#vim example.sh

#!/bin/bash

An example for Vim.

pwd

ls -al

Shell 脚本文件的名称可以任意设置,但为了避免被误认为普通文件,建议将 .sh 后缀加上,以表示是一个脚本文件。以上 example.sh 脚本中出现了三种不同的元素:第一行的脚本声明(#!)说明系统使用哪种 Shell 解释器来执行该脚本;第二行的注释信息(#)是对脚本功能和某些命令的介绍信息,使得自己或他人在日后看到这个脚本内容时,可以快速知道该脚本的作用或一些警告信息;第三、四行的可执行语句是 Linux 命令。下面我们来执行一下查看结果。

[root@ centos7 ~]#bash example.sh

除了上面用 bash 解释器命令直接运行 Shell 脚本文件外，第二种运行脚本程序的方法是通过输入完整路径的方式来执行。但默认会因为权限不足而提示报错信息，此时只需要为脚本文件增加执行权限即可。

[root@centos7 ~]#./example.sh
bash:./example.sh：权限不够
[root@centos7 ~]# chmod u＋x example.sh
[root@centos7 ~]#./example.sh

实训项目

CentOS7 的安装与配置

（1）掌握 CentOS7 安装与配置的方法。
（2）掌握以命令方式编辑目录和文件的方法。
（3）掌握以命令方式创建用户的方法。

项目环境

（1）Windows 10 系统中，已安装 VMware16。
（2）Windows 10 系统中，保存有 CentOS7.6 系统 iso 安装镜像。

实训任务

（1）在 VM16 中新建 CentOS7 虚拟机，添加 CentOS 7.6 安装光盘 iso 镜像文件路径。
（2）执行安装过程，完成 CentOS7 的安装。
（3）使用 root 用户登录，使用命令创建目录"/dir＋学号"，在此目录下创建文件"file1、file2"，使用 Vim 编辑器在 file1 和 file2 中输入一些文字，使用 cat 命令将 file1 和 file2 内容合并到新文件 file3。
（4）使用 root 用户登录，进入系统桌面环境，打开终端界面，使用命令创建一个用户："user＋学号"，并设置密码。

操作步骤

（1）具体操作见 4.1.2 第（3）节。
（2）同上。

(3) 创建目录及文件：

[root@centos7 ~]# mkdir /dir+学号

[root@centos7 ~]# cd /dir+学号

[root@centos7 dir+学号]# touch file1

[root@centos7 dir+学号]# touch file2

[root@centos7 dir+学号]# vim file1

输入文本：abcdefg

[root@centos7 dir+学号]# vim file2

输入文本：1234567890

[root@centos7 dir+学号]# cat file1 file2 > file3

[root@centos7 dir+学号]# ls file3

(4) 创建用户并设置密码：

[root@centos7 ~]# adduser user+学号

[root@centos7 ~]# passwd user+学号

实训总结

任务评价

项目四
Linux 服务器搭建

4.1 任务一 Linux 环境部署

课后任务单

| 学号： | 姓名： | 日期： |

问题 1：使用虚拟机安装 Linux 系统时，为什么要先选择稍后安装操作系统，而不是去选择 CentOS 7.6 系统镜像光盘？

问题 2：文件有哪些权限，如何使用文字和数字法修改权限（举例说明）？

问题 3：若有一个名为 backup.tar.gz 的压缩包文件，那么解压该压缩包文件的命令应该是什么？

任务评价

评价考核					
序号	评价项目	自我评价	互相评价	教师评价	综合评价
1	是否预习				
2	引导问题				
3	团队协同				
4	实训任务				
5	课后问题				

注：评价统一采用 A（优）、B（良）、C（合格）、D（尚需努力）四个等级。

4.2 任务二 DNS 服务器配置

课前学习任务单

| 学号： | 姓名： | 日期： |

学习目标

1. 了解 BIND 服务；
2. 熟悉 BIND 服务的三种配置文件；
3. 掌握主 DNS 服务器的安装与配置方法。

引导问题

1. 什么是 BIND 服务程序？

2. BIND 服务的配置文件有哪些？

3. 简述 BIND 数据配置文件中主要包含哪些资源记录？

任务评价

项目四
Linux 服务器搭建

相关知识

4.2.1 BIND 服务程序概述

1. BIND 服务简介

任务4-2 DNS服务器配置

BIND(berkeley internet name domain,伯克利因特网名称域系统)服务是全球范围内使用最广泛、最安全可靠且高效的域名解析服务程序。DNS 域名解析服务作为互联网基础设施服务,其责任之重可想而知,因此建议大家在生产环境中安装部署 BIND 服务程序时加上 chroot(俗称牢笼机制)扩展包,限制 BIND 服务程序仅能对自身的配置文件进行操作,以确保整个服务器的安全。

2. BIND 服务的配置文件

BIND 服务程序的配置并不简单,因为要想为用户提供健全的 DNS 查询服务,就要在本地保存相关的域名数据库,而如果把所有域名和 IP 地址的对应关系都写入到某个配置文件中,估计要有上千万条的参数,这样既不利于程序的执行效率,也不方便日后的修改和维护。因此在 BIND 服务程序中有三个比较关键的配置文件,分别为主配置文件、区域配置文件、数据配置文件。

主配置文件(/etc/named.conf):用来定义 BIND 服务程序的运行。

区域配置文件(/etc/named.rfc1912.zones):用来保存域名和 IP 地址对应关系的所在位置。类似图书目录,对应着每个域和相应 IP 地址所在的具体位置,当需要查看或修改时,可根据这个位置找到相关文件。

数据配置文件目录(/var/named):该目录用来保存区域配置文件。

1)主配置文件

在 Linux 系统中,BIND 服务程序的名称为 named。首先需要在/etc 目录中找到该服务程序的主配置文件,然后把第 11 行和第 17 行的地址均修改为 any,分别表示服务器上的所有 IP 地址均可提供 DNS 域名解析服务,以及允许所有人对本服务器发送 DNS 查询请求。这两个地方一定要修改准确。

[root@centos7 ~]# vim /etc/named.conf
1 //
2 // named.conf
3 //
…
11 listen-on port 53 { any; };
! 指定 DNS 查询请求的本机 IP 地址及端口。
12 listen-on-v6 port 53 { ::1; };

333

13 directory   "/var/named";

！指定数据配置文件所在的路径。

...

17 allow-query { any; };

！指定接收 DNS 查询请求的客户端。

...

32 dnssec-validation yes;

！改为 no 可以忽略 SELinux 影响。

...

51 zone "." IN {

！指定根服务器的配置信息，不能改动。

52 type hint；

53 file "named.ca"；

54 };

55

56 include "/etc/named.rfc1912.zones"；

！指定区域配置文件，必须根据实际文件做修改。

...

2) 区域配置文件

BIND 服务程序的区域配置文件（/etc/named.rfc1912.zones）用来保存域名和 IP 地址对应关系的所在位置。在这个文件中，定义了域名与 IP 地址解析规则保存的文件位置以及服务类型等内容，而没有包含具体的域名、IP 地址对应关系等信息。服务类型有三种，分别为 hint（根区域）、master（主区域）、slave（辅助区域），其中常用的 master 和 slave 指的就是主服务器和从服务器。下面我们使用 Vim 编辑器打开 named.rfc1912.zones。

[root@centos7 ~]# vim /etc/named.rfc1912.zones

// named.rfc1912.zones：

...

zone "localhost.localdomain" IN {

！正向解析区域。

type master；

file "named.localhost"；

！指定正向解析区域数据配置文件，需根据实际文件名修改。

allow-update { none; };

};

……

zone "1.0.0.127.in-addr.arpa" IN {

！反向解析区域。

type master；

file "named.loopback"；

！指定反向解析区域数据配置文件，需根据实际文件名修改。

allow-update { none； }；

}；

……

3）数据配置文件

数据配置文件分为正向解析数据配置文件和反向数据解析配置文件两部分。正向数据解析配置文件的模板是 var/named/named.localhost，反向数据解析配置文件的模板是 var/named/named.loopback，一般的做法是复制一份模板文件改名后再编辑使用。这两个文件中主要包含一些具体的资源记录，用于服务器资源的正向或反向解析，下面列出了文件中包含的主要的资源记录及其含义。

(1) SOA 资源记录：在每个区的开始处都包含了一个起始授权记录（start of authority record，SOA）。SOA 定义了域的全局参数，进行整个域的管理设置。一个区域文件只允许存在唯一的 SOA 记录。

(2) NS 资源记录：名称服务器（NS）资源记录表示该区的授权服务器，它们表示 SOA 资源记录中指定的该区的主服务器和辅助服务器，也表示任何授权区的服务器。在每个区的根区域至少包含一个 NS 记录。

(3) A 资源记录：地址（A）资源记录把 FQDN（fully qualified domain name，完全限定域名）映射到 IP 地址。

(4) PTR 资源记录：与 A 资源记录相反，指针（PTR）记录把 IP 地址映射到 FQDN。

(5) CNAME 资源记录：规范名字（CNAME）资源记录创建特定 FQDN 的别名。用户可以使用 CNAME 记录来隐藏用户网络的实现细节，使连接的客户机无法知道。

(6) MX 资源记录：邮件交换（MX）资源记录为 DNS 域名指定邮件交换服务器。邮件交换服务器是用于 DNS 域名处理或转发邮件的主机。

处理邮件是指把邮件投递到目的地或转交另一个不同类型的邮件传送者。

转发邮件是指把邮件发送到最终目的服务器。转发邮件时，直接使用简单邮件传输协议（SMTP）把邮件发送到离最终目的服务器最近的邮件交换服务器。需要注意的是，有的邮件需要经过一定时间的排队才能到达目的地。

4.2.2 BIND 服务的安装与配置

1. BIND 服务器的安装

(1)使用 yum 源安装软件首先必须保证能够正常连接公网 yum 源地址,或者通过配置本地 yum 源来实现。这里我们使用公网 yum 源地址,首先进入 Linux 图形界面,打开菜单[应用程序/系统工具/设置/网络],将其中的有线选项设置为打开状态,如图 4.2.1 所示。然后打开火狐浏览器,查看 Internet 连接是否正常,如图 4.2.2 所示。

图 4.2.1 网络连接设置   图 4.2.2 浏览器查看公网连接状态

(2)使用 yum 命令安装 BIND 服务。

[root@centos7~]# yum clean all

[root@centos7~]# yum install bind bind-chroot -y

(3)安装完后查询,确认已安装成功。

[root@centos7~]# rpm -qa | grep bind

bind-9.11.4-26.P2.el7_9.5.x86_64

bond-chroot-9.11.4-26.P2.el7_9.5.x86_64

……

(4)DNS 服务启动、停止、重启,加入开机自启动。

[root@centos7~]# systemctl start/stop/restart named

[root@centos7~]# systemctl enable named

(5)使用 yum 命令卸载 BIND 服务。

[root@centos7~]# yum clean all

[root@centos7~]# yum remove bind bind-chroot-y

2. BIND 服务器的配置

1)需求

某校园网要架设一台 DNS 服务器负责 test.cn 域的域名解析工作。DNS 服务器的

FQDN 为 dns.test.cn，IP 地址为 192.168.10.1。要求为以下域名实现正反向域名解析服务：

dns.test.cn 192.168.10.11

mail.test.cn 192.168.10.12

www.test.cn 192.168.10.13

ftp.test.cn 192.168.10.20

另外，为 www.test.cn 设置别名为 web.test.cn。

2）操作步骤

配置过程包括全局配置文件、主配置文件和正反向区域解析文件的配置。

(1)修改主配置文件/etc/named.conf 文件。

该文件在/etc 目录下。把 options 选项中的侦听 IP(127.0.0.1)改成 any，把 dnssec4validation yes 改为 no；把允许查询网段 allow-query 后面的 localhost 改成 any。在"include"语句中指定主配置文件为 named.zones。修改后相关内容如下：

　　[root@centos7~]# vim /etc/named.conf

　　...

　　listen-on port 53{any;};

　　...

　　allow-query{any;};

　　...

　　include "/etc/named.zones";

　　！必须更改

　　include "/etc/named.root.key";

(2)修改区域配置文件。

区域配置文件模板为/etc/named.rfc1912.zones，我们使用 cp 命令复制一份并命名为/etc/named.zones 作为本实例实际使用的配置文件，然后根据实例要求增加以下内容。

　　[root@centos7~]# cp -p /etc/named.rfc1912.zones /etc/named.zones

　　[root@centos7~]# vim /etc/named.zones

　　zone "test.cn" IN {

　　type master;

　　file "named.test.cn";

　　allow-update { none; };

　　};

　　zone "10.168.192.in-addr.arpa" IN {

　　type master;

file "named.192.168.10 ";

allow-update { none;};

};

(3)修改数据配置文件。

①创建 named.test.cn 正向区域文件。

正向区域文件位于/var/named 目录下，先将模板文件 named.localhost 复制一份，命名为 named.test.cn，再对 named.test.cn 编辑修改。

[root@centos7]# cd /var/named

[root@centos7 named]# cp -p named.localhost named.test.cn

[root@centos7 named]# vim named.test.cn

$TTL 1D

@   IN   SOA   @ # root.test.cn. (

0   ; serial

1D   ; refresh

1H   ; retry

1W   ; expire

3H); minimum

@	IN	NS	dns.test.cn.
@	IN	MX	10 mail.test.cn.
dns	IN	A	192.168.10.11
mail	N	A	192.168.10.12
www	IN	A	192.168.10.13
ftp	IN	A	192.168.10.20
web	IN	CNAME	www.test.cn.

②创建 named.192.168.10 反向区域文件。

反向区域文件位于/var/named 目录下，先将模板文件 named.loopback 复制一份，命名为 named.192.168.10，然后对 named.192.168.10 编辑修改如下：

[root@centos7 named]# cp -p namad.loopback named.192.168.10

[root@centos7 named]# vim /var/named/ named.192.168.10

$TTL 1D

@   IN @   root.test.cn. (

0   ; serial

1D   ; refresh

1H   ; retry

1W   ; expire

                3H)   ; minimum
    @   IN   NS   dns.test.cn.
    @   IN   MS   10   mail.test.cn.
    11   IN   PTR   dns.test.cn.
    12   IN   PTR   mail.test.cn.
    13   IN   PTR   www.test.cn.
    20   IN   PTR   ftp.test.cn.

（4）修改防火墙设置，使之对 DNS 服务放行，设置主配置文件、区域配置文件和数据配置文件的属组为 named。

[root@centos7 named]#firewall-cmd --permanent --add-services=dns

[root@centos7 named]#firewall-cmd --reload

[root@centos7 named]#chgrp named /ete/namad.conf named.test.cn named.192.168.10

（5）重新启动 DNS 服务，加入开机启动。

[root@centos7 named]#systemctl restart named

[root@centos7 named]#systemctl enable named

（6）配置 DNS 客户端。

把安装好的 DNS 服务器改为静态 IP 地址 192.168.10.11，网关设为 192.168.10.2，具体操作为打开[应用程序/系统工具/设置]，单击设置图标，进入 IP 地址设置界面，将有线网络设置为如图 4.2.3 所示参数。

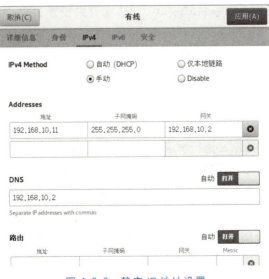

图 4.2.3 静态 IP 地址设置

①配置 Windows 客户端

在 Windows 10 中打开[控制面板/所有控制面板/网络连接]，右键单击 VMnet8 虚拟网卡选择属性，在网络选项卡中选择"Internet 协议版本 4(TCP/IPv4)"属性对话框输入首选 IP 地址，如图 4.2.4 和图 4.2.5 所示。

 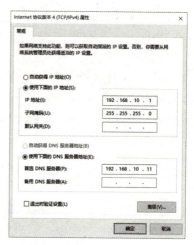

图 4.2.4　Windows 10 客户端虚拟网卡属性　　　图 4.2.5　Windows 10 客户端 IP 地址设置

②配置 Linux 客户端

可以使用 VMware 的克隆功能将已安装好的 Linux 系统克隆到一台新的 Linux 虚拟机作为客户端进行测试，本案例客户端名称为 client1。

在 Linux 系统中通过修改/etc/resolv.conf 文件来设置 DNS 客户端，如下所示：

[root@client1~]# vim /etc/resolv.conf

　　nameserver 192.168.10.11

　　nameserver 192.168.10.2

　　search test.cn

其中，nameserver 用于指明域名服务器的 IP 地址，可以设置多个 DNS 服务器，查询时按照文件中指定的顺序进行域名解析，只有当第一个 DNS 服务器没有响应时才向下面的 DNS 服务器发出域名解析请求。search 用于指明域名搜索顺序，当查询没有域名后缀的主机名时，会自动附加由 search 指定的域名。

在 Linux 系统中还可以通过系统菜单设置 DNS，具体操作为打开[应用程序/系统工具/设置]，单击设置图标，进入 IP 地址设置界面，将有线网络设置为如图 4.2.6 所示。

(7)使用 nslookup 测试 DNS。

下面以 Linux 客户端为例进行测试，使用 nslookup 命令测试 DNS。首先需要在客

图 4.2.6　Linux 客户端 IP 地址设置

户端安装 bind-utils 包，运行如下安装命令：

[root@client1 ~]# yum install bind-utils -y

下面在客户端 client1(192.168.10.132)上进行测试(前提是必须保证与 centos7 (192.168.10.11)DNS 服务器通信畅通)。

[root@client1 ~]# vim /etc/resolv.conf nameserver

　　nameserver 192.168.10.11

　　nameserver 192.168.10.2

　　search test.cn

[root@client1 ~]# nslookup

　　! 运行 nslookup 命令。

　　Server Default server：192.168.10.11

　　Address：192.168.10.11#53

　　>www.test.cn

　　! 正向查询，查询域名 www.test.cn 所对应的 IP 地址。

　　server：192.168.10.1

　　Address：192.168.10.11#53

　　Name：www.test.cn

　　Address：192.168.10.13

　　>192.168.10.12

　　! 反向查询，查询 IP 地址 192.168.1.2 所对应的域名。

　　Server：192.168.10.11

　　Address：192.168.10.11#53

12.10.168.192.in-addr.arpa name=mail.test.cn。
>set all
！显示当前设置的所有值。
Default server:192.168.10.11
Address:192.168.10.11#53
set options：
novcnodebugnod2
searchrecurse
timeout=0retry=3 port=53
querytype=Aclass=IN
srchlist=test.cn
>set type=NS
！type 取值可以为 SOA、MX、CNAME、A、PTR 及 any 等。
>test.cn
！查询 test.cn 域的 NS 资源记录配置。
Server：192.168.10.11
Address：192.168.10.11#53
Test.cn nameserver=dns.test.cn。
>exit

拓展知识

4.2.3 DNS 缓存服务器

DNS 缓存服务器(caching DNS server)是一种不负责域名数据维护的 DNS 服务器。缓存服务器就是把用户经常使用到的域名与 IP 地址的解析记录保存在主机本地,从而提升下次解析的效率。DNS 缓存服务器一般用于经常访问某些固定站点而且对这些网站的访问速度有较高要求的企业内网中,其实际的应用并不广泛。而且,缓存服务器是否可以成功解析还与指定的上级 DNS 服务器的允许策略有关。DNS 缓存服务器部署方法简单描述如下:

(1)配置系统的双网卡参数。

缓存服务器一般用于企业内网,旨在降低内网用户查询 DNS 的时间消耗。因此,为了实现外网查询功能,我们需要在缓存服务器中再添加一块网卡,配置出两台 Linux 虚拟机系统。而且,还需要在虚拟机软件中将新添加的网卡设置为"桥接模式",然后设置成与物理设备相同的网络参数(此处需要大家按照物理设备真实的网络参数来配置),为以 DHCP 方式获取 IP 地址与网关等信息,然后重启网络服务。

(2)在 BIND 服务程序的主配置文件中添加缓存转发参数。

在主配置文件/etc/named.conf 大约第 17 行处添加一行参数"forwarders｛上级 DNS 服务器地址；｝；"，上级 DNS 服务器地址指的是获取数据配置文件的服务器地址。考虑到查询速度、稳定性、安全性等因素，对于电信网络可以使用本地 DNS 服务器 218.2.135.1，以免导致 DNS 域名解析失败。

(3)重启 DNS 服务，验证成果。把客户端主机的 DNS 服务器地址参数修改为 DNS 缓存服务器的 IP 地址 192.168.10.10，这样即可让客户端使用本地 DNS 缓存服务器提供的域名查询解析服务。

实训项目

BIND 服务器的安装与配置

掌握 Linux 系统中 DNS 服务器的安装与配置方法。

项目环境

Windows 10 系统中，已在 VMware16 中安装好 CentOS7.6。

实训任务

某企业已建立内部局域网(192.168.1.0/24)，该企业也已搭建了公司的网站，现希望员工能够通过域名来访问公司网站。该企业已经申请了域名 njwdyy-linux.com，现要求外网用户可以通过域名访问公司的网站。

要求在公司内部构建一台 DNS 服务器，为局域网中的计算机提供域名解析服务。DNS 服务器的域名为 dns.njwdyy-linux.com，IP 地址为 192.168.1.2。其他需要解析的域名包括：

财务部(cw.njwdyy-linux.com:192.168.1.11)

销售部(xs.njwdyy-linux.com:192.168.1.12)

OA 系统(oa.njwdyy-linux.com:192.168.1.13)

操作步骤

(1)修改主配置文件/etc/named.conf 文件。

[root@centos7~]# vim /etc/named.conf

…

listen-on port 53{any;};

…

allow-query{any;};

…

include"/etc/named.zones";

(2) 修改区域配置文件。

[root@centos7~]# cp -p /etc/named.rfc1912.zones/etc/named.zones

[root@centos7~]# vim /etc/named.zones

zone "test.cn" IN {

type master;

file "named.test.cn";

allow-update { none; };

};

zone "1.168.192.in-addr.arpa" IN {

type master;

file "named.192.168.1";

allow-update { none; };

};

(3) 修改数据配置文件。

① 创建 named.njwdyy-linux.com 正向区域文件。

[root@centos7]# cd /var/named

[root@centos7 named]# cp -p named.localhost named.njwdyy-linux.com

[root@centos7 named]# vim named.njwdyy-linux.com

STTL 1D

@   IN   SOA   @root.njwdyy-linux.com. (

0   ; serial

1D   ; refresh

1H   ; retry

1W   ; expire

3H)   ; minimum

@   IN   NS   dns.njwdyy-linux.com.

@   IN   MX   10   mail.njwdyy-linux.com.

dns   IN   A   192.168.1.2

cw   IN   A   192.168.1.11

xs	IN	A	192.168.1.12
oa	IN	A	192.168.1.13

②创建 named.192.168.1 反向区域文件。

反向区域文件位于/var/named 目录下，先将模板文件 named.loopback 复制一份并命名为 named.192.168.1，然后对 named.192.168.1 编辑修改如下：

[root@centos7 named]# cp -p namad.loopback
        named.192.168.1

[root@centos7 named]# vim /var/named/ named.192.168.1

$TTL1D
@   IN   @ root.njwdyy-linux.com. (
0   ; serial
1D   ; refresh
1H   ; retry
1W   ; expire
3H)   ; minimum

@	IN	NS		dns.njwdyy-linux.com.
@	IN	MX	10	mail.njwdyy-linux.com.
11	IN	PTR		dns.njwdyy-linux.com.
12	IN-PTR			xs.njwdyy-linux.com.
13	INPTR			oa.njwdyy-linux.com.

（4）修改防火墙设置。

[root@centos7 named]# firewall-cmd-permanent --add-services dns

[root@centos7 named]# firewall-cmd --reload

[root@centos7 named]# chgrp named /ete/namad.conf named.njwdyy-linux.com named.192.168.1

（5）重新启动 DNS 服务，加入开机启动。

[root@centos7 named]# systemctl restart named

[root@centos7 named]# systemctl enable named

（6）使用 nslookup 测试 DNS。

[root@client1 ~]# yum install bind-utils-y

[root@client1 ~]# vim /etc/resolv.conf nameserver
 nameserver 192.168.1.2
 search test.cn

[root@client1 ~]# Nslookup

! 运行 Nslookup 命令。

Server Default server:192.168.11.11

Address:192.168.10.11♯53

＞cw.njwdyy-linux.cn

! 正向查询域名 www.njwdyy-linux.com 所对应的 IP 地址。

Server:192.168.1.2

Address:192.168.1.11♯53

Name:cw.njwdyy-linux.cn

Address:192.168.1.11

＞192.168.10.11

! 反向查询，查询 IP 地址 192.168.1.11 所对应的域名。

Server:192.168.1.2

Address:192.168.1.11♯53

11.1.168.192.in-addr.arpa name＝ cw.njwdyy-linux.cn.

......

! 同样方法测试其他几个域名(省略)。

＞exit

实训总结

任务评价

4.2 任务二 DNS 服务器配置

课后任务单

| 学号： | 姓名： | 日期： |

问题1：简述 BIND 服务器三种配置文件的作用。

问题2：按要求写出下列案例的详细解决方案，并上机实现。

某公司采用多个区域管理各部门网络，研发部人员属于"department.com"域，市场部人员属于"market.com"，其他部门人员属于"other.com"域名。研发部人员上限设为200人，IP 地址设为 192.168.1.1～192.168.1.200。市场部人员上限设为100人，IP 地址设为 192.168.2.1～192.168.2.100。其他部门人员上限设为60人，IP 地址设为 192.168.3.1～192.168.3.60。现采用一台 CentOS 7.6 主机搭建 DNS 服务器，其 IP 地址设为 192.168.1.254，要求这台服务器可以完成内网所有区域的正/反向域名解析，且所有员工均可以访问外网地址。

任务评价

评价考核					
序号	评价项目	自我评价	互相评价	教师评价	综合评价
1	是否预习				
2	引导问题				
3	团队协同				
4	实训任务				
5	课后问题				

注：评价统一采用 A(优)、B(良)、C(合格)、D(尚需努力)四个等级。

4.3 任务三　Web 服务器配置

课前学习任务单

| 学号： | 姓名： | 日期： |

学习目标
1. 了解 Apache 服务器；
2. 熟悉 Apache 服务器的主配置文件；
3. 掌握 Apache 服务器安装和配置方法。

引导问题

1. 如何安装、启动和停止 Apache 服务？

2. Apache 服务主配置文件是什么？

3. 如何修改 Apache 服务文档根目录和首页文件？

任务评价

相关知识

4.3.1 Apache 服务器简介

Apache HTTP Server(简称 Apache)是 Apache 软件基金会维护开发的一个开放源代码的网页服务器,可以在大多数计算机操作系统中运行,由于其支持多平台且安全性好而被广泛使用,是最流行的 Web 服务器端软件之一。Apache 一直是 Internet 上最流行的 HTTP 服务器之一。

Apache 支持众多功能,从服务器端的编程语言支持到身份认证方案,这些功能绝大部分都是通过编译模块实现的。一些通用的语言接口支持 Perl、Python、Tcl 和 PHP,流行的认证模块包括 mod access、mod auth 和 mod digest,还有 SSL 和 TLS 支持(mod_ssl)、代理服务器(proxy)模块、很有用的 URL 重写(由 rood_rewrite 实现)、定制日志文件(mod_log_conig),以及过滤支持(mod_include 和 mod_ext_filter)。Apache 日志可以通过网页浏览器使用免费的脚本 AWSats 或 Visitors 来分析。

4.3.2 Apache 服务器的安装与配置

任务4-3 Web服务配置

1. Apache 服务器的安装

(1)安装 apache 相关软件。

[root@centos7~]# rpm -qa | grep httpd

! 检查组件是否已安装。

[root@centos7~]# yum clean all

! 安装前先清除缓存。

[root@centos7~]# yum inatall httpd -y

! 安装 httpd 服务。

[root@centos7~]# rpm -qa | grep httpd

! 检查组件是否安装成功。

(2)配置防火墙放行,并设置 SELinux 为允许。

需要注意的是,CentOS7 采用了 SELinux 这种增强的安全模式,在默认配置下,只有 SSH 服务可以通过。像 Apache 这种服务,在安装、配置、启动完毕后,还要防火墙为它放行才行。使用防火墙命令放行 http 服务的命令如下:

[root@centos7~]# firewall-cmd --permanent --add-service=http

success

[root@centos7~]# firewall-cmd --reload

success

[root@centos7~]#firewall-cmd --list-all
　　Public(active)
　　target：default
　　icmp-block-inversion：no
　　interfaces：ens33
　　sources：
　　services：ssh dhcpv6-client dns http
　　…

(3)测试 httpd 服务。

安装完 Apache 服务器后，启动它，并设置开机自动加载 Apache 服务。

[root@centos7~]#systemctl start httpd

[root@centos7~]#systemctl enable httpd

[root@centos7~]#firefox http://127.0.0.1

如果看到图 4.3.1 所示的提示信息，则表示 Apache 服务器已安装成功。也可以在应用程序菜单中直接启动 Firefox，然后在地址栏输入 http://127.0.0.1，测试是否成功安装。

启动、重新启动、停止 Apache 服务的命令如下：

[root@centos7~]#systemctl start/restart/stop httpd

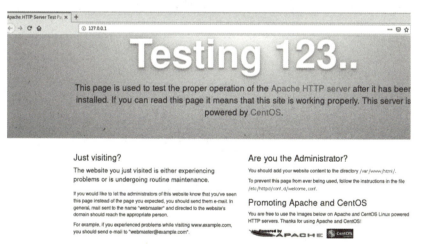

图 4.3.1　Apache 服务器测试页

2. Apache 服务器的配置

1）配置文件说明

Apache 服务器的 httpd 服务程序的主配置文件是/etc/httpd/conf/httpd.conf。httpd.conf 文件不区分大小写，在该文件中，以"#"开始的行是注释行。除了注释和

· 351 ·

空行外，服务器把其他的行认为是完整的或部分的指令。指令又分为类似于 Shell 的命令和伪 HTML 标记。指令的语法为"配置参数名称 参数值"。伪 HTML 标记的语法格式如下：

<Directory "/var/www">
    AllowOverride None
    ♯ Allow open access:
    Require all granted
</Directory>

在 httpd 服务程序的主配置文件中存在 3 种类型的信息：注释行信息、全局配置、区域配置。在主配置文件中，最常用的参数如表 4.3.1 所示。

表 4.3.1 http.conf 配置文件常用参数

参数	用途
ServerRoot	服务目录
ServerAdmin	管理员邮箱
User	运行服务的用户
Group	运行服务的用户组
ServerName	网站服务器的域名
DocumentRoot	文档根目录（网站数据目录）
Directory	网站数据目录的权限
Listen	监听的 IP 地址与端口号
DirectoryIndex	默认的索引页页面
ErrorLog	错误日志文件
CustomLog	访问日志文件
Timeout	网页超时时间，默认为 300 s

本章内容以下案例将 Apache 服务器地址设为静态地址 192.168.10.13。

2）配置案例

【案例 1】修改文档根目录和首页文件。

需求：

将 web 服务器根目录改为/home/www；首页文件改为 myweb.html；管理员 E-mail 改为 root@test.cn。

实现步骤：

（1）创建目录/home/www 和首页文件 myweb.html。

[root@centos7 ~]♯ mkdir /home/www

```
[root@centos7 ~]# echo "Welcome to www.test.cn">/home/www/index.html
```

(2) 打开 httpd 服务程序的主配置文件，将约第 119 行用于定义网站数据保存路径的参数 DocumentRoot 修改为 home/www，还需要将约第 124 行用于定义目录权限的参数 Directory 后面的路径也修改为/home/www，将第 164 行修改为 DirectoryIndex myweb.html index.html。配置文件修改完毕即可保存并退出。

```
[root@centos7 ~]# vim /etc/httpd/conf/httpd.conf
...
86 ServerAdminroot@test.cn
119 DocumentRoot "/home/www"
124 <Directory "/home/www">
125 AllowOverride None
127 # Allow open access：
127 Require all granted
128 </Directory>
163 <IfModule dir_module>
164 DirectoryIndex index.html myweb.html
165 </IfModule>
...
```

(3) 让防火墙放行 http 服务，重启 httpd 服务。

```
[root@centos7 ~]# firewall-cmd--permanent--add-service=http
[root@centos7 ~]# firewall-cmd--reload
[root@centos7 ~]# firewall-cmd--list-all
```

(4) 设置 SELinux 为允许。

```
[root@centos7 ~]# setenforce 0
[root@centos7 ~]# getenforce
Permissive
```

(5) 测试。

在 Windows 10 浏览器输入 http://192.168.10.13，结果如图 4.3.2 所示，测试通过。

【案例 2】设置用户个人主页空间。

Linux 是一个多用户系统，一般情况下每个用户只能访问自己的家目录中的文件，不能访问其他用户家目录的内容，因此我们可以通过 Web 服务器为需要的客户端分配独立的用户并提供个人主页空间。Apache 服务器可以实现用户的个人主页。客户端在浏览器中浏览个人主页的 URL 地址格式一般如下：http://域名/~username，其中，~username 是 Linux 系统的合法用户名（该用户必须在 Linux 系统中存在）。

图 4.3.2　更改后的 web 服务器首页内容

需求：

在 IP 地址为 192.168.10.13 的 Apache 服务器中，为系统中的 user01 用户设置个人主页空间。该用户的家目录为/home/user01，个人主页空间所在的目录为/home/user01/www。

实现步骤：

(1)创建 user01 用户，修改家目录权限，使其他用户具有读取和执行的权限。

　　[root@centos7 ~]# useradd user01

　　[root@centos7 ~]# passwd user01

　　[root@centos7 ~]# chmod 755 /home/user01

(2)创建存放用户个人主页空间的目录。

　　[root@centos7 ~]# mkdir /home/user01/public_html

(3)创建个人空间的默认首页文件。

　　[root@centos7 ~]# cd /home/user01/ public_html

　　[root@centos7public_html]# echo "this is user01's web. " >> index. html

(4)开启个人主页功能。

在 httpd 服务程序中，默认没有开启个人用户主页功能。因此，需要编辑配置文件：/etc/httpd/conf. d/userdir. conf，然后在第 17 行的 UserDir disabled 参数前面加上井号(#)，表示让 httpd 服务程序开启个人用户主页功能，同时把第 24 行的 UserDir public hml 参数前面的井号(#)去掉(UserID 参数表示网站数据在用户家目录中的保存目录名称，即 www 目录)，修改完毕保存退出。(在 Vim 使用命令"：set nu"显示行号)

　　[root@centos7 ~]# vim /etc/httpd/conf. d/userdir. conf

　　...

　　17 # Userdir disabled

　　24 Userdir www

　　...

(5)SELinux 设置为允许，让防火墙放行 httpd 服务，重启 httpd 服务。

　　[root@centos7 ~]# setenforce 0

[root@centos7 ~]#getenforce
[root@centos7 ~]#firewall-cmd--permanent--add-service=http
[root@centos7 ~]#firewall-cmd--reload
[root@centos7 ~]#systemctl restart httpd

（6）测试。

浏览器输入 http://192.168.10.13/~user01，结果如图 4.3.3 所示，测试通过。

图 4.3.3　更改后的 web 服务器首页内容

【案例 3】设置虚拟目录。

如果站点内容较多，需要进行分类，最简单的方法是使用子目录实现。如果内容较分散，位于磁盘的不同目录下，这种情况使用虚拟目录实现较为方便。每一个虚拟目录都有一个别名，客户端可以通过此别名来访问虚拟目录。每个虚拟目录都可以分别设置不同的访问权限，因此非常适合不同用户对不同目录拥有不同权限的情况。只有知道虚拟目录的用户，才可以访问此虚拟目录。

需求：

在 IP 地址为 192.168.10.13 的 Apache 服务器中，创建名为/v_dir 的虚拟目录，其对应的实际物理目录是/p_dir，并在客户端测试。

实现步骤：

（1）创建物理目录/v_dir，修改文件夹权限，创建首页文件 index.html。

[root@centos7 ~]#mkdir /p_dir
[root@centos7 ~]#chmod-R 755 /p_dir
[root@centos7 ~]#cd p_dir
[root@centos7 p_dir]#echo "this is a virtual directory." >> index.html

（2）修改/etc/httpd/conf/httpd.conf 配置文件，添加以下内容。

Alias /v_dir "/p_dir"
<Directory "/p_dir">
AllowOverride None
Require all granted
</Directory>

（3）SELinux 设置为允许，让防火墙放行 httpd 服务，重启 httpd 服务。

(4)测试。

在 Linux 客户端的浏览器中输入 http://192.168.10.13/v_dir，看到个人空间的访问效果如图 4.3.4 所示，测试通过。

图 4.3.4　虚拟目录首页内容

【案例 4】配置基于 IP 地址的虚拟主机。

虚拟主机是在一台 Web 服务器上，可以为多个独立的 IP 地址、域名或端口号提供不同的 Web 站点。对于访问量不大的站点来说，这样做可以降低单个站点的运营成本。

在服务器上绑定多个 IP 地址，然后配置 Apache，把多个网站绑定在不同的 IP 地址上，访问服务器上不同的 IP 地址，就可以看到不同的网站。

需求：

Apache 服务器设置了 192.168.10.13 和 192.168.10.16 两个 IP 地址。现需要利用这两个 IP 地址分别创建两个基于 IP 地址的虚拟主机，要求不同的虚拟主机对应的主目录不同，默认文档的内容也不同。

实现步骤：

(1)单击［应用程序/系统工具/设置/网络］，单击有线网络右侧的设置按钮，打开 IPv4 选项卡，在地址栏添加一行新的地址，如图 4.3.5 所示，单击［应用］按钮。

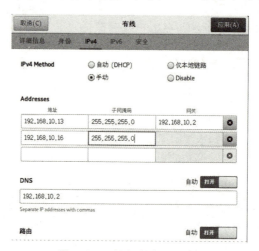

图 4.3.5　添加多个 IP 地址

(2)分别创建/var/www/ipl3 和/var/www/ip16 两个主目录和默认文件。

［root@centos7 ~］# mkdir /var/www/ip13 /var/www/ip16

［root@centos7 ~］# echo "192.168.10.13" >> /var/www/ip13/index.html
［root@centos7 ~］# echo "192.168.10.16" >> /var/www/ip16/index.html

(3) 加 /etc/httpd/conf.d/vhost.conf 文件，增加如下内容。

＃设置基于 IP 地址为 192.168.10.13 的虚拟主机。

<Virtualhost 192.168.10.13>

    DocumentRoot /var/www/ip13

</Virtualhost>

＃设置基于 IP 地址为 192.168.10.16 的虚拟主机。

<Virtualhost 192.168.10.16>

    DocumentRoot /var/www/ip16

</Virtualhost>

＃设置目录权限。

<Directory "/var/www/ip13">

    AllowOverride None

    ＃Allow open access：

    Require all granted

</Directory>

<Directory "/var/www/ip16">

    AllowOverride None

    ＃Allow open access：

    Require all granted

</Directory>

(4) 设置 SELinux 为允许，让防火墙放行 httpd 服务，重启服务（见前面操作）。

(5) 测试。

在客户端浏览器中分别输入 http://192.168.10.13 和 http://192.168.10.16 两个网站地址，结果如图 4.3.6 和图 4.3.7 所示，通过测试。

图 4.3.6　192.168.10.13 站点内容

图 4.3.7　192.168.10.16 站点内容

【案例5】配置基于端口号的虚拟主机。

基于端口号的虚拟主机的配置只需要服务器有一个 IP 地址，所有虚拟主机共享同一个 IP，各虚拟主机之间通过不同的端口号区分。

需求：

Apache 服务器设置 192.168.10.13 地址。现需要创建基于 8088 和 8089 两个不同端口号的虚拟主机，要求不同的虚拟主机对应的主目录不同，默认文档的内容也不同。

实现步骤：

(1) 分别创建 /var/www/8088 和 /var/www/8089 两个主目录和默认文件。

[root@centos7 ~]# mkdir /var/www/8088 /var/www/8089

[root@centos7 ~]# echo "8088" >> /var/www/8088/index.html

[root@centos7 ~]# echo "8089" >> /var/www/8089/index.html

(2) 修改 /etc/httpd/conf/httpd.conf 文件，修改如下内容。

Listen 8088

Listen 8089

<Directory "/var/www">

　　AllowOverride None

　　# Allow open access：

　　Require all granted

</Directory>

(3) 修改 /etc/httpd/conf.d/vhost.conf 文件，增加如下内容（原内容清空）。

<Virtualhost 192.168.10.13:8088>

　　DocumentRoot＃＃/var/www/8088

</Virtualhost>

<Virtualhost 192.168.10.13:8089>

　　DocumentRoot＃＃/var/www/8089

</Virtualhost>

(4) SELinux 设置为允许，防火墙放行 httpd 服务，重启服务（见前面操作）。

防火墙设置需要将 8088 和 8089 端口添加到 public 区域，命令如下所示：

[root@centos7 ~]# firewall-cmd --permanent
　　--zone=public --add-port=8088/tcp

[root@centos7 ~]# firewall-cmd --permanent
　　--zone=public --add-port=8089/tcp

[root@centos7 ~]# firewall-cmd --reload

[root@centos7 ~]# firewall-cmd --list-all

（5）测试。

在客户端浏览器中分别输入 http://192.168.10.13 和 http://192.168.10.16 两个网站地址，结果如图 4.3.8 和图 4.3.9 所示，则通过测试。

图 4.3.8　8088 端口号站点内容

图 4.3.9　8089 端口号站点内容

拓展知识

4.3.3　Apache 服务器的访问控制

Apache 可以基于源主机名、源 IP 地址或源主机上的浏览器特征等信息对资源进行访问控制。它通过 allow 指令允许某个主机访问服务器上的资源，通过 deny 指令实现禁止访问。在允许或禁止访问资源时，还会用到 Order 指令，这个指令用来定义 allow 或 deny 指令起作用的顺序，其匹配原则是按照顺序进行匹配，若匹配成功则执行后面的默认指令。比如"Order allow, deny"表示先将源主机与允许规则进行匹配，若匹配成功则允许访问，反之则拒绝访问。

第 1 步：先在服务器上的网站数据目录中新建一个子目录，并在这个子目录中创建一个包含单词 firefox 的首页文件。

［root@centos7 ~］# mkdir /var/www/html/server

［root@ centos7~］# echo "firefox" > /var/www/html/server/index.html

第 2 步：打开 httpd 服务的配置文件，在第 129 行后面添加下述规则来限制源主机的访问。这段规则的含义是允许使用 Firefox 浏览器的主机访问服务器上的首页文件，除此之外的所有请求都将被拒绝。

［root@ centos7 ~］# vim /etc/httpd/conf/httpd.conf

…

129 <Directory "/var/www/html/server">

130 SetEnvIf User-Agent "Firefox" ff=1

```
131 Order allow, deny
132 Allow from env=ff
133 </Directory>
...
```
[root@centos7 ~]# systemctl restart httpd
[root@centos7 ~]# firefox

除了匹配源主机的浏览器特征之外，还可以通过匹配源主机的 IP 地址进行访问控制。例如，我们只允许 IP 地址为 192.168.10.20 的主机访问网站资源，那么就可以在 httpd 服务配置文件的第 129 行后面添加下述规则。

[root@centos7 ~]# vim /etc/httpd/conf/httpd.conf
```
...
129 <Directory "/var/www/html/server">
130 Order allow, deny
131 Allow from 192.168.10.20
132 Order allow, deny
133 Allow from env=ie
134 </Directory>
...
```
[root@centos7 ~]# systemctl restart httpd
[root@centos7 ~]# firefox

这样在重启 httpd 服务程序后再用本机（即服务器，其 IP 地址为 192.168.10.10）来访问网站的首页时就会提示访问被拒绝了。

4.3.4 SELinux 安全子系统

SELinux(security-enhanced linux)是美国国家安全局在 Linux 开源社区的帮助下开发的一个强制访问控制(MAC, mandatory access control)的安全子系统。CentOS7 系统使用 SELinux 技术的目的是让各个服务进程都受到约束，使其仅获取到本应获取的资源。

SELinux 服务有三种配置模式，具体如下：

enforcing：强制启用安全策略模式，拦截服务的不合法请求。

permissive：遇到服务越权访问时，只发出警告而不强制拦截。

disabled：对于越权的行为不警告也不拦截。

SELinux 服务的主配置文件中，定义的是 SELinux 的默认运行状态，可以将其理解为系统重启后的状态，因此它不会在更改后立即生效。可以使用 getenforce 命令获得当前 SELinux 服务的运行模式。

[root@centos7 ~]# getenforce

Enforcing

可以用 setenforce [0 | 1]命令修改 SELinux 当前的运行模式(0 为禁用,1 为启用)。注意,这种修改只是临时的,在系统重启后就会失效。

[root@centos7 ~]# setenforce 0

[root@centos7 ~]# getenforce

Permissive

setenforce 可以设置 SElinux 的状态,但是只能设置 0 和 1 两种,即警告模式或者强制模式。如果需要关闭,则要在配置文件"/etc/sysconfig/selinux"下将"SELINUX=enforcing"改为"SELINUX=disabled"。因为 SElinux 是基于内核的安全系统,所以在设置完成之后需要重启内核,即需要重启电脑才可以生效。

实训项目

Apache 服务器的安装与配置

掌握 Linux 系统中 Web 服务器的安装与配置方法。

项目环境

Windows 10 系统中,已在 VMware16 中安装好 CentOS 7.6。

实训任务

假如你是某班级的网络管理员,班级申请了一免费域名为:www.myclass.cn,已创建班级主页,现要求实现以下功能。

(1)建立一个账户 student01,实现此账户个人主页功能。

(2)在 Web 服务器中建立一个名为 private02 的虚拟目录,其对应的物理路径是/student02,并配置 Web 服务器仅允许来自 myclass.cn 域和 192.168.1.0/24 网段的客户机访问该虚拟目录,Web 服务器地址设为 192.168.1.1。

(3)使用 192.168.1.2 和 192.168.1.3 两个 IP 地址,创建基于 IP 地址的虚拟主机。其中,IP 地址为 192.168.1.2 的虚拟主机对应的主目录为:/var/www/ip2,IP 地址为 192.168.1.3 的虚拟主机对应的主目录为:/var/www/ip3。

操作步骤

(1) 设置用户个人主页空间。

① 创建 student01 用户，修改用户的家目录权限，使其他用户具有读取和执行的权限。

　　[root@centos7 ~]# useradd student01

　　[root@centos7 ~]# passwd student01

　　[root@centos7 ~]# chmod 755 /home/student01

② 创建存放用户个人主页空间的目录。

　　[root@centos7 ~]# mkdir /home/student01/public_html

③ 创建个人空间的默认首页文件。

　　[root@centos7 ~]# cd /home/user01/ public_html

　　[root@centos7public_html]# echo "student01>> index.html"

④ 开启个人主页功能。

　　[root@centos7 ~]# vim /etc/httpd/conf.d/userdir.conf

　　...

17 # Userdir disabled

24 Userdir www

　　...

⑤ SELinux 设置为允许，配置防火墙放行 httpd 服务，重启服务。

　　[root@centos7 ~]# setenforce 0

　　[root@centos7 ~]# getenforce

　　[root@centos7 ~]# firewall-cmd --permanent
　　　　　　　　--add-service=http

　　[root@centos7 ~]# firewall-cmd --reload

　　[root@centos7 ~]# systemctl restart httpd

⑥ 测试。

在客户端浏览器输入 http://192.168.1.1/~ student01。

(2) 建立虚拟目录。

① 创建物理目录/v_dir，修改文件夹权限，创建首页文件 index.html。

　　[root@centos7 ~]# mkdir /student02

　　[root@centos7 ~]# chmod -R 755 /student02

　　[root@centos7 ~]# cd v_dir

　　[root@centos7 v_dir]# echo "this is a virtual directory.">> index.html

② 修改/etc/httpd/conf/httpd.conf 配置文件，添加以下内容。

　　Alias /v_dir "/p_dir"

```
<Directory "/p_dir">
    AllowOverride None
    Require all granted
</Directory>
```

③SELinux 设置为允许,配置防火墙放行 httpd 服务,重启服务。

④测试。

在客户端的浏览器中输入 http://192.168.1.1/private02。

(3)设置基于 IP 地址的虚拟主机。

①单击[应用程序/系统工具/设置/网络],单击有线网络右侧的设置按钮,打开 IPv4 选项卡,在地址栏设置两行 IP 地址,分别是:192.168.1.2 和 192.168.1.3。

②分别创建/var/www/ip2 和/var/www/ip3 两个主目录和默认首页文件。

```
[root@centos7 ~]# mkdir /var/www/ip2 /var/www/ip3
[root@centos7 ~]# echo "192.168.1.2" >> /var/www/ip2index.html
[root@centos7 ~]# echo "192.168.1.3" >> /var/www/ip3index.html
```

③打开/etc/httpd/conf.d/vhost.conf 文件,增加如下内容。

```
# 设置基于 IP 地址为 192.168.1.2 虚拟主机。
<Virtualhost 192.168.1.2>
    DocumentRoot /var/www/ip2
</Virtualhost>
# 设置基于 IP 地址为 192.168.1.3 虚拟主机。
<Virtualhost 192.168.1.3>
    DocumentRoot /var/www/ip3
</Virtualhost>
# 设置目录权限。
<Directory "/var/www/ip2">
    AllowOverride None
    # Allow open access:
    Require all granted
</Directory>
<Directory "/var/www/ip3">
    AllowOverride None
    # Allow open access:
    Require all granted
</Directory>
```

④设置 SELinux 为允许,让防火墙放行 httpd 服务,重启。

⑤在客户端浏览器中分别输入 http://192.168.1.2 和 http://192.168.1.3。

实训总结

任务评价

4.3 任务三　Web 服务器配置

课后任务单

| 学号： | 姓名： | 日期： |

任务 1：建立 Web 服务器，同时建立一个名为/mytest 的虚拟目录，并完成以下设置。

(1)设置 Apache 根目录为/etc/httpd。
(2)设置首页名称为 test.html。
(3)设置超时时间为 240 s。
(4)设置客户端连接数为 500。
(5)设置管理员 E-mail 地址为 root@smile.com。
(6)虚拟目录对应的实际目录为 linux/apache。
(7)将虚拟目录设置为仅允许 192.168.0.0/24 网段的客户端访问。
(8)分别测试 Web 服务器和虚拟目录。

任务 2：建立虚拟主机，并完成以下设置。
(1)建立 IP 地址为 192.168.0.1 的虚拟主机 1，对应的文档目录为/usr/local/www/web1。
(2)仅允许来自.smile.com 域的客户端可以访问虚拟主机 1。
(3)建立 IP 地址为 192.168.0.2 的虚拟主机 2，对应的文档目录为/usr/local/www/web2。
(4)仅允许来自 long.com 域的客户端可以访问虚拟主机 2。

任务评价

智能交通网络构建与管理

评价考核					
序号	评价项目	自我评价	互相评价	教师评价	综合评价
1	是否预习				
2	引导问题				
3	团队协同				
4	实训任务				
5	课后问题				

注：评价统一采用 A(优)、B(良)、C(合格)、D(尚需努力)四个等级。

4.4 任务四　FTP 服务器配置

课前学习任务单

| 学号： | 姓名： | 日期： |

学习目标
1. 了解 FTP 服务器的工作原理；
2. 熟悉 vsftp 服务器的配置文件；
3. 掌握 vsftp 服务器的安装与配置。

引导问题

1. 如何安装和启动 vsftpd 服务？

2. vsftpd 服务的配置文件是什么？

3. 简述 vsftpd 服务的三种认证模式。

任务评价

相关知识

4.4.1 vsftp 服务器简介

vsftpd（very secure FTP daemon，非常安全的 FTP 守护进程）是一款运行在 Linux 操作系统上的 FTP 服务程序，完全开源而且免费，此外，还具有很高的安全性、传输速度，以及支持虚拟用户验证。

1）主配置文件

vsftpd 服务程序的主配置文件（/etc/vsftpd/vsftpd.conf）内容总长度达到 123 行，但其中大多数参数在开头都添加了井号（#），从而成为注释信息，大家没有必要在注释信息上花费太多的时间。我们可以在 grep 命令后面添加-v 参数，过滤并反选出没有包含井号（#）的参数行（即过滤掉所有的注释信息），然后将过滤后的参数行通过输出重定向符写回原始的主配置文件中。

```
[root@centos7 ~]# mv /etc/vsftpd/vsftpd.conf /etc/vsftpd/vsftpd.conf_bakup
[root@centos7 ~]# grep -v "#" /etc/vsftpd/vsftpd.conf_bakup
             > /etc/vsftpd/vsftpd.conf
[root@linuxprobe ~]# cat /etc/vsftpd/vsftpd.conf
   anonymous_enable=YES
   local_enable=YES
   write_enable=YES
   local_umask=022
   dirmessage_enable=YES
   xferlog_enable=YES
   connect_from_port_20=YES
   xferlog_std_format=YES
   listen=NO
   listen_ipv6=YES
   pam_service_name=vsftpd
   userlist_enable=YES
   tcp_wrappers=YES
```

vsftpd 服务程序主配置文件中常用的参数以及作用如表 4.4.1 所示。

表 4.4.1　vsftpd 服务程序常用的参数以及作用

参数	作用
listen=[YES | NO]	是否以独立运行的方式监听服务
listen_address=IP 地址	设置要监听的 IP 地址
listen_port=21	设置 FTP 服务的监听端口
download_enable=[YES | NO]	是否允许下载文件
userlist_enable=[YES | NO] userlist_deny=[YES | NO]	设置用户列表为"允许"还是"禁止"操作
max_clients=0	最大客户端连接数，0 为不限制
max_per_ip=0	同一 IP 地址的最大连接数，0 为不限制
anonymous_enable=[YES | NO]	是否允许匿名用户访问
anon_upload_enable=[YES | NO]	是否允许匿名用户上传文件
anon_umask=022	匿名用户上传文件的 umask 值
anon_root=/var/ftp	匿名用户的 FTP 根目录
anon_mkdir_write_enable=[YES | NO]	是否允许匿名用户创建目录
anon_other_write_enable=[YES | NO]	是否开放匿名用户的其他写入权限（包括重命名、删除等操作权限）
anon_max_rate=0	匿名用户的最大传输速率(B/s)，0 为不限制
local_enable=[YES | NO]	是否允许本地用户登录 FTP
local_umask=022	本地用户上传文件的 umask 值
local_root=/var/ftp	本地用户的 FTP 根目录
chroot_local_user=[YES | NO]	是否将用户权限禁锢在 FTP 目录，以确保安全
local_max_rate=0	本地用户最大传输速率(B/s)，0 为不限制

2）其他配置文件

/etc/pam.d/vsftpd，vsfpd 的 PAM（pluggable authentication modules）配置文件，主要用来加强 wspa 服务器的用户认证。

/etc/vsftpd/tpusers，所有位于此文件内的用户都不能访问 vspd 服务。当然，为了安全起见，这个文件中默认已经包括了 root、bin 和 dacmon 等系统账号。

/etc/vsftpd/user_list，这个文件中包括的用户有可能是被拒绝访问 vsftp 服务的，也可能是允许访问的，这主要取决于 vsftp 主配置文件中的"userlist_deny"参数是设置为"YES"还是"NO"。当 userlist_deny=NO 时，仅允许文件列表中的用户访问 FTP 服务器；当 userlist_deny=YES 时，这也是默认值，拒绝文件列表中的用户访问 FTP 服务器。

var/ftp 文件夹，该文件夹是 vsftpd 提供服务的文件集散地，它包括一个 pub 子目录。在默认配置下，所有的目录都是只读的，只有 root 用户有写权限。

4.4.2 vsftp 服务器的安装与配置

1. vsftp 服务器的安装

使用 yum 源安装软件首先必须保证能够正常连接公网 yum 源地址，或者通过配置本地 yum 源来实现，这里我们使用公网 yum 源地址。

任务4-4 FTP服务配置

(1) 安装 vsftpd 服务。

　　[root@centos7 ~]# rpm -qa | grep vsftpd

　　！检查安装组件是否成功。

　　[root@centos7 ~]# yum clean all

　　！装前先清除缓存。

　　[root@centos7 ~]# yum install vsftpd -y

　　[root@centos7 ~]# yum install ftp -y

　　！同时安装 ftp 软件包。

(2) vsftpd 服务启动、重启、随系统启动、随系统停止。

安装完 vsftpd 服务后，下一步就是启动了。vsftpd 服务可以以独立或被动方式启动。在 CentOS7 中，默认以独立方式启动。重新启动 vsftpd 服务、随系统启动、开放防火墙、开放 SELinux，可以输入下面的命令。

　　[root@centos7 ~]# systemctl restart vsftpd

　　！启动 vsftpd 服务。

　　[root@centos7 ~]# systemctl enable vsftpd

　　！开机自动启动 vsftpd。

　　[root@centos7 ~]# firewall-cmd --permanent --add-service=ftp

　　！把 firewall 服务中请求 FTP 服务设置为永久允许。

　　[root@centos7 ~]# firewall-cmd -reload

　　！立即生效。

　　[root@centos7 ~]# setsebool -P ftpd_full_access=on

　　！设置 SELinux 允许。

2. vsftpd 服务器的配置

1) vsftpd 的认证模式

vsftpd 允许用户以 3 种认证模式登录到 FTP 服务器上。

匿名开放模式：一种最不安全的认证模式，任何人都可以无需密码验证而直接登录到 FTP 服务器。

本地用户模式：通过 Linux 系统本地的账户密码信息进行认证的模式，相较于匿名开放模式更安全，而且配置起来也很简单。但是如果黑客破解了账户的信息，就可以畅通无阻地登录 FTP 服务器，从而完全控制整台服务器。

虚拟用户模式：这 3 种模式中最安全的一种认证模式，它需要为 FTP 服务单独建立用户数据库文件，虚拟映射用来进行口令验证的账户信息，而这些账户信息在服务器系统中实际上是不存在的，仅供 FTP 服务程序进行认证使用。这样，即使黑客破解了账户信息，也无法登录服务器，从而有效降低了破坏范围和影响。

2）配置案例

【案例 1】配置匿名开放模式 FTP 服务器。

在 vsftpd 服务程序中，匿名开放模式是最不安全的一种认证模式。这种模式一般用来访问不重要的公开文件（在生产环境中尽量不要存放重要文件）。如果采用防火墙管理工具（如 Tcp_wrappers 服务程序）将 vsftpd 服务程序允许访问的主机范围设置为企业内网，也可以提供基本的安全性。vsftpd 服务程序默认开启了匿名开放模式，我们需要做的就是开放匿名用户上传、下载文件以及创建、删除、更名文件的权限。需要注意的是，对匿名用户开放这些权限会带来潜在危险，我们只是为了在 Linux 系统中练习配置 vsftpd 服务程序而放开了这些权限，不建议在生产环境中使用。表 4.4.2 列出了可以向匿名用户开放的权限参数以及作用。

表 4.4.2　可以向匿名用户开放的权限参数以及作用

参数	作用
anonymous_enable=YES	允许匿名访问模式
anon_umask=022	匿名用户上传文件的 umask 值
anon_upload_enable=YES	允许匿名用户上传文件
anon_mkdir_write_enable=YES	允许匿名用户创建目录
anon_other_write_enable=YES	允许匿名用户修改目录名称或删除目录

需求：

搭建一台 FTP 服务器，允许匿名用户上传和下载文件，匿名用户的根目录为/var/ftp。

操作步骤：

（1）新建测试文件，修改主配置文件。

[root@centos7 ~]# echo "This is a download file." >>/var/ftp/pub/down.txt

[root@centos7 ~]# vim /etc/vsftpd/vsftpd.conf

在主配置文件后面添加如下内容（语句前后和等号左右一定不要带空格，若有重复的语句需要去除或直接在其上更改，切勿把注释放进去，下同）。

anonymous.enable=YES

！允许匿名用户登录。

anon_root=/var/ftp

! 设置匿名用户的根目录为/var/ftp。

(2)对/var/ftp/pub 目录赋予其他用户写的权限，重启服务。

[root@centos7 ~]# chmod o+w /var/ftp/pub

! 赋予其他用户写的权限

[root@centos7 ~]# systemctl restart vsftpd

(3)允许 SELinux，让防火墙放行 ftp 服务，重启服务。

[root@centos7 ~]# firewall-cmd --permanent --add-service=ftp

[root@centos7 ~]# firewall-cmd --reload

[root@centos7 ~]# setsebool -P ftpd_full_access=on

(4)在 Windows 10 客户端测试，在 pub 目录下能够建立新文件和文件夹，如图 4.4.1 所示，则通过测试。

图 4.4.1　匿名用户访问 ftp 服务器

【案例 2】配置本地用户模式 FTP 服务器。

相较于匿名开放模式，本地用户模式要更安全，而且配置起来也很简单。如果大家之前用的是匿名开放模式，现在就可以将它关了，然后开启本地用户模式。针对本地用户模式的权限参数以及作用如表 4.4.3 所示。

表 4.4.3　本地用户模式使用的权限参数以及作用

参数	作用
anonymous_enable=NO	禁止匿名访问模式
local_enable=YES	允许本地用户模式
write_enable=YES	设置可写权限
local_umask=022	本地用户模式创建文件的 umask 值
userlist_enable=YES	启用"禁止用户名单"，名单文件为 ftpusers 和 user_list
userlist_deny=YES	开启用户作用名单文件功能

需求：

公司内部现在有一台 FTP 服务器，主要用于维护公司的网站内容，包括上传文件、更新网页等，网站内容目录位于/web/www/html。现需要建立一个专门用于维护网站内容的本地用户，用户名为 web。

操作步骤：

(1)建立维护网站内容的 FTP 账号 web，然后为其设置密码。

[root@centos7 ~]# useradd web

[root@centos7 ~]# passwd web

(2)配置 vsftpd.conf 主配置文件增加或修改相应内容。（写入配置文件时，注释一定要去掉，语句前后要加空格。另外，要把前一节配置匿名 FTP 服务器的配置文件恢复到最初状态，免得互相影响。）

[root@centos7 ~]# vim /etc/vsftpd/vsftpd.conf

　anonymous.enable=NO

　! 禁止匿名用户登录。

　local_enable=YES

　! 允许本地用户登录。

　local_root=/web/www/html

　! 设置本地用户根目录。

　write_enable=YES

　userlist_deny=YES

(3)修改本地权限。

[root@centos7 ~]# mkdir -p /web/www/html

　! 创建网站内容目录。

[root@centos7 ~]# echo "web site" /web/www/html/index.html

　! 写入测试文件。

[root@centos7 ~]# chmod -R o+w /web/www/html

　! 允许其他用户写入。

(4)防火墙放行，SELinux 允许，重启 FTP 服务。

[root@centos7 ~]# firowall-cmd --permanent --add-service=ftp

[root@centos7 ~]# firewall-cmd -reload

[root@centos7 ~]# setsebool -P ftpd_full_access=on

(5)在 Windows 10 客户端测试，如图 4.4.2 所示，则通过。

【案例 3】配置 vsftp 虚拟账号。

在生产环境中，如果使用本地账户访问 FTP，用户在拥有服务器真实用户名和密码的情况下，会对服务器产生潜在的危害。FTP 服务器设置不当，用户有可能使用实

图 4.4.2　本地用户模式登录 ftp

体账号进行非法操作。所以，为了 FTP 服务器的安全，可以使用虚拟用户验证方式，也就是将虚拟的账号映射为服务器的实体账号，客户端使用虚拟账号访问 FTP 服务器。

需求：

使用虚拟用户 user02、user03 登录 FTP 服务器，访问主目录/var/ftp/vuser，只允许用户查看文件，不允许上传、修改等操作。

操作步骤：

（1）创建用户数据库。

首先，创建用户文本文件。

[root@centos7 ~]# mkdir /vftp

[root@centos7 ~]# vim /vftp/vuser.txt

　　user02
　　12345678
　　user03
　　12345678

其次，生成数据库，保存虚拟账号及密码的文本文件无法被系统账号直接调用，需要使用 db_load 命令生成 db 数据库文件。

[root@centos7 ~]# db_load -T -t hash -f /vftp/vuser.txt /vftp/vuser.db

[root@centos7 ~]# ls /vftp

　　vuserr.db　　vuser.txt

最后，修改数据库文件访问权限，数据库文件中保存着虚拟账号和密码信息，为了防止非法用户盗取，可以修改该文件的访问权限。

[root@centos7 ~]# chmod 700 /vftp/vuser.db

（2）创建虚拟账户对应系统用户。

[root@centos7 ~]# useradd -d /var/ftp/vuser vuser

！添加账号 vuser，并指定主目录为/var/ftp/vuser。

[root@centos7 ~]# chown vuser.vuser /var/ftp/vuser

！修改 vuser /var/ftp/vuser 目录所属的用户和组为 vuser。

[root@centos7 ~]# chmod 555 /var/ftp/vuser

！当匿名账户登录时会被映射为系统账户，并登录/var/ftp/vuser 目录，但其并没有访问权限，需要为 vuser 目录的属主、属组和其他用户和组添加读和执行权限。

(3) 配置 PAM 文件。

为了使服务器能够使用数据库文件对客户端进行身份验证，需要调用系统的 PAM 模块。PAM(plugable authentication module)为可调用认证模块，不必重新安装应用程序，通过修改指定的配置文件，即可调整该程序的认证方式。PAM 模块配置文件路径为/etc/pamd，该目录下保存着大量与认证有关的配置文件，皆以服务名称命名。

下面修改 vsftp 对应的 PAM 配置文件/etc/pamd/vsftpd，将默认配置使用"#"全部注释，增加相应字段(加底纹部分)，如下所示。

[root@centos7~]# vim /etc/pam.d/vsftpd

　　#PAW-1.0

　　# seeasion　　optional　　pam_keyint.so　　　　fores revoke

　　# auth　　　　required pam_listfile.so　　　　item=user　　　　sense=deny

　　# file=/etc/vsftpd/ftpusers　　onerr-succeed

　　# auth required pam_userdb.so

　　auth　　required pam_userdb.so　　　db=/vftp/vuser

　　account　　required pam_userdb.so　　db=/vftp/vuser

(4) 修改/etc/vsftpd/vsftpd.conf。

[root@centos7~]# vim /etc/vsftpd/vsftpd.conf

　　anonymous_enable=NO

　　！关闭匿名访问。

　　local_enable=YES

　　！开启本地账户支持。

　　chroot_local_user=YES

　　！锁定账号根目录。

　　allow_writeable_chroot=YES

　　write_enable=NO

　　！关闭用户写权限。

　　guest_enable=YES

　　！开启虚拟账户功能。

　　guest_username=vuser

！设置虚拟账户对应的系统账户。

listen=YES

！设置 FTP 服务器为独立运行。

pam_service_name=vsftpd

！配置 vsftp 使用的 PAM 模块配置文件为 vsftpd。

(5)防火墙放行，SELinux 允许，重启 FTP 服务。

[root@centos7 ~]# firewall-cmd --permanent --add-service=ftp

[root@centos7 ~]# firewall-cmd --reload

[root@centos7 ~]# setsebool -P ftpd_full_access=on

(6)在 Windows 10 客户端测试，如图 4.4.3 所示，则通过。

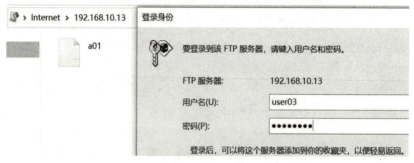

图 4.4.3　虚拟账号模式登录 ftp

拓展知识

4.4.3　简单文件传输协议

简单文件传输协议(trivial file transfer protocol，TFTP)是一种基于 UDP 协议在客户端和服务器之间进行文件传输的协议，它提供不复杂、开销不大的文件传输服务。TFTP 的功能不如 FTP 强大，甚至不能遍历目录，在安全性方面也弱于 FTP 服务。而且，由于 TFTP 在传输文件时采用的是 UDP 协议，占用的端口号为 69，因此文件的传输过程也不像 FTP 协议那样可靠。但是，因为 TFTP 不需要客户端的权限认证，减少了系统和网络带宽消耗，因此在传输较小文件时，效率更高。安装 TFTP 的软件包的命令如下。

[root@centos7 ~]# yum install tftp-server tftp

在 CentOS7 系统中，TFTP 服务是使用 xinetd 服务程序来管理的。xinetd 服务可以用来管理多种轻量级的网络服务，而且具有强大的日志功能。简单来说，在安装 TFTP 软件包后，还需要在 xinetd 服务程序中将其开启，把默认的禁用(disable)参数值修改为 no：

[root@centos7 ~]# vim /etc/xinetd.d/tftp

　service tftp

　{

　…

　disable = no

　…

然后，重启 xinetd 服务并将它添加到系统的开机启动项中，以确保 TFTP 服务在系统重启后依然处于运行状态。考虑到有些系统的防火墙没有默认允许 UDP 协议的 69 端口，因此需要手动将该端口号加入到防火墙的允许策略中：

[root@ centos7 ~]# systemctl restart xinetd

[root@ centos7 ~]# systemctl enable xinetd

[root@ centos7~]# firewall-cmd --permanent --add-port=69/udp

　success

[root@ centos7 ~]# firewall-cmd --reload

　success

TFTP 的根目录为/var/lib/tftpboot，常用命令如表 4.4.4 所示。

表 4.4.4　tftp 命令中可用的参数以及作用

命令	作用
?	帮助信息
put	上传文件
get	下载文件
verbose	显示详细的处理信息
status	显示当前的状态信息
binary	使用二进制进行传输
ascii	使用 ASCII 码进行传输
timeout	设置重传的超时时间
quit	退出

[root@ centos7 ~]# echo "linux" > /var/lib/tftpboot/readme.txt

[root@ centos7 ~]# tftp 192.168.10.20

tftp>get readme.txt

tftp>quit

[root@ centos7 ~]# ls

　anaconda-ks.cfg Documents initial-setup-ks.cfg Pictures readme.txt Videos

```
Desktop  Downloads  Music  Public  Templates
[root@ centos7 ~]# cat readme.txt
linux
```

vsftp 服务器的安装与配置

实训目的　掌握 Linux 系统中 FTP 服务器的安装与配置方法。

项目环境

Windows 10 系统中，已在 VMware16 中安装好 CentOS 7.6。

实训任务

某公司需要在 Linux 系统上搭建一台 FTP 服务器，IP 地址为：192.168.10.21，为员工提供文件上传和下载功能，具体需求如下：

（1）在该系统中添加用户 user1 和 user2。
（2）设置匿名账号仅具有查看目录和文件的权限。
（3）利用/etc/vsftpd/ftpusers 文件设置禁止本地 user1 用户登录 FTP 服务器。
（4）设置本地用户 user2 可以登录并访问 FTP 服务器，并设置根目录为/myftp。

操作步骤

（1）安装并启动 vsftp，建立用户 user1、user2。

```
[root@centos7 ~]# rpm-qa | grep vsftpd
[root@centos7 ~]# yum clean all
[root@centos7 ~]# yum install vsftpd-y
[root@centos7 ~]# systemctl restart vsftpd
[root@centos7 ~]# systemctl enable vsftpd
[root@centos7 ~]# firowall-cmd --permanent --add-service=ftp
[root@centos7 ~]# firewall-cmd --reload
[root@centos7 ~]# setsebool -P ftpd_full_access=on
[root@centos7 ~]# useradd user1
```

项目四
Linux服务器搭建

[root@centos7 ~]# passwd user1
[root@centos7 ~]# useradd user2
[root@centos7 ~]# passwd user2

（2）设置匿名账号权限。

[root@centos7 ~]# vim /etc/vsftpd/vsftpd.conf

anonymous_enable=YES

！允许匿名用户登录。

anon_upload_enable=NO

！禁止匿名用户上传文件。

anon_mkdir_write_enable=NO

！禁止匿名用户创建目录。

anon_other_write_enable=NO

！禁止匿名用户修改目录名或删除目录。

（3）禁止本地user1用户登录FTP服务器。

[root@centos7 ~]# vim /etc/vsftpd/ftpusers

！编辑以上文件，在最后增加一行内容：user1

（4）设置本地ftp账号user2。

① 配置vsftpd.conf主配置文件。

[root@centos7 ~]# vim /etc/vsftpd/vsftpd.conf

local_enable=YES

！允许本地用户登录。

local_root=/myftp

！设置本地用户根目录。

write_enable=YES

userlist_deny=YES

② 创建ftp根目录，修改本地权限。

[root@centos7 ~]# mkdir /myftp

！创建网站内容目录。

[root@centos7 ~]# echo "myftp" /myftp/test.txt

！写入测试文件。

[root@centos7 ~]# chmod-R o+w / myftp

！其他用户可以写入。

③ 在客户端测试。

在浏览器地址栏输入 ftp://192.168.10.21。

实训总结

任务评价

4.4 任务四 FTP 服务器配置

课后任务单

学号：　　　　　　姓名：　　　　　　日期：

问题1：简述 FTP 协议的功能以及所占用的默认端口号。

问题2：配置匿名模式 FTP 服务器的参数主要有哪些？

问题3：建立仅允许本地用户访问的 vsftp 服务器，并完成以下任务。
(1)禁止匿名用户访问。
(2)建立 s1 和 s2 账号，并具有读写权限。
(3)使用 chroot 限制 s1 和 s2 账号在 /home 目录中。

任务评价

评价考核					
序号	评价项目	自我评价	互相评价	教师评价	综合评价
1	是否预习				
2	引导问题				
3	团队协同				
4	实训任务				
5	课后问题				

注：评价统一采用 A(优)、B(良)、C(合格)、D(尚需努力)四个等级。